Landa & Landa

Kinder machen Theater

LANDA & LANDA

Kinder machen Theater

Spiele und Stücke, Kostüme und Kulissen

BURCKHARDTHAUS

Ein Werk- und Spielbuch für Kindergarten, Schule, Gruppen

Inhalt

Die Autoren

Landa & Landa:

Das sind der Theatermann Thomas Joseph Landa und der Kinderbuch und Sachbuchautor Norbert Landa.

Thomas Joseph Landa wurde 1959 in Linz an der Donau geboren. In Salzburg ist er groß geworden und hat am „Mozarteum“ Bühnenbild- und Kostümentwurf studiert. Nach seinem Diplom (über so komplizierte Dinge wie integrative Künste, Polyästhetik und experimentales Theater) kam der Sprung in die Praxis. Er schloss sich einer freien Bühne an, die sich am liebsten mit Kindertheater beschäftigt und als TOI-HAUS im In- und Ausland bekannt geworden ist. Er wurde Stückeschmied und Dramenmacher; Sprücheklopfer, Tonangeber, Fassaden- und Plakatmaler, Kulissenschieber; Fadenzähler, Verkleidungskünstler, Fratzenschneider, Schein- und Schattenwerfer ... Nebenbei leitete und begleitete er Theaterworkshops für Kinder und Jugendliche und Rollenspielseminare für Pädagogen; und er betreute Schulklassen, die im Rahmen von Projektarbeiten Theater machten.
Thomas Joseph Landa lebt und arbeitet in Prag.

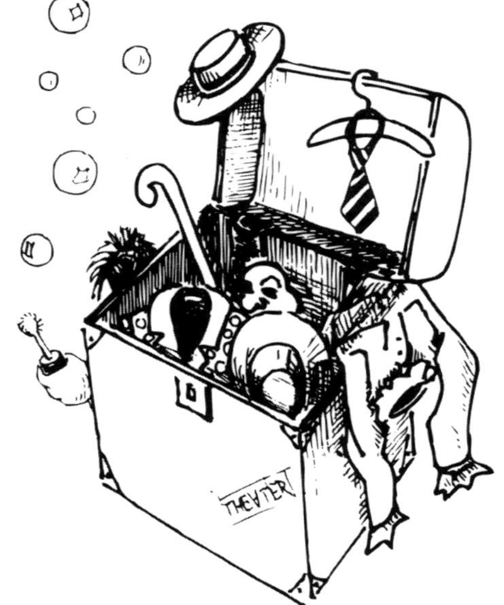

Sein Bruder **Norbert Landa**, Jahrgang 1952, ebenfalls gebürtiger Österreicher, ist studierter Philosoph und gelernter Journalist. Nach Zwischenspielen als Werbetexter und PR-Berater in Politik und Wirtschaft inszenierte er Kabaretts, später schrieb er dann auch Hörspiele und Lieder. Seit der Begegnung mit seiner Lebenspartnerin, der Kinderbuchillustratorin Hanne Türk, arbeitet Norbert Landa fast ausschließlich für Kinder. Es entstanden Texte zu Bilderbüchern, Kindergeschichten und Sachbücher für deutsche, englische und französische Verlage. Viele seiner über vierzig Bücher wurden in die wichtigsten Fremdsprachen übersetzt.
Norbert Landa lebt heute in Freiburg.

Ein Wort zuvor

Kinder spielen gern Theater. Diesem Wunsch öffnen sich Kindergärten, Schulen, Gruppen heute stärker denn je und vielfach auf eine andere Weise als früher. Nicht die perfekte Aufführung, sondern Rollenspiele und eine freiere Entfaltung der kleinen Persönlichkeit stehen im Mittelpunkt.

Die Kinder bringen hier auf kreative Art zum Ausdruck, was sie bewegt. Sie können Phantasien, Wünsche und Ängste, die guten und weniger guten Seiten der eigenen Person ausspielen. Sie lernen, sich selbst besser zu begreifen und sich anderen begreiflich zu machen. Wie fühle ich mich, wenn ich zornig, traurig oder glücklich bin? Wie verhalte ich mich dann, wie sehe ich aus, wie klinge ich? Und wie wirke ich auf andere? Es wird leichter, sich und das Gegenüber wahrzunehmen und einzuschätzen, dann entsprechend zu agieren und zu reagieren.

Natürlich hat das Theaterspiel auch darüber hinaus einen positiven Einfluss auf die kindliche Entwicklung: Es kann zu sozialem und verantwortungsbewusstem Verhalten anleiten; es kann die Sprache, die Musikalität und die Motorik fördern. Über diese Aspekte wurde vieles publiziert. Welcher Lehrmeinung und Lehrmethode man auch zuneigt, maßgebend für die Entfaltung eines Kindes im Spiel wird die Persönlichkeit der Gruppenleiterin, des Gruppenleiters sein.

Kinder haben Spaß daran, sich zu verwandeln, neue Wirklichkeiten zu erfinden und sich darin zu erproben. Theater bietet einen Freiraum für „kindliche Anarchie" – und zugleich einen schützenden Rahmen, der den ungestümen Spieltrieb eingrenzt. Denn Theater funktioniert nur, wenn gemeinsam festgelegte Spielregeln eingehalten werden. Theater ist eine Abmachung: Das Spiel wird hier Ernst; man tut, als wäre alles echt – aber nur, bis der Vorhang fällt.

Kinder können verschiedene Realitätsebenen wunderbar leichtfüßig wechseln. Auch nach der Vorstellung wissen sie, wie ernst es ihnen gewesen ist, selbst wenn das Ganze recht lustig war. Im Anschluss an unsere Inszenierung von „Dornröschen" in einem Kindergarten meinte eine gute Fee zum Koch: „Gut hat's geschmeckt, was du gekocht hast, obwohl nichts drin war." Darauf der Koch: „Aber geh, geschmeckt hat's wie Kartoffelpüree."

Die Bühnenbretter sollten, in diesem Sinn, nicht *die* Welt bedeuten, sondern *eine* mögliche Welt. Und unser Buch möchte all jenen auf praktische Weise behilflich sein, die sich gemeinsam mit Kindern auf diesen Weg machen.

Und ein Dank

Dieses Buch verdankt sein Entstehen zahlreichen Helfern so ziemlich jeden Alters. An vielen langen Tagen waren sie mit oft unermüdlichem Einsatz dabei. Ernst und Spiel, Konzentration und Spaß waren eine wichtige Grundlage für unsere gemeinsame Arbeit.

Die Idee zu einem umfassenden Band über das Theaterspielen mit Kindern geht auf den Wagemut von Birgit Oesterle zurück. Wenn nun – wie wir hoffen – ein hilfreiches Buch daraus geworden ist, so liegt das an ihrer Sachkunde und der einzigartigen Paarung von Beharrlichkeit und Fingerspitzengefühl, mit der sie unsere guten Absichten in Form gebracht hat.

Eine Reihe Fachleute sind uns mit ihrem Spezialwissen und ihrer Erfahrung zur Seite gestanden. Sie haben in immer neuen Gesprächen die Entwicklung des Konzepts begleitet, es korrigiert und ergänzt. Für ihre Kritik und Anregungen danken wir insbesondere Margit Fuchs-Gruber (Montessori-Erzieherin), Christa Hassfurter (Theaterpädagogin und Lehrerin) und Ursula Ritter (Kindergartenleiterin).

Der Salzburger Kindergarten „Forellenweg" hat das Märchen „Dornröschen" inszeniert: Die Entstehungsgeschichte des Stücks, die dem ersten Teil dieses Buches zugrunde liegt, dokumentiert die theoretischen und praktischen Aspekte einer Inszenierung. Gelika Vedmar, der Gruppenleiterin, ist es zusammen mit den Kindern gelungen, ein bleibendes Theatererlebnis zu schaffen. Und wenn die Fotos die lebendige Atmosphäre dieser Inszenierung, aber auch der weiteren hier gezeigten Stücke wiedergeben, so ist es vor allem das Verdienst der Fotografen Herbert Huber und Herman Seidl.

Und nun die Ehrenliste der Kinder, die an den neun Stücken dieses Bandes beteiligt waren: Ines Bair; Lisa, Magdalena und Regina Bayerl, Alexandra Brandstätten Magdalena Erlebach, Veronika Felber, Josef und Stefan Fellner, Christina und Johanna Fischei; Markus Friedl, Elisabeth und Martin Fritz, Ines Gandler, Caroline und Sabine Gruber, Hannes, Marlene und Michaela Gruber, Melanie Gruner, Esther Hassfurther, Manuel Heiss, Anna Hölzl, Petra Hyden, Daniel Kappeler, Michael Kreppet; Tobias Kritzer, Andrea Lukesch, Emmanuel Neureiter, Veronika Pecnik, Helena Tinsobin, Stephanie Tula Caroline und Philipp Weigl, Andrea Ziegelwanger.

Unser Dank gilt auch den Müttern dieser Kinder und den hilfreichen Geistern Michael Schuster und Roland Maislinger, die immer zur Stelle waren, wenn ihr Organisationstalent gebraucht wurde.

Und schließlich danken wir unserer Mutter: Therese Landa gab uns und den Kindern viele wertvolle und praktische Anregungen, wie Kostüme leicht realisiert werden können. Doch nicht allein deshalb widmen wir ihr dieses Buch.

Thomas Joseph Landa *Norbert Landa*

Ein Leitfaden

1 Ziele

Dieses Buch will Appetit aufs Theaterspielen mit Kindern machen und zeigen, wie man mit einfachen Mitteln Stücke inszenieren und (mit oder ohne Publikum) aufführen kann – kindgerechte Stücke, die allen Beteiligten von Anfang bis Ende Spaß machen: von den vorbereitenden Spielen über die Auseinandersetzung mit dem Stück bis hin zur Aufführung; vom Bau der Kulissen über das Basteln der Kostüme bis zur Musik. Das gemeinsame Tun steht dabei im Vordergrund.

Wir setzen keine Vorkenntnisse voraus, und grundlegende Sachfragen gehen wir dort an, wo sie auftreten: in der konkreten Arbeit am Stück. Dabei kann dieses Buch dem Leser auf dreifache Art dienen:

- ❍ als Bericht über eine Musterinszenierung von „Dornröschen", der Einblick in die Abläufe und somit auch „Rezepte" liefert, wie man einen Stoff, ein Motiv oder ein Spiel gemeinsam mit Kindern aufbereiten kann;
- ❍ als Spiel- und Anleitungsbuch, das neben „Dornröschen" noch acht weitere Stücke mit verschiedenen Schwerpunkten enthält; dazu gehören jeweils Textvorschläge und szenische Hinweise, Spielideen und Tipps für die Vorbereitung sowie Anleitungen zur Ausstattung;
- ❍ als Handbuch für alle praktischen Fragen, die gewöhnlich bei der Theaterarbeit mit Kindern auftreten.

Damit wenden wir uns nicht nur an Erzieher/Innen und Lehrer/Innen in Kindergarten und Schule, sondern an alle, die sich in irgendeiner Form für Kindertheater interessieren.

In diesem Zusammenhang noch eine Anmerkung: „Spielleiter", „Erzähler" usw. betrachten wir im Folgenden als neutrale Form und verzichten der Einfachheit und besseren Lesbarkeit halber auf die Doppelnennung „Spielleiter/In" oder „Spielleiter/Spielleiterin" ...

2 Theorie und Praxis

Die grundlegenden theoretischen Fragen sollen am Beispiel und im Nachvollzug einer Inszenierung des Märchens „Dornröschen" geklärt werden: Nach welchen Gesichtspunkten arbeitet man die dramaturgisch interessanten und umsetzbaren Motive eines Stoffes heraus? Wie führt man Kinder in die Spielsituationen ein? Wie nimmt man ihnen die Scheu, in eine bestimmte Rolle zu schlüpfen? Wie lassen sich kindliche Vorstellungen und Ideen einbauen? Was kann die Musik leisten? Und natürlich: Welche Inszenierungsarten eignen sich für welchen Zweck unter welchen Voraussetzungen?

Sodann geht es um die praktische Arbeit: Wie können sich Kinder bei der Herstellung von Kulissen, Requisiten und Kostümen so beteiligen, dass der Theaterspaß schon bei der Vorbereitung beginnt? Wie erzielt man einfache optische und akustische Bühneneffekte auch ohne „richtige" Bühne? Welche wichtigen Fragen müssen außerdem geklärt werden (Checkliste)?

Als traditionelle Märcheninszenierung nimmt unser „Dornröschen" einfache Spielformen aus dem klassischen Bühnentheater, dem epischen (Erzähl-)Theater und aus dem Musiktheater auf. Dies macht es möglich, den recht komplexen Stoff zu strukturieren, so dass er mit all seinen Zeitsprüngen und dem Schauplatzwechsel auch für kleinere Kinder nachvollziehbar und spielbar wird.

Das Beispiel „Dornröschen" lässt sich zwanglos auf andere Stücke übertragen: hinsichtlich der Art und Weise, wie man einen Theaterstoff anpacken kann, und hinsichtlich der praktischen Lösungen.

Im zweiten Hauptteil bringen wir acht weitere Inszenierungen.

Den Mittelpunkt bilden jeweils spezielle Spielformen – Bewegungs- und Klangspiele, Possenhaftes, Schattentheater und „klassische" Bühnenstücke – sowie spezielle Aspekte des Theatermachens, beispielsweise, wie man „richtige" Kostüme und solche aus Papier herstellt, wie man Kulissen baut oder andeutet, wie einfache Klanginstrumente entstehen. Diese Stücke können, wie von uns vorgeschlagen, inszeniert werden. Oder die gezeigten Möglichkeiten werden je nach Bedarf abgewandelt, kombiniert, auf anderes übertragen.

DURCH DIESES BUCH

3 GLIEDERUNG

DER WEG ZU DORNRÖSCHEN – WIE MAN MIT KINDERN EIN STÜCK INSZENIERT

Der erste Hauptteil dieses Buchs gliedert sich in die folgenden vier Kapitel:

Spielend im Theater

Wir sprechen den Märchentext durch und erfahren gemeinsam mit den Kindern, welche Szenen und Motive besonders wichtig sind. (Dies ist zugleich der erste Ansatz zur Dramatisierung der Erzählung.) Aufwärmspiele tragen zur Lockerung und Entspannung bei, sie bauen Hemmungen ab und stimmen die Kinder auf die Gruppe ein. Gezeigt wird dann, wie Kinder an Theatersituationen herangeführt werden und welche Rolle dabei traditionelle Kinderspiele einnehmen.

Im freien improvisatorischen Spiel auf einer nur angedeuteten Bühne fühlen sich die Kinder in verschiedene Rollen ein. Ausgewählte darstellende Spiele führen zwanglos zu den „Dornröschen"-Motiven. Bald sind es Theaterszenen, die gruppenweise und abwechselnd gespielt, aber auch schon „geprobt" werden. Die Kinder lernen, sich innerhalb der jeweiligen Spielschritte in ihren Rollen wiederzufinden.

Die Vorbereitung des Stücks

Hier geht es um dramaturgische Entscheidungen, die Wahl der Schauplätze, das Verdeutlichen der Zeitsprünge, um die Rolle des Erzählers und der Musik, um den Einbau eines Chores und schließlich um die praktische Probenarbeit.

Die Ausstattung

Wir besprechen technische Fragen der Ausstattung und zeigen Lösungen: für die Einrichtung einer Bühne, den Bau von Kulissen, für die Gestaltung von Kostümen, Requisiten und der Maske sowie für den Einsatz von Licht und Musik.

All dies gilt für „Dornröschen", ist aber auch für andere Stücke grundsätzlich wichtig.

Die Aufführung

Hier finden Sie unsere Version des „Dornröschens". Als Anregung liegt ein Text mit szenischen Anweisungen vor.

Bühne frei!

VON TIEREN, MENSCHEN, ZAUBERWESEN – STÜCKE UND SPIELVORSCHLÄGE

Den zweiten Hauptteil des Buchs bilden acht weitere Theaterstücke. Zu Beginn steht jeweils eine kurze Charakteristik des Stücks und der Spielform. Wir verzichten hier bewusst darauf, Angaben zum Alter der Akteure zu machen. Unsere Stücke sind – mit mehr oder weniger leichten Abwandlungen – grundsätzlich für Kindergarten – wie für Schulkinder geeignet. Die Entscheidung für ein bestimmtes Stück und eine bestimmte Form der Inszenierung wird sich nach der Gruppe richten: Auf welchem Stand befindet sie sich? Soll die Darstellung in erster Linie von Sprache oder von Bewegung getragen sein? Möchten die Kinder sich hinter Schatten (Schattenspielen) verstecken? Haben sie Zugang zu Masken? ...

Es folgen Hinweise auf vorbereitende Spiele.

Die daran anschließenden Texte der Stücke verstehen sich lediglich als Vorschläge oder Anregungen, die ebenso wie die szenischen Anweisungen nach Belieben und Bedarf verändert werden können, ja sollen.

Anleitungen rund um die Ausstattung vervollständigen jedes Kapitel. In technischen Einzelfragen kann man sich auf den entsprechenden Abschnitt bei „Dornröschen" beziehen.

Die hier vorgestellten Stücke und Lösungen sind praktisch erprobt und spielbar. Die Auswahl berücksichtigt die ganze Bandbreite des Kindertheaters:

❍ „Hahn, kleb an!" ist ein lustiges Spiel, das sich um den Rhythmus in der Gruppe und um viele verschiedene Hüte dreht.

❍ „Ritter Hanswurst", eine Posse, erfordert nur minimalen Aufwand und ist daher beispielsweise für einen Bunten Abend geeignet.

❍ „Der Suppenstein" wird als Schattenspiel inszeniert.

❍ „Der kleine Fuchs auf dem Thron" spielt mit Tiermasken, Tierlauten und einfachen rhythmisch choreographischen Einheiten.

❍ Bei dem Klangspiel „Die verzauberte Statue" geht es unter anderem darum, Instrumente zu bauen und einzusetzen.

❍ Im „Geisterschloss" sind vor allem Geräusche von Bedeutung, aber auch gespenstische Zeitungskostüme.

❍ „Der Regenmacher" bietet den Rahmen für improvisatorisches Bewegungstheater und zeigt zugleich, wie einfachste technische Mittel unglaubliche Bühneneffekte hervorzaubern können.

❍ „Kalif Storch", ein klassisches Bühnenstück, veranschaulicht, wie variable Würfelkulissen (hier und anderswo) eingesetzt werden können.

Der Anhang liefert Hinweise zu allem, was außerdem rund um eine Theateraufführung an organisatorischen und technischen Fragen bedacht werden sollte.

Der erste Hauptteil spiegelt den typischen Ablauf einer Inszenierung wider.

Der Weg zu Dornröschen

Wie man mit Kindern ein Stück inszeniert

Wir zeigen am Beispiel von „Dornröschen"

- *welche Kriterien ein Stoff erfüllen muss, um sich für eine Inszenierung zu eignen;*
- *welche Inszenierungsarten überhaupt in Frage kommen;*
- *wie man sich mit Kindern einem Stoff nähert;*
- *wie man gemeinsam mit Kindern den Stoff gliedern kann;*
- *wie man Kinder spielerisch auf freie und szenische Darstellungen einstimmt;*
- *was Klänge und Musik für das Theaterspielen bedeuten;*
- *wie man die einzelnen Spielschritte erarbeitet;*
- *was bei den Proben zu beachten ist;*
- *wie man ein Stück mit Kulissen, Requisiten, Kostümen, Maske und Licht ausstattet;*
- *wie die Aufführung im Ablauf schließlich aussieht.*

1 DIE ENTSCHEIDUNG FÜR DORNRÖSCHEN – ODER EIN ANDERES STÜCK

Ob das Märchen vom Dornröschen (oder jedes andere Volksmärchen) Kinder deshalb so anspricht, weil es archetypische oder sonstige tiefenpsychologische Momente enthält, ist eine Frage für die Gelehrten. Für uns ist ausschlaggebend, dass es sich um einen spannenden Theaterstoff mit einer Reihe von bühnenwirksamen Elementen handelt: Dazu gehören der Zauber der Feen, die guten bzw. bösen Wünsche, die hoheitsvolle Atmosphäre im Königsschloss oder die Drastik der Rüpelszenen mit Koch und Küchenjunge. Die Personen des Stücks sind straff genug gezeichnet, um von den Kindern eindeutig charakterisiert zu werden. Wichtig erscheint in diesem Zusammenhang, dass es für das

Böse, verkörpert durch die dreizehnte Fee, eine Erklärung gibt: Neid und gekränkte Eitelkeit.
Die Geschichte selbst hat drei dramatische Höhepunkte: Fluch und guter Wunsch – Erfüllung des Fluchs – letztliche Erlösung. In diesem Sinne ist das Stück recht einfach in Spielschritte (Spieleinheiten) zu gliedern, die in sich geschlossen sind. Auch kleinere Kinder, die übergreifende Zusammenhänge aus der Theatersituation heraus nicht verstehen würden, vertiefen sich voller Begeisterung in solche Einheiten. Mit anderen Worten: „Dornröschen" bietet Theaterspiele im Theaterspiel.
Sodann konzentriert sich das Geschehen auf den Bereich des Schlosses. Die Verwandlungen (Thronsaal und Schlosshof) sind einfach und wirkungsvoll durchzuführen.

Schließlich kann das Stück eine fast beliebige Zahl von Kindern sinnvoll beschäftigen.
Dies alles macht „Dornröschen" zu einem interessanten Theaterstoff. Damit sind auch bereits einige wesentliche Punkte genannt, die bei der Auswahl eines Stücks (und beim Selbstschreiben) beachtet werden sollten:

❍ Lassen sich die Hauptmotive klar herausschälen und in Spielschritte (die in sich verständlich sind) gliedern?
❍ Lässt sich das, was die Höhepunkte einer Geschichte ausmacht, auf einer einfachen Bühne mit Kindern überhaupt darstellen?
❍ Sind die Personen des Stücks so eindeutig festgelegt, dass Kinder sie mit ihren begrenzten Ausdrucksmöglichkeiten charakterisieren können?
❍ Entsprechen die Spielsituationen der kindlichen Vorstellungs- und Erfahrungswelt?
❍ Lässt sich der Sprechtext knapp halten oder weitgehend durch einen Erzähler ersetzen, ohne dass die Substanz verlorengeht?

2 DIE GESCHICHTE

Bei kleinen Kindern mag es angebracht sein, die Geschichte zunächst in eigenen Worten zu erzählen. Gerade der Originaltext klassischer Märchen hat aber seinen eigenen Zauber; es wäre schade, darauf zu verzichten. Auch größere Kinder, die bereits lesen können, genießen es, wenn sie die Rolle des Zuhörers einnehmen dürfen. Man sollte ihnen die besondere Atmosphäre einer solchen Situation nicht vorenthalten.

2.1 BRÜDER GRIMM: DAS DORNRÖSCHEN

Vor Zeiten war ein König und eine Königin. die sprachen jeden Tag: „Ach, wenn wir doch ein Kind hätten!" und kriegten immer keins. Da trug sich zu, als die Königin einmal im Bade saß, dass ein Frosch aus dem Wasser ans Land kroch und zu ihr sprach: „Dein Wunsch wird erfüllt werden. Ehe ein Jahr vergeht, wirst du eine Tochter zur Welt bringen."
Was der Frosch gesagt hatte, das geschah, und die Königin gebar ein Mädchen, das war so schön, dass der König vor Freude sich nicht zu lassen wusste und ein großes Fest ausstellte. Er lud nicht bloß seine Verwandte, Freunde und Bekannte, sondern auch die weisen Frauen dazu ein, damit sie dem Kind hold und gewogen wären. Es waren ihrer dreizehn in seinem Reiche. Weil er aber nur zwölf goldene Teller hatte, von welchen sie essen sollten, so musste eine von ihnen daheimbleiben.
Das Fest ward mit aller Pracht gefeiert und als es zu Ende war, beschenkten die weisen Frauen das Kind mit ihren Wundergaben: die eine mit Tugend, die andere mit Schönheit, die dritte mit Reichtum, und so mit allem, was auf der Welt zu wünschen ist. Als Elfe ihre Sprüche eben getan hatten, trat plötzlich die Dreizehnte herein. Sie wollte sich dafür rächen, dass sie nicht eingeladen war, und ohne jemand zu grüßen oder nur anzusehen, rief sie mit lauter Stimme: „Die Königstochter soll sich in ihrem fünfzehnten Jahr an einer Spindel stechen und tot hinfallen." Und ohne ein Wort weiter zu sprechen, kehrte sie sich um und verließ den Saal.
Alle waren erschrocken. Da trat die zwölfte hervor, die ihren Wunsch noch übrig hatte, und weil sie den bösen Spruch nicht aufheben, sondern nur ihn mildern konnte, so sagte sie: „Es soll aber kein Tod sein, sondern ein hundertjähriger tiefer Schlaf, in welchen die Königstochter fällt."

Der König, der sein liebes Kind vor dem Unglück gern bewahren wollte, ließ den Befehl ausgeben, dass alle Spindeln im ganzen Königreiche sollten verbrannt werden.

An dem Mädchen aber wurden die Gaben der weisen Frauen sämtlich erfüllt, denn es war so schön, sittsam, freundlich und verständig, dass es jedermann, der es sah, liebhaben musste.

Es geschah, dass an dem Tage, wo es gerade fünfzehn Jahr alt ward, der König und die Königin nicht zu Haus waren und das Mädchen ganz allein im Schloss zurückblieb. Da ging es allerorten herum, besah Stuben und Kammern, wie es Lust hatte, und kam endlich auch an einen alten Turm. Es stieg die enge Wendeltreppe hinauf und gelangte zu einer kleinen Türe. Im Schloss steckte ein verrosteter Schlüssel, und als es ihn umdrehte, sprang die Türe auf, und saß da in einem kleinen Stübchen eine alte Frau mit einer Spindel und spann emsig ihren Flachs.

„Guten Tag, du altes Mütterchen", sprach die Königstochter, „was machst du da?"

„Ich spinne", sagte die Alte und nickte mit dem Kopf.

„Was ist das für ein Ding, das so lustig herumspringt?" sprach das Mädchen, nahm die Spindel und wollte auch spinnen. Kaum hatte sie aber die Spindel angerührt, so ging der Zauberspruch in Erfüllung und sie stach sich in den Finger.

In dem Augenblick aber, wo sie den Stich empfand, fiel sie auf das Bett nieder, das da stand, und lag in einem tiefen Schlaf. Und dieser Schlaf verbreitete sich über das ganze Schloss: der König und die Königin, die eben heimgekommen waren und in den Saal getreten waren, fingen an einzuschlafen und der ganze Hofstaat mit ihnen. Da schliefen auch die Pferde im Stall, die Hunde im Hofe, die Tauben auf dem Dache, die Fliegen an der Wand, ja, das Feuer, das auf dem Herde flackerte, ward still und schlief ein, und der Braten hörte auf zu brutzeln, und der Koch, der den Küchenjungen, weil er etwas verschüttet hatte, an den Haaren ziehen wollte, ließ ihn los und schlief. Und der Wind legte sich, und auf den Bäumen vor dem Schloss regte sich kein Blättchen mehr.

Rings um das Schloss aber begann eine Dornenhecke zu wachsen, die jedes Jahr höher ward und endlich das ganze Schloss umzog und darüber hinauswuchs, dass gar nichts mehr davon zu sehen war, selbst nicht die Fahne auf dem Dach.

Es ging aber die Sage in dem Land von dem schönen schlafenden Dornröschen, denn so ward die Königstochter genannt, so dass von Zeit zu Zeit Königssöhne kamen und durch die Hecke in das Schloss dringen wollten. Es war ihnen aber nicht möglich, denn die Dornen, als hätten sie Hände, hielten fest zusammen, und die Jünglinge blieben darin hängen, konnten sich nicht wieder losmachen und starben eines jämmerlichen Todes.

Nach langen Jahren kam wieder einmal ein Königssohn in das Land und hörte, wie ein alter Mann von der Dornenhecke erzählte, es sollte ein Schloss dahinter stehen, in welchem eine wunderschöne Königstochter, Dornröschen genannt, schon seit hundert Jahren schliefe, und mit ihr schliefe der König und die Königin und der ganze Hofstaat. Er wusste auch von seinem Großvater, dass schon viele Königssöhne gekommen wären und versucht hätten, durch die Dornenhecke zu dringen, aber sie wären darin hängen geblieben und eines traurigen Todes gestorben.

Da sprach der Jüngling: „Ich fürchte mich nicht. Ich will hinaus und das schöne Dornröschen sehen."

Der gute Alte mochte ihm abraten, wie er wollte, er hörte nicht auf seine Worte.

Nun waren aber gerade hundert Jahre verflossen, und der Tag war gekommen, wo Dornröschen wiedererwachen sollte. Als der Königssohn sich der Dornenhecke näherte, waren es lauter große schöne Blumen, die taten sich von selbst auseinander und ließen ihn unbeschädigt hindurch, und hinter ihm taten sie sich wieder als Hecke zusammen. Im Schlosshof sah er die Pferde und die scheckigen Jagdhunde liegen und schlafen. Auf dem Dache saßen die Tauben und hatten das Köpfchen unter den Flügel gesteckt. Und als er ins Haus kam, schliefen die Fliegen an der Wand, der Koch in der Küche hielt noch die Hand, als wollte er den Jungen anpacken, und die Magd saß vor dem schwarzen Huhn, das sollte gerupft werden. Da ging er weiter und sah im Saale den ganzen Hofstaat liegen und schlafen, und oben bei dem Throne lag der König und die Königin. Da ging er noch weiter, und alles war so still, dass einer seinen Atem hören konnte, und endlich kam er zu dem Turm und öffnete die Türe zu der kleinen Stube, in welcher Dornröschen schlief. Da lag es und war so schön, dass er die Augen nicht abwenden konnte, und er bückte sich und gab ihm einen Kuss.

Wie er es mit dem Kuss berührt hatte, schlug das Dornröschen die Augen auf, erwachte und blickte ihn ganz freundlich an.

Da gingen sie zusammen herab, und der König erwachte und die Königin und der ganze Hofstaat und sahen einander mit großen Augen an. Und die Pferde im Hof standen auf und rüttelten sich; die Jagdhunde sprangen und wedelten; die Tauben auf dem Dache zogen das Köpfchen unterm Flügel hervor, sahen umher und flogen ins Feld; die Fliegen an den Wänden krochen weiter; das Feuer in der Küche erhob sich, flackerte und kochte das Essen; der Braten fing wieder an zu brutzeln; und der Koch gab dem Jungen eine Ohrfeige, dass er schrie: und die Magd rupfte das Huhn fertig. Und da wurde die Hochzeit des Königssohns mit dem Dornröschen in aller Pracht gefeiert, und sie lebten vergnügt bis an ihr Ende.

3 DIE ANNÄHERUNG AN DEN STOFF

3.1 ALLGEMEINES

An den Vortrag einer Geschichte – in welcher Form auch immer – sollte sich eine Aussprache anschließen. (Bei solchen freien Äußerungen werden die Kinder dann durchaus recht persönliche Dinge „verraten".) Kinder, die den Inhalt verstanden haben, wissen, welches die entscheidenden Ereignisse sind. Und es ist erstaunlich, wie zielsicher sie an atmosphärischen Details vorbei und auf die Höhepunkte der Geschichte zusteuern.

Bei Besprechungen mit älteren Kindern bewährt sich eine „Indianerberatung": Ein Holzstab wandert reihum, wer ihn in Händen hält, hat das Wort und darf nicht unterbrochen werden. So ist gesichert, dass jeder drankommt und dass Zwischenrufer die Debatte nicht an sich reißen können.

Um die Struktur (die wir für die Dramatisierung brauchen) möglichst klar herauszuarbeiten, muss das weitere Gespräch freilich gelenkt werden: Was passierte danach? Wer kam dann? Wo war das? Wie sah es dort aus? Hier geht es darum, den Kindern einen Rahmen zu schaffen, der ihnen hilft, die Ereignisse der Geschichte zu klären und zu verdeutlichen.

Schließlich sollen sich die Kinder in die Figuren einfühlen können: Stellt euch vor, ihr seid eine Fee und ihr werdet nicht eingeladen. Wärt ihr auch böse? Warum?

Gerade im Kindergarten kann man außerdem beliebige Szenen malen lassen, um die Auseinandersetzung mit den Motiven zu fördern.

Im Idealfall schälen sich die wesentlichen dramatischen Punkte ohne große Hilfe heraus. Doch sollte der Spielleiter die entscheidenden Fragen – die dann auch die Eckpfeiler der Dramatisierung sind – fest im Auge haben und gemeinsam mit den Kindern herausarbeiten.

3.2 DIE MOTIVE BEI DORNRÖSCHEN

Bei „Dornröschen" lassen sich die dramatisch bedeutenden Inhalte leicht festlegen: Der Kinderwunsch rechtfertigt die übergroße Freude über die Geburt, das Fest und die Einladung. Der Ärger der dreizehnten Fee, die übergangen wurde, ist zwar verständlich, aber dem unschuldigen Dornröschen gleich den Tod zu wünschen, das ist doch allzu böse! Zum Glück haben die guten Feen ihre Wünsche noch nicht aufgebraucht! Und außerdem: Wenn es im ganzen Reich keine Spindeln mehr gibt, dann kann sich auch keiner stechen! Oder hat die böse Fee eine Spindel zurückbehalten? Die Spannung wächst, als Dornröschen an seinem fünfzehnten Geburtstag ahnungslos im Schloss herumspaziert. Niemand hatte dem Mädchen gesagt, was Spindeln überhaupt sind. Deshalb geht es der bösen Fee auch in die Falle. Und plötzlich schläft ein jeder ein ... Nun, wir sind ziemlich sicher, dass nach hundert Jahren ein Prinz das Dornröschen findet und alle wieder aufweckt. Aber wie kommt er in das Schloss, das von einer dichten Hecke umgeben ist? Natürlich: Nach hundert Jahren weicht die Hecke zurück. Und alles wird wieder gut.

4 DIE ART DER INSZENIERUNG

4.1 ALLGEMEINES

Nicht jedes Stück muss vor Publikum aufgeführt werden. Spiele wie „Hahn, kleb an!", „Die verzauberte Statue", „Der Regenmacher" oder „Der kleine Fuchs auf dem Thron" (zweiter Hauptteil) machen auch ohne Zuschauer und ohne Bühne Spaß. Allerdings schafft die Erwartung, sich auf einer (Art) Bühne vor anderen zu produzieren, zusätzliche Spannung. Bei den Kindern wächst erfahrungsgemäß die Bereitschaft, sich zugunsten einer gelungenen Aufführung in die Gruppe einzuordnen. Freilich erfordert eine „richtige" Aufführung meist nicht nur mehr technischen Aufwand. Den Kindern wird auch mehr Einsatz und Disziplin abverlangt. Sie müssen also wirklich spielen wollen. Daher ist es wichtig, dass sie mitentscheiden, ob ihr Spiel oder Stück vor Zuschauern aufgeführt werden soll. Der beste Zeitpunkt, diese Frage zu besprechen, ist in der Regel dann gegeben, wenn sich die Akteure nach den vorbereitenden Spielen schon etwas in das Stück eingestimmt und Spaß daran gefunden haben. Nun werden sie wohl das, was sie bisher spielerisch und „unverbindlich" erarbeitet haben, auch anderen zeigen wollen.

Von da an stellt das Gemeinschaftswerk der Aufführung ein klares Ziel dar, und der Spielleiter kann die Art der Inszenierung festlegen. Die Wahl wird von mehreren Faktoren abhängen, die auch schon bei der Auswahl des Stücks mitgewirkt haben, nämlich von der Zahl der Kinder, ihrem Alter, ihrer Spielfreude und Theatererfahrung, dann von der zur Verfügung stehenden Zeit, von der Spielstätte, vom Zweck der Aufführung und nicht zuletzt vom Budget.

So werden theatergewandte Schulkinder und unerfahrene Vorschüler zwar oft denselben Stoff (zum Beispiel „Dornröschen") bewältigen können – aber natürlich auf sehr unterschiedliche Weise. Zum Beispiel sind kleinere Kinder nicht in der Lage, einen komplexen Handlungsbogen in eine zeitliche Abfolge zu gliedern. Auch wenn sie die jeweiligen Spielschritte mit Feuereifer meistern, schaffen sie es von sich aus nicht, diese auf der Bühne logisch aneinanderzureihen. Sie brauchen Führung; und diese Führung kommt vom Spielleiter, der als Erzähler zugleich die Spielanweisungen gibt und schwierigere Textparts übernimmt. Mit anderen Worten: Wo größere Kinder ein Stück in Eigenverantwortung gestalten, sprechen und spielen, benötigen kleinere Kinder Spieleinheiten mit möglichst wenig Text und eine klare Lenkung von einem Spielschritt zum nächsten. Zwischen diesen beiden Polen – also einer Art Erzähltheater, bei dem der Spielleiter die Geschichte vorträgt und die Kinder agieren, und einer „erwachsenen" Bühnenform, bei der die Schauspieler das gesamte Geschehen tragen – wird sich die Inszenierung einpendeln.

Auch wird der Zweck der Aufführung die Mittel bestimmen. Stücke, die beispielsweise für eine Schulfeier vorgesehen sind, machen eher einen richtigen Bühnenraum erforderlich als interne Aufführungen, die – als Spiel um des Spieles willen – lediglich einen Schlusspunkt hinter die Theaterarbeit setzen und mit improvisierten Kostümen und Kulissen auskommen.

Bevor man die Ausstattung in Angriff nimmt, sollte man gut abwägen, welchen Aufwand man tatsächlich betreiben will und kann. Sinn der Sache ist es, die Kinder bei der gesamten Theaterarbeit miteinzubeziehen – also auch beim Anfertigen der Kostüme, Kulissen, Requisiten und Instrumente.

4.2 DIE INSZENIERUNG VON DORNRÖSCHEN

Bei der Inszenierung von „Dornröschen" haben wir uns für eine Mischform aus geläufigen dramaturgischen Elementen entschieden. Sie enthält kurze Sprechtexte, Sprechgesang, Lieder und klangspielerische Teile. Und dies wird in unterschiedlicher Weise getragen von einem (das Spiel leitenden und für das Spiel mit kleinen Kindern wichtigen) Erzähler, einem Chor (der das Publikum einbeziehen kann) und den eigentlichen Akteuren. Das Bühnenbild und die Kostüme, bei deren Gestaltung bereits Vorschulkinder mitwirken können, sind weitgehend „klassisch".

Mit dieser Art der Inszenierung machen wir lediglich einen Vorschlag. Wandeln Sie ihn nach Ihren Bedürfnissen ab.

So lässt sich zum Beispiel die Rolle des Erzählers (wie in unserer Fassung) auf die Lieder beschränken, die das Stück strukturieren und die Handlung vorantreiben. Beim Spiel mit kleineren Kindern kann der Erzähler dagegen aus den Liedern heraustreten und sie erzählerisch fortsetzen, die Sprechparts teilweise oder sogar ganz übernehmen und die Kinder „pantomimisch" agieren lassen.

Die Lieder selbst stehen außerhalb der Handlung und können von allen Mitwirkenden (und den Zuschauern) ohne weiteres mitgesungen werden. Die Rezitative der Feen bilden eine Brücke zwischen Sprech- und Gesangparts. Natürlich ist es möglich, den musikalischen Bereich mit seinen Liedern und lautmalerischen Elementen beliebig zu erweitern. Eine Reihe von Szenen lässt sich einfach improvisatorisch ausbauen: zum Beispiel das Festmahl, das Einsammeln der Spindeln, der Weg der Prinzessin zur Turmstube und die Suche des Prinzen nach Dornröschen. Die Zahl der Mitwirkenden kann durch mehr Feen und Musiker nach Belieben vergrößert werden.

5 VORBEREITENDE SPIELE

Spiele dieser Art lassen Körpergefühl entstehen, sie schaffen ein Bewusstsein für die Gruppe und machen die Wirkung von Gesten und Lauten auf die Akteure selbst und die Mitwirkenden deutlich. Solche Spiele müssen nicht auf eine Aufführung vorbereiten, sie bringen auch so (Theater-) Spaß. Wird eine Aufführung geplant, sind sie jedenfalls unerlässlich. Aufwärmspiele und allgemeine theatralische Spiele ermöglichen überhaupt erst den Zugang zur Darstellung. Speziellere Spiele führen zu den jeweiligen Stücken hin. Mit diesen drei Spieltypen sollte man jede neue „Probe" einleiten, um für die richtige Einstimmung zu sorgen.

5.1 AUFWÄRMSPIELE

Aufwärmspiele sind noch unspezifisch. Sie helfen, den Alltag abzuschütteln und sich – wie vor einem Rennen – aufzuwärmen und einzustimmen. Belastende Gedanken werden „ausgeatmet", Körper und Geist entspannen sich. Je nach der „Dynamik" der Gruppe wählt man Spiele, die beruhigen, oder andere, die den Kreislauf in Schwung bringen. Auch die Spieldauer sollte nach Bedarf und Gefühl festgelegt werden.

Atmen

Breitbeinig dastehen, Arme und Finger locker hängen lassen. Tief einatmen, bis man es im Bauch spürt. Ausatmen ...

Holz hacken

Mit gespreizten Beinen stehen und die Arme heben, als hielte man eine Axt in den Händen. Nun Holz fällen und beim Schlagen ausatmen. Die Arme wieder nach oben führen, dabei tief einatmen ...

Auseinander und zusammen

Im Kreis stehen und sich an den Händen fassen. So weit wie möglich auseinandergehen, dabei tief einatmen; dann Zusammenkommen, ausatmen ...

Den Körper erspüren

Sich auf einer Decke oder einem Teppich ausstrecken, ruhig liegen (leise, ruhige Musik tut gut). Durch den Bauch atmen und den Körper fühlen. Dann bewegen: Die Fußmuskeln anspannen und entspannen – Waden – Oberschenkel – Bauch – Brustkorb – rechter Arm – linker Arm. Schließlich das Gesicht: den Kiefer bewegen und wieder ruhig halten, Grimassen schneiden und erneut die „normale Miene" aufsetzen.
Auf diese Weise den ganzen Körper „erspüren".
Nach dieser Entspannungsübung aufstehen und hüpfen oder ähnliches.

Blumenspiel

Im Kreis liegen und eine Blüte bilden: Die Füße stoßen zusammen, die Köpfe zeigen nach außen. Die Blüte schließt und öffnet sich: Oberkörper langsam aufrichten und wieder senken.

Abklopfen

Sich paarweise zusammentun. Einer klopft den anderen (dieser kann stehen oder liegen) mit offenen Handflächen ab: den ganzen Körper, am Kopf beginnend, bis hinab zu den Füßen. Nicht zu sachte, aber auch nicht zu fest (kleinere Kinder neigen zur Übertreibung).
Diese Übung hilft nicht nur, die Muskulatur zu entspannen, sondern auch Vertrauen zu schaffen.

Alles wegwerfen

Sich im Kreis aufstellen und die Arme ausstrecken, ohne sich zu berühren. Hüpfen und dabei die Arme hängen lassen. Dann die Beine, die Arme, schließlich den Kopf kräftig ausschütteln und alles „wegwerfen".

Kinderspiele

Auch Kinderspiele, die lockern und Laune machen, sind geeignet: „Der Plumpsack geht um", „Ochs' am Berg", „Blinde Kuh", „Schneider, leih mir die Schere!"...

5.2 ALLGEMEINE THEATRALISCHE SPIELE

Diese Spiele fördern die Selbstwahrnehmung und die Raumerfahrung. Sie bereiten auf jede Art von Darstellung vor.

Räume entdecken

Gemeinsam mit den Kindern ganz bewusst und aufmerksam durch verschiedene Räume (Zimmer, Gänge, Treppen) gehen: Wie sieht es hier aus? Woher kommt das Licht? ...
Diese Übung lässt sich durch einen meditativen Teil ausbauen: Mit geschlossenen Augen dastehen und imaginär wahrnehmen, wo man sich befindet. Bin ich am Rand oder in der Mitte des Raumes? Wie hoch ist der Raum? Wie fühlt sich der Boden an? Wie weit sind die anderen Kinder weg? Kann ich, ohne sie zu berühren, die Arme ausstrecken? ...

Honig und Eis

Den Raum mit großen messenden Schritten durchschreiten und fühlen, wie der Boden beschaffen ist. Die Kinder gehen dabei kreuz und quer.
Sich vorstellen, man geht durch Honig: Der Honig steigt, die Bewegungen werden schwerer und langsamer. Der Honig rinnt ab, man geht fast schwerelos. – Dann gefriert der Boden: Auf Glatteis muss man ganz vorsichtig gehen ...
Von einer Situation bzw. Geschichte zur nächsten überleiten. Dabei bleiben immer alle in Bewegung.

Mit verbundenen Augen

Ein Kind fasst ein anderes, das die Augen verbunden hat, an der Schulter und führt es achtsam durch einen Raum mit Hindernissen (auch Natur). Hier wird das Gefühl für Wahrnehmungen aus einer anderen Perspektive gefördert.

Die ruhige Insel

Zu schneller Musik im Raum durcheinanderlaufen, ohne anzustoßen – bis das Bedürfnis nach Ruhe entsteht. Die Musik wird zunehmend langsamer –

entsprechend auch jede Bewegung. Sich nun allmählich dem Fleck im Raum (Teppich), der zur „ruhigen Insel" erklärt wurde, nähern. Hier finden und empfinden alle Ruhe.

Gefühle raten
Gefühlszustände wie Trauer, Freude, Spannung, Wut mimisch ausdrücken. Erleben, wie Gefühle signalisiert werden können und wie die eigene Körpersprache auf andere wirkt.
Dazu ein Thema vorgeben: Denkt an etwas Trauriges, denkt an etwas, worüber ihr euch sehr gefreut habt ...
Besonders anspruchsvoll ist ein gleitender Wechsel, zum Beispiel von Angst zu Freude.
Zum Abschluss des Spieles die Kinder unbedingt aus den dargestellten Gefühlszuständen „heraustreten" lassen, etwa indem man diese „abklopft" oder „abwischt". (Man könnte die Kinder müde werden und sich hinlegen lassen; dann eines nach dem anderen mit einer Geste oder auch einer Puppe „abklopfen".)
In den Anfängen sollten bei diesem Spiel zunächst alle Kinder gleichzeitig agieren. Später können kleinere Gruppen und schließlich dann einzelne Kinder vor anderen auftreten.

5.3 STÜCKBEZOGENE SPIELE – NICHT NUR FÜR „DORNRÖSCHEN"

Solche theatralischen Spiele werden sinnvollerweise im Hinblick auf das geplante Stück ausgewählt. Sie lassen die Kinder die Wirkung von Gestik, Mimik, Artikulation, Musik und Kostüm abschätzen. Sie führen auf zwanglose Weise zu den künftigen Bühnenszenen hin. Im Idealfall entwickeln sich aus den Spielen heraus dramatische Szenen.
All diese Spiele sollten zunächst ohne Publikum und andere Störenfriede stattfinden.

Für „Dornröschen" – aber nicht ausschließlich – bieten sich die im folgenden genannten Spiele an.

Die Reise nach Jerusalem
Hintereinander um eine Reihe Stühle wandern, bis die Begleitmusik stoppt. Dies ist das Signal, sich zu setzen. Da ein Stuhl fehlt, muss ein Kind stehen bleiben; es scheidet aus und nimmt einen der Stühle mit. Die Wanderung geht weiter ...
Das Motiv des Zu-kurz-Kommens nimmt die Gefühle der bösen Fee vorweg, die wegen eines fehlenden Tellers nicht zum großen Fest geladen wird. Als Lied bietet sich das traditionelle „Dornröschen war ein schönes Kind" an, das später als erzählendes Lied unser Stück tragen soll.

Versteinerung
Verschiedene Gangarten ausprobieren: Langsam durch den Raum gehen, ohne anzustoßen. Mit der Musik immer schneller werden und wieder langsamer.
Oder bestimmte Situationen spielen: Wie eine Prinzessin tänzeln, wie eine Fee schweben, wie eine königliche Herrschaft schreiten.
Oder eilige Festvorbereitungen treffen (Koch, Küchenjunge). Der Rhythmus der Musik unterstreicht die Bewegungen. Ein Signal lässt alle völlig erstarren, ein neues Signal lässt sie wiedererwachen.
Es kann auch von einem Prinzen, der vorher bestimmt wurde, kommen: Er geht reihum, bis er alle erlöst hat (zum Beispiel könnte er jedem ein Tuch umbinden).
Dieses Spiel bezieht sich auf das Motiv des hundertjährigen Schlafs. Die Kinder erleben dabei Bewegungen und entwickeln ein Gefühl für die eigene Körperlichkeit.
Man sollte zunächst mit einer einfachen Version beginnen und diese dann allmählich erweitern.

Eintritt verboten
Eine Hecke bilden. Nur wer das Losungswort weiß, darf hindurch. Zuvor gemeinsam festlegen, aus welcher Gruppe von Begriffen das Losungswort stammen soll: etwas zum Essen, ein Kleidungsstück, eine Farbe, der Name eines Kindes usw. Ein Kind verlässt den Raum; die „Hecke" einigt sich auf ein Wort, etwa *Apfel, Mütze, grün, Adam*. Wenn der „Fremde" richtig rät, darf er die Hecke passieren.
Das Spiel eventuell durch eine einfache theatralische Szene ausbauen: Beispielsweise thront im Schloss hinter der Hecke der König, der hoheitsvoll begrüßt werden will.
(Aus diesem Spiel hat sich übrigens unsere Idee entwickelt, den Prinzen in das Schloss zu lassen, wenn er das Losungswort – *Dornröschen* – nennt.)

Das falsche Kostüm
Ein Thema vorgeben, etwa böse Fee oder Prinzessin. Die Kinder suchen sich aus einem Haufen Kostüme (Kopfbedeckungen, Tücher ...) etwas Passendes aus und mimen die entsprechende Person. Schließlich mit derselben Kostümierung andere Rollen darstellen – am besten sind Kontraste: hier zum Beispiel Hofnarr oder Holzknecht.
Dieses Spiel immer wieder ausprobieren. Die Kinder erfahren dabei, wie sich Kostüme auf die Darstellung auswirken.

6 GERÄUSCHE, KLÄNGE UND LIEDER

6.1 ALLGEMEINES

Geräusche, Klänge und Lieder sind wichtige Bestandteile des Theaterspiels mit Kindern. Sie dramatisieren im wahrsten Sinn des Wortes den Stoff und vermitteln Akteuren wie Publikum ein rundum sinnliches Erlebnis; die Atmosphäre, die dabei entsteht, wirkt direkt auf die Spielfreude zurück.

Geräusche und Klangmalereien

Geräusche (zum Beispiel Regentrommel, Donnerblech, Schwirrholz) und Klangmalereien (Fanfare, Paukenschlag, Xylophon, Tamburin, Becken) verdeutlichen die Situation, sie kommentieren Szenen und verleihen ihnen Bedeutsamkeit; sie helfen, verschiedene Spielebenen (wie Traum und Wirklichkeit) voneinander zu trennen, Schauplätze zu definieren, Figuren zu begleiten oder zu beschreiben.

Schallspiele

Eigenständige Schallspiele, für die sich die verschiedenen Instrumente anbieten, oder Musikstücke haben nicht nur eine untermalende Funktion, sondern schaffen regelrecht Situationen und bestimmen somit weitgehend den Charakter einer Aufführung. (Näheres siehe „Die verzauberte Statue" und „Im Geisterschloss", ferner „Der Regenmacher".)

Lieder

Lieder – sinnvollerweise Adaptionen bekannter Melodien – können die Akteure durch das Stück leiten, auf Zeit und Ort der Geschehnisse hinweisen, die Handlung weitertreiben, Fäden zusammenfassen und Vorgänge erläutern, die auf der Bühne nicht darstellbar sind. Dies bedeutet auch, dass sie über dramaturgische Lücken hinwegtragen, die beim Theatermachen mit Kindern ansonsten oft nicht zu vermeiden sind.

Als übergreifende Elemente unterteilen musikalische Sequenzen wie Lieder oder auch Schallspiele den Stoff in kürzere, verständliche Einheiten und entlasten so vor allem jüngere Spieler; die bei komplexen Szenenfolgen sonst leicht den Faden verlieren.

Die Lieder werden am besten von einem „Erzähler" (meist wohl der erwachsene Spielleiter) geführt; eine Gruppe von Kindern – entweder Akteure oder spezielle Sänger beziehungsweise Musiker – können ihn begleiten. Der Erzähler nimmt dann zusammen mit seiner Gruppe eine Funktion wahr, die an den Chor im klassischen griechischen Drama erinnert; dieser ist einerseits zwischen Schauspielern und Publikum, andererseits zwischen Sprache und Musik angesiedelt. Der Erzähler kann darüber hinaus aus den Liedern heraustreten und je nach Erfordernis zusätzliche „Regieanweisungen" geben oder in das vielleicht stockende Spiel eingreifen. Er kann sich aber auch direkt an die Zuschauer wenden und sie zum Mitsingen und Mitmachen auffordern. Erfahrungsgemäß empfinden sich die Kinder im Publikum nicht als Außenstehende, sondern ergreifen jede gute Gelegenheit, sich in das Spiel einzumischen; Mitmachlieder schaffen einen geeigneten Rahmen dafür, ohne den dramatischen Ablauf auf der Bühne zu stören.

Der Erzähler muss während der Arbeit mit den Kindern herausfinden, wie stark seine Rolle auszudehnen ist. Dann ist es wichtig, dass seine Funktion klar umrissen und stabil bleibt. Wenn die Entscheidung gefallen ist, dass er beispielsweise den Gesang anführt, sollte daran nicht mehr gerüttelt werden.

Durch die Zuordnung auch kleinerer musikalischer Parts kann man gut auf die unterschiedlichen Fähigkeiten und Neigungen der Kinder eingehen. Im Übrigen lässt sich auf diese Weise bei jedem Stück die Anzahl der Rollen problemlos ausweiten – ein praktischer Nebeneffekt. Je jünger die Spieler (und auch das Publikum) sind, desto wichtiger ist diese klangliche, nichtsprachliche Dimension.

Im Übrigen sollte man bei der akustischen Ausstattung eines Stückes aber immer berücksichtigen, dass stille Momente genauso wichtig sind wie Geräusche, Klänge und Musik.

Letztere ziehen nur dann die Aufmerksamkeit auf sich, wenn sie sich von der Stille abheben können.

6.2 GERÄUSCHE, KLÄNGE UND LIEDER BEI „DORNRÖSCHEN"

Bei unserer Inszenierung von „Dornröschen" nehmen Lieder in der oben beschriebenen Funktion einen wichtigen Part ein.

Wir haben uns hier auf die bekannte Melodie von „Dornröschen war ein schönes Kind" geeinigt. Wie ein Leitmotiv taucht sie immer wieder auf. Mit abgewandeltem Text führt dieses Lied in das Stück ein; ähnlich einem Zeitraffer fasst es die Entwicklung zwischen den Akten zusammen; es überbrückt die Phase des Kulissenumbaus und bereitet auf die neue Situation vor.

Eine Gitarre begleitet den Gesang.

Der Erzähler wird bei seinen Liedern von einem „Chor" unterstützt, den die Feen bilden. Eine eindrucksvolle Wirkung ergibt sich, wenn die Schauspieler des Stücks mitsingen – was wahrscheinlich die meisten ohnehin automatisch tun (genau wie das Publikum).

Da die Musik allein schon durch die Lieder einen recht breiten Raum einnimmt, kann die weitere klangliche Ausstattung reduziert bleiben: „Paukenschläge" kündigen dramatische Höhepunkte an. Ein Tusch weckt Aufmerksamkeit. Rhythmen untermalen den Sprechgesang der Feen sowie Szenen, die gestisch und mimisch ausgespielt werden. (Näheres hierzu im Abschnitt „Die Vorbereitung des Stücks", Seite 20 f.)

6.3 VORBEREITENDE MUSIKSPIELE

Wenn eine Aufführung ausgeprägte klangliche Elemente umfassen soll, ist dies bereits beim Ausarbeiten der Motive und bei den vorbereitenden Spielen zu berücksichtigen. Im Idealfall ergibt sich aus den ausgewählten Spielen unter Mitwirkung der Kinder ganz natürlich eine gut umsetzbare und wirkungsvolle Bühnensituation. Da diese dann nicht als fremd empfunden wird, kann sie auch leichter behalten werden. Generell gilt für Klänge und Musik das gleiche wie für alle Aspekte des theatralischen Spiels: Je intensiver die Kinder an der Erarbeitung des Stücks und ihrer Rolle beteiligt sind, desto mehr Eifer und Disziplin zeigen sie bei der ganzen Sache.

Mit Klang- und Musikspielen kann man Kinder zwanglos in theatralische Situationen hineinführen. Man greift geeignete Motive aus dem geplanten Stück heraus, lässt sie von allen spielen und hält Gutes fest. Dabei geht man am besten in drei Etappen vor:

❍ Zunächst sollen die Kinder die gewählten Motivszenen durch Geräusche beschreiben und ausgestalten, die sie mit ihrem Körper – mit Händen, Füßen, dem Mund, der Stimme (nonverbal) – erzeugen … In diesem Zusammenhang erfahren die Kinder, dass sich vieles rein stimmlich oder klanglich einfacher und intensiver ausdrücken lässt als durch Worte. So wirkt lautes Gähnen allemal überzeugender als die bloße Feststellung: „Ich bin so müde."

❍ Dann suchen sie Instrumente für die gleiche Szene: „richtige" Musikinstrumente oder andere Klangkörper wie Hölzer, Dosen, Bleche …

❍ Schließlich können sie über passende Lieder oder Melodien nachdenken …

Kinder sind hierbei sehr erfinderisch und zeigen auch ein klares Urteilsvermögen in Bezug auf gelungene und weniger gelungene Interpretationen. Als schwieriger erweist es sich, das Gute repetierbar zu machen und im richtigen Moment zu „reproduzieren". Ein gefühlvolles Eingehen auf die Kinder ist daher unerlässlich.

Im Folgenden finden sich einige vorbereitende Spiele, bei denen es nicht nur um Rhythmen und Klänge, sondern ganz allgemein um das Einstimmen geht. Diese Spiele führen teilweise direkt zu „Dornröschen" hin, können aber leicht für jedes beliebige Stück abgewandelt werden. (Weiteres siehe „Die verzauberte Statue", „Im Geisterschloss" und „Der Regenmacher".)

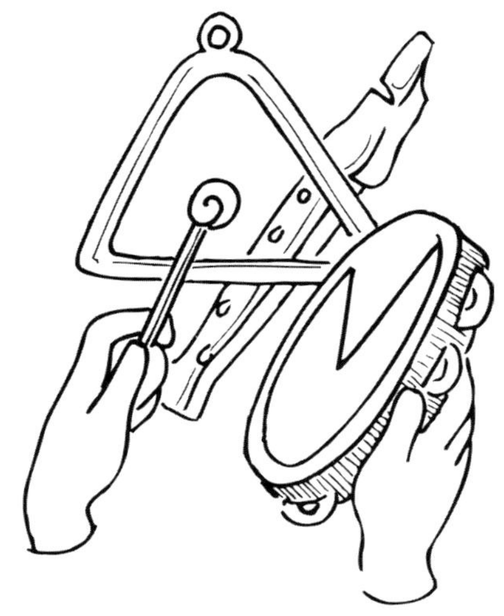

Wie klingt es …?

Beim Ausgestalten der unten genannten Motivszenen sollte der erwähnte Dreierschritt – Geräusche mit dem Körper erzeugen, Instrumente einsetzen, Lieder und Melodien suchen – eingehalten werden:

❍ Der König und die Königin sind traurig, weil sie kein Kind haben …

Gemeinsam spielen: Wie klingt es, wenn sie gehen? Dabei nicht sprechen, sondern den Gefühlszustand mit Geräuschen, Klängen, Rhythmen ausdrücken.

❍ Der Diener kündigt das Fest an, mit Trommelwirbel und Fanfare …

❍ Die guten Feen kommen zum Fest – harmonische, helle, freudige Klänge …

Die böse Fee stürmt herein – disharmonische, scheppernde, zerstörerische Geräusche …

Dann tritt die zwölfte gute Fee vor …

❍ Der Diener reitet aus, um alle Spindeln des Reiches einzusammeln …

❍ Dornröschen sticht sich und schläft ein …

❍ Alles schläft – hundert Jahre lang. Wie unheimlich …

❍ Der Prinz reitet herbei, die Hecke weicht zurück, er betritt das Schloss, sucht Dornröschen, findet es schließlich und gibt ihm einen Kuss …

Indianer

Mit der Pauke einen Rhythmus vorgeben. Die Kinder hocken im Schneidersitz im Kreis und trommeln zuerst mit den Händen, später mit Instrumenten im gleichen Rhythmus mit: schneller und langsamer, leiser und lauter werdend …

Singsang

Mitdiesem Spiel lässt sich rhythmischer Sprechgesang oder singendes Erzählen üben. (In unserer Inszenierung tragen die Feen auf diese Art ihre Wünsche vor.) Die Stimme bleibt hier auf einem Hauptton, sie hebt oder senkt sich nur bei einem wichtigen Wort und kehrt dann wieder zurück.

Singendes Erzählen schafft eine feierliche, bedeutungsschwere Atmosphäre. Es erleichtert den Kindern das Vortragen gebundener Rede und vermittelt ihnen Sicherheit. Außerdem verbessert es die Artikulation: Wer singt, leiert nicht; der Atem fließt frei; der Ton trägt weiter; der Sprecher/Sänger wird besser verstanden.

Mit ad hoc erfundenen Alltagsdialogen beginnen („Was hast du gestern gemacht?" – „Ich war bei meiner Tante Dora." – „Wie sieht deine Tante Dora aus?" – „Sie hat …"). Dabei die Sätze durch einen rhythmisch-feierlichen, litaneihaften Singsang gliedern. Eventuell zur Unterstützung ein Rhythmusinstrument oder Orffsche Instrumente einsetzen.

Dann zu Beispielen übergehen, die zu Differenzierungen auffordern:

„Die Elefanten, sie tanzen im Urwald.
Die Mäuschen trippeln im Keller herum."

Schließlich stückbezogene Sätze wählen:

„Wir wünschen eurem Töchterlein
sein Leben lang nur Sonnenschein."

Die Vorbereitung des Stücks

1 Dramaturgische Überlegungen

Schon die Annäherung an das Märchen vom Dornröschen hatte gezeigt, dass es mindestens drei sehr theaterwirksame und spannende Grundthemen in sich birgt, nämlich:

❍ Wünschen und Versprechen,
❍ Erstarren und Schlafen (und später Erwachen),
❍ Eintritt verboten!

Mit entsprechenden Rollenspielen und Musikspielen wurden die Kinder an diese Themen herangeführt.

Die Dramatisierung gliedert nun den Stoff in drei Akte, die jeweils durch die Einheit von Zeit, Ort und Handlung – also das Fest zur Feier von Dornröschens Geburt, der fünfzehnte Geburtstag der Prinzessin, die Erlösung durch den Prinzen – gekennzeichnet sind und die genannten Themen als Mittelpunkt haben.

(Dabei vereinfachen wir die Handlung des Originalmärchens der besseren Spielbarkeit halber bei einigen Gelegenheiten:

❍ Am fünfzehnten Geburtstag Dornröschens sind in der Grimm'schen Version der König und die Königin zunächst unterwegs; bei der vorliegenden Bühnenfassung halten sie sich jedoch am Hof auf. Zum anderen wird hier auf die in der Hecke umkommenden Prinzen verzichtet; und der Prinz, der Dornröschen befreien soll, muss ein Rätsel lösen, um ins Schloss zu gelangen: Er muss erraten, wie die verwunschene Prinzessin heißt.)

Der „Chor" führt mit einem Eingangslied in die Situation des ersten Aktes ein und begründet die Freude des Königspaares über die Geburt einer Tochter.

Die Zwischenspiele trennen die dramatischen Einheiten der drei Akte klar voneinander ab: Kommentierende Lieder machen dabei die Zeitsprünge – das Heranwachsen der Prinzessin und den hundertjährigen Schlaf – deutlich; die gleichzeitige Verwandlung des Schauplatzes, ein sich drehender Jahreszeitenbaum beziehungsweise eine wuchernde Hecke helfen beim Verständnis.

Der „Chor" als Kommentator und Motor der Handlung wird – wie bereits erwähnt – vom „Erzähler" und seinen Liedern (Melodie von „Dornröschen war ein schönes Kind") sowie den guten Feen gebildet. Sie halten sich in der Nähe des Erzählers auf und spielen wie er eine dramatische Sonderrolle: Sie stehen über der Zeit und in gewisser Weise über den Geschehnissen. Indem sie bei den Liedern mitsingen (wobei sie die Texte nicht ganz auswendig kennen müssen), helfen sie, die zeitlichen Sprünge zu überbrücken. Nur einmal greifen sie direkt in das Geschehen ein: mit ihren guten Wünschen für die neugeborene Prinzessin. Als überweltliche Mächte können sie aber nur indirekt Einfluss nehmen. – Selbst die böse Fee kann Dornröschen direkt nichts anhaben. Die Königstochter muss sich schon selbst an der Spindel stechen.

Die Sonderstellung der Feen drückt sich außerdem in dem zauberischen Sprechgesang aus, mit dem sie ihre Wünsche vortragen. Der Sprechgesang der guten Feen wird von Triangeln rhythmisch begleitet, jener der bösen Fee von dumpfen Trommelschlägen.

Die weitere klangliche Ausstattung soll folgendermaßen aussehen:

❍ Mit einem Tusch (Tamburin, Becken) oder einem Fanfarenstoß (Hände und Stimme oder Tröte) wird die Aufmerksamkeit auf Ankündigungen des Herolds gelenkt;
❍ ein Xylophon, ein Glockenspiel oder eine Triangel untermalt das Kommen der guten Fee und das Festmahl, das Ausreiten des Herolds und sein Einsammeln der Spindeln, Dornröschens Weg zum Turm, das Einschlafen der Schloss Bewohner und schließlich die Suche des Prinzen;
❍ „Paukenschläge" (Pauke, Becken, Tamburin) kündigen dramatische Höhepunkte wie den Auftritt der bösen Fee oder Dornröschens Stich an der Spindel sowie sein Erwachen aus dem hundertjährigen Schlaf ein;
❍ Misstöne (Xylophon) sind zu hören, wenn die Hecke den Prinzen zurückhält; melodiös und hell wird der Klang, wenn sie den Weg zum Schloss freigibt.

2 Die Akteure

Die Personen des Stücks ergeben sich weitgehend aus dem Originalmärchen. Allerdings umgehen wir die „Sekundenauftritte" des weissagenden Frosches (lediglich im Lied erwähnt), der Tiere des Schlosses, der Magd und des alten Mannes. Solche Szenen, bei denen die Kinder nur kurze Momente beschäftigt sind und die keine Bedeutung für den Handlungsbogen haben, sorgen eher für Verwirrung und Unruhe.

Es spielen mit:

❍ König und Königin;
❍ Prinzessin und Prinz;
❍ Koch und Küchenjunge; letzterer auch in den Funktionen des Dieners/Herolds, der zu Beginn zum Fest einlädt und später die Spindeln einsammelt;
❍ zwei bis zwölf gute Feen (erfahrungsgemäß spielt hier die Anzahl keine Rolle; schon zwei Akteure können ohne weiteres zwölf Feen repräsentieren);

❍ Erzähler, der gemeinsam mit den Feen zum „Chor" gehört;
❍ möglichst zwei oder mehr Musiker, die beim Erzähler Platz nehmen und für die klangliche Untermalung sorgen;
❍ eventuell als stumme Rollen Hund und Katze (Masken siehe „Der kleine Fuchs auf dem Thron", Tiger und Wolf, Seite 98 ff.); allerdings sind simultane Darstellungen verschiedener Szenen, von denen nur eine das Augenmerk auf sich zieht, mit jüngeren Kindern nicht ganz unproblematisch;
❍ die Zuschauer bilden das Volk, das an den Geschehnissen am Königshof Anteil nimmt; sie werden bei den Einladungen zu den Festen direkt angesprochen und beim Einsammeln der Spindeln im ganzen Reich mit eingebunden.

3 DIE PROBENARBEIT: PRAKTISCHE HINWEISE

Einstimmung und Ausklang

Jede Probe sollte mit Konzentrations- und Entspannungsübungen (siehe „Vorbereitende Spiele") beginnen. Die Einstimmung bringt Ruhe und das Gefühl der Zugehörigkeit zur Theatertruppe. Der Ausklang schließt die Probe ab und lässt die Kinder dann wieder leichter in jene Gruppe zurückfinden, von der sie für die Dauer der Probe eventuell getrennt waren.

Macht man die Erfahrung, dass ein bestimmter Ausklang besonders gut ankommt, kann man ihn als Ritual einführen. Hier einige Beispiele:

❍ Gemeinsam gehen, dabei immer langsamer werden und dann erstarren.
Oder die Kinder während einer entsprechenden Spielszene einschlafen lassen.
Schließlich „entzaubern" beziehungsweise aufwecken, zum Beispiel, indem man über jedes Kind streicht.
❍ Gemeinsam ein Lied singen.
❍ Gemeinsam tanzen. (Wobei der Ausklang normalerweise eher eine beruhigende Tendenz haben wird.)

Theater und Wirklichkeit

Es sollte stets klar sein, wann das Spiel beginnt und wann es aus ist.

Die räumliche Trennung erfolgt durch die Definition der Bühne; dazu reicht oft ein Kreidestrich aus.

Am Ende muss die jeweilige Rolle „abgeschüttelt" werden. Die „Entzauberung" kann durch ein Berühren mit dem Zauberstab, durch Abstreifen oder Abklopfen erfolgen.

Keine Störung

Oft fühlen sich Kinder in der Probephase wohler, wenn sie wissen, dass kein Fremder den Bühnenraum betreten darf. Da hilft es bisweilen, den Raum auch wirklich und sichtbar abzuschließen.

Rollenverteilung

Im günstigsten Fall ordnen sich die Kinder selbst eine bestimmte Rolle zu. Meist muss aber der Spielleiter ordnend eingreifen, der die Kinder und ihre Fähigkeiten kennt – zum Beispiel, wenn ein zur Selbstüberschätzung neigendes Kind eine wichtige Rolle für sich auswählt und ein Scheitern, das auf Kosten der Gruppe geht, vorhersehbar ist.

Wenn die Arbeit am Stück als Gemeinschaftswerk empfunden wird, dann gelten im Übrigen alle Rollen als gleichwertig.

Je später die Rollenverteilung erfolgt, desto besser ist es für den pädagogischen Zweck des Theaterspiels; desto weniger Zeit steht freilich auch für das „Feilen" an den Szenen zur Verfügung.

Ausprobieren und festhalten

Auf dem Weg zur Inszenierung herrscht zunächst völlige kreative Freiheit; in der Probierphase können die Kinder die Möglichkeiten der ihnen bedeutsam erscheinenden Szenen selbst austesten.

Erst wenn die Szenen in bestimmte Formen geronnen sind, sollte an ihnen festgehalten werden. Kinder erfahren auf diese Weise, dass einmal getroffene Vereinbarungen auch Verpflichtungen gegenüber der Gruppe bedeuten.

Proben

Bei festgelegten Szenen wird man sich möglichst an die Abmachungen halten. Bei größeren Abweichungen die Szene von Anfang an wiederholen. Was sich falsch eingespielt hat, das bleibt sitzen; Nachbesserungen sind oft fruchtlos und bringen schlimmstenfalls alles durcheinander. Im Übrigen fühlen sich gerade jüngere Kinder wohler, wenn sie ihre Aufgabe genau kennen. (Dies gilt auch für Kleinigkeiten wie für den Platz der Requisiten und für den Weg bei Auf- und Abtritten.)

Spiel und Zusammenspiel

Damit das Spiel beziehungsweise das Zusammenspiel der Akteure natürlich wirken kann, sind bei der Probenarbeit bestimmte Punkte zu berücksichtigen:

❍ Zunächst sollte immer eine Bühnensituation hergestellt werden. (Anfangs reicht es beispielsweise, einen Teppich als Thronsaal zu deklarieren und die Kostüme durch Tücher anzudeuten.)

❍ Dann ist das Zusammenspiel der Akteure zu erarbeiten. Sie müssen lernen, Blickkontakt aufzunehmen, aufeinander zu reagieren und zu spüren: Was sie tun und sagen, stellt keine mechanische Abfolge dar, sondern ist in eine Gesamtsituation eingebettet. (Daher Theaterszenen am besten aus Improvisationen heraus entwickeln, bei denen die Akteure tatsächlich aufeinander reagieren.)

Beim „Fließband"-Spiel werden die Kinder übrigens in besonders ausgeprägter Weise in eine Situation versetzt, in der sie aufeinander reagieren und sich aufeinander einstellen müssen: Gemeinsam bilden sie ein Fließband und „bauen" eine Maschine. Einer nach dem anderen erfüllt dabei seinen Part …

❍ Wenn die Kinder die Bedeutung des Zusammenspiels begriffen haben, wird es ihnen auch leichter fallen, aus sich herauszugehen und sich laut und deutlich zu artikulieren. Sie wollen ja die

anderen mit ihrer Stimme erreichen. Das Bewusstsein, dass die eigene Stimme, die man schließlich selbst einwandfrei hört, bei anderen nicht unbedingt ankommt, muss aber erst erlangt werden.

❍ Nun ist es wichtig, den Kindern zu vermitteln, dass jede Figur ihre eigene Sprechweise hat. Der König beispielsweise spricht feierlich-schwer, die Feen sprechen leicht-schwebend ... (Wie verschiedene Personen sprechen, wird in den „Vorbereitenden Spielen" geübt.)

❍ Ein weiterer Punkt, der in diesem Zusammenhang zu beachten ist: Akteure, die sich auf der Bühne befinden, dürfen auch dann nicht aus ihrer Rolle aussteigen, wenn sie ihren Sprechpart beendet haben und nicht mehr im Vordergrund stehen. Es fällt ihnen leichter, weiter zu agieren, wenn sie sich über ihren Platz in der jeweiligen Situation und ihren Bezug zu den anderen Spielern im Klaren sind.

Spiel für die Bühne

Wenn eine Aufführung geplant ist, dann versucht man am besten von Anfang an, bei den Kindern ein Gefühl für Bühnenwirksamkeit (laute Sprache, Stellung) zu wecken. Doch der Spaß am gemeinsamen Spiel darf nicht darunter leiden. In erster Linie sollen sich die Akteure mit ihrer Aufgabe wohl fühlen. Die Erwartung, vor Publikum zu agieren, im Mittelpunkt zu stehen, Applaus zu bekommen – all dies dient nur als zusätzliche Motivation.

Spielschritte

Die Arbeit an Untereinheiten (Spielschritten) hat Vorrang vor dem Durchlauf des gesamten Stücks. Kleine Kinder haben kaum ein Bewusstsein für die zeitliche Abfolge. Es wäre zu viel von ihnen verlangt, wenn sie gleich ihren Platz im Gesamtablauf kennen und verstehen müssten. Im Idealfall bilden die Spielschritte sinnvolle Einheiten; der rote Faden kann anfangs vom Erzähler kommen.

Nach einer gewissen Zeit sollten jedoch auch kleinere Kinder – und dies wird ihnen ein befriedigendes Gefühl vermitteln – den Handlungsbogen begreifen.

Text

Gut ist es, wenn der Text (mit der helfenden Hand des Spielleiters) aus szenischen Situationen entsteht: Was würden der König, der Koch, die Prinzessin jetzt sagen? In diesem Fall lernen die Kinder ihren Text beiläufig und werden ihn leicht behalten. Dieser Text sollte in der weiteren Folge nicht mehr wesentlich verändert werden. (Gute Formulierungen der Kinder notieren!) Auch hier gilt: Spaß kommt vor Perfektion. Übrigens ist nichts dagegen einzuwenden, wenn der Spielleiter selbst während einer Aufführung bei Textlücken behutsam helfend einspringt.

Souffleur

Schon während der Proben ist es für Kinder wichtig, einen quasi mitspielenden Regisseur (Erzähler) oder zumindest einen Souffleur zu haben, an dem sie sich festhalten und orientieren können. Dieser muss den Text genau kennen und das Spiel notfalls in die vereinbarten Bahnen lenken.

Video

Beim Spiel mit größeren Kindern ist es manchmal hilfreich, Szenen mit einer Videokamera aufzunehmen. Die Akteure können dann ihre Bühnenwirksamkeit besser einschätzen. Manchmal führt das Mitschneiden freilich zu einem steifen Spiel. (Für den Spielleiter haben Videoaufzeichnungen allerdings einen Vorteil: Er erspart sich das Mitschreiben des Textes und der Abläufe während der Probe.)

4 DAS ABLAUFSCHEMA EINER INSZENIERUNG

Das folgende Schema erläutert die Beziehungen zwischen den verschiedenen Stationen oder Arbeitsschritten, die eine typische Inszenierung von den ersten Überlegungen bis zur Aufführung durchläuft. Die Pfeile zwischen den Kästen bezeichnen eine zeitliche und logische Abfolge. Beispielsweise müssen bestimmte Fragen geklärt sein, damit man sich auf ein Stück festlegen kann: Dazu gehört die Vorauswahl unter möglichen Stoffen (darunter die Überlegung, ob man einen Stoff selbst erarbeiten möchte) genauso wie die Klärung der Ausgangssituation oder der Rahmenbedingungen. Alter, Zahl und Theatererfahrung der Kinder, die Spielstätte, die zur Verfügung stehende Zeit und der äußere Rahmen der Aufführung werden aber nicht nur die Wahl des Stücks beeinflussen, sondern auch die Spielform.

Theaterarbeit mit Kindern darf jedoch niemals im starren Abarbeiten eines Programms bestehen, sondern ist weitgehend ein Lernprozess, der auf eben gewonnenen Erfahrungen aufbaut und für Veränderungen der ursprünglichen Pläne offen ist. So kann sich beim konkreten Erarbeiten der einzelnen Schritte herausstellen, dass die zunächst ins Auge gefasste Spielform nicht recht passt. Man wird sich vielleicht dafür entscheiden, die Rolle des Erzählers zurückzunehmen oder stärker auszubauen oder manche Passagen durch ein Lied zu ersetzen – oder umgekehrt. Dieses rückwirkende Einbringen von Erfahrungen in den Prozess der Inszenierung ist durch gestrichelte Linien angedeutet: Die folgenden Stationen werden, falls erforderlich, erneut durchlaufen. Allerdings sollte man nach dem Festlegen der Rollen und Szenen nur noch vorsichtig Änderungen vornehmen.

Die gesamte Inszenierung wächst schrittweise auf den Zielpunkt der Aufführung zu. Jede Station bringt neue Impulse, und mit ihnen entsteht um den anfangs herausgearbeiteten Kern eine Schicht nach der anderen. Die Kinder erkennen den Aufbau und Aufstieg und sind entsprechend motiviert.

Eine spezielle Rolle haben die Aufwärmspiele. Sie stehen gewissermaßen außerhalb des Ablaufplans und sollten immer wieder gespielt werden – selbst vor der Aufführung!

Parallel zu den Spielen und Proben wird an der Ausstattung des Stücks gearbeitet. Die Herstellung der Kulissen, Requisiten, Instrumente und Kostüme verleiht dem Gesamtprojekt zusätzliches Gewicht. Zudem ergeben sich dadurch gute Möglichkeiten, in Phasen mangelhafter Konzentration für eine Unterbrechung und Abwechslung zu sorgen.

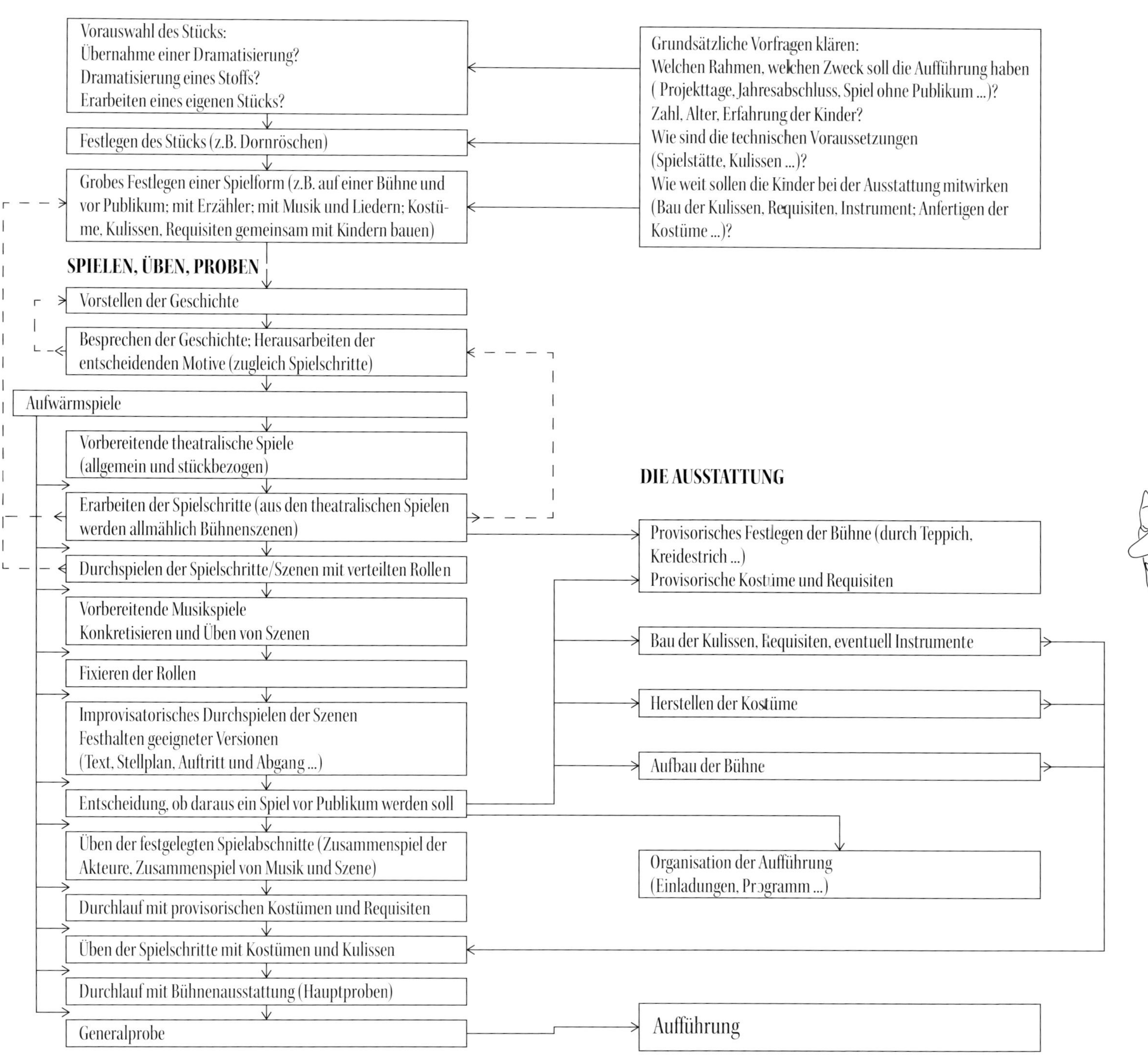
Vorauswahl des Stücks:
Übernahme einer Dramatisierung?
Dramatisierung eines Stoffs?
Erarbeiten eines eigenen Stücks?
Grundsätzliche Vorfragen klären:
Welchen Rahmen, welchen Zweck soll die Aufführung haben (Projekttage, Jahresabschluss, Spiel ohne Publikum ...)?
Zahl, Alter, Erfahrung der Kinder?
Wie sind die technischen Voraussetzungen (Spielstätte, Kulissen ...)?
Wie weit sollen die Kinder bei der Ausstattung mitwirken (Bau der Kulissen, Requisiten, Instrument; Anfertigen der Kostüme ...)?
Festlegen des Stücks (z.B. Dornröschen)
Grobes Festlegen einer Spielform (z.B. auf einer Bühne und vor Publikum; mit Erzähler; mit Musik und Liedern; Kostüme, Kulissen, Requisiten gemeinsam mit Kindern bauen)
SPIELEN, ÜBEN, PROBEN
Vorstellen der Geschichte
Besprechen der Geschichte; Herausarbeiten der entscheidenden Motive (zugleich Spielschritte)
Aufwärmspiele
Vorbereitende theatralische Spiele (allgemein und stückbezogen)
Erarbeiten der Spielschritte (aus den theatralischen Spielen werden allmählich Bühnenszenen)
Durchspielen der Spielschritte/Szenen mit verteilten Rollen
Vorbereitende Musikspiele
Konkretisieren und Üben von Szenen
Fixieren der Rollen
Improvisatorisches Durchspielen der Szenen
Festhalten geeigneter Versionen
(Text, Stellplan, Auftritt und Abgang ...)
Entscheidung, ob daraus ein Spiel vor Publikum werden soll
Üben der festgelegten Spielabschnitte (Zusammenspiel der Akteure, Zusammenspiel von Musik und Szene)
Durchlauf mit provisorischen Kostümen und Requisiten
Üben der Spielschritte mit Kostümen und Kulissen
Durchlauf mit Bühnenausstattung (Hauptproben)
Generalprobe
DIE AUSSTATTUNG
Provisorisches Festlegen der Bühne (durch Teppich, Kreidestrich ...)
Provisorische Kostüme und Requisiten
Bau der Kulissen, Requisiten, eventuell Instrumente
Herstellen der Kostüme
Aufbau der Bühne
Organisation der Aufführung
(Einladungen, Programm ...)
Aufführung

1 WAS DAZU GEHÖRT ...

Spricht man im Zusammenhang einer Theateraufführung von Ausstattung, so meint man damit die Gestaltung der Bühne und der Kulissen, der Kostüme und Requisiten sowie den Einsatz von Licht und Technik. Wenn man gemeinsam mit Kindern Theater macht, sollte jedoch nicht die Ausstattung im Vordergrund stehen, sondern das Spiel, die Kreativität, der Spaß.

Sehen wir den Kindern zu: Sie kriechen unter einen Tisch, über den sie vorher eine Decke geworfen haben, und schon befinden sie sich in einer sicheren Hütte inmitten des tiefsten Dschungels, wo gefährliche wilde Tiere hausen ... Auf dieser Gabe der Vorstellungskraft sollten wir aufbauen. Kinder lassen sich gern und leicht verzaubern und in eine andere Welt entrücken. Sie brauchen nur wenige Anreize und nur wenige Hinweise, wie diese andere Welt aussehen könnte.

Bei jedem der in diesem Band vorgestellten Stücke reichen einfachste Mittel, um es auszustatten. Wenn wir trotzdem hin und wieder komplexere Kulissen oder Kostümbeispiele vorschlagen, so tun wir dies, um die Bandbreite der Gestaltung zumindest anzudeuten, um verschiedene Kombinationsmöglichkeiten zu eröffnen und auch Grundlagen für eine aufwändigere Inszenierung zu schaffen.

2 DER BÜHNENRAUM

Die Bühne hat eine doppelte Funktion beim Theaterspiel: Sie hilft dem Schauspieler, sich in seine Rolle hineinzufinden, und dem Zuschauer, mitzuerleben, die Handlung wahrzunehmen und als wahr anzunehmen. Gleichzeitig schafft die Bühne eine gewisse Distanz, einen „Sicherheitsabstand" zwischen Darsteller und Publikum, den beide brauchen. Auch beim Theaterspielen mit Kindern sollte die Bühne immer klar definiert sein – unabhängig davon, in welchem Rahmen die Aufführung stattfindet. Dieser Rahmen wird dann allerdings Einfluss auf die Art der Bühnengestaltung und die weitere Ausstattung nehmen. Geht es um einen Jahres- oder Projektabschluss mit relativ vielen Mitwirkenden, einem größeren Publikum und einer eher aufwendigen Inszenierung?

Guckkastenbühne

Oder um ein kleines Stück mit nur wenig Zuschauern, das nach einer intimen Atmosphäre verlangt? Oder um ein Spiel ohne Drumherum und ohne Publikum? Bei letzterem reicht der bereits erwähnte Kreidestrich aus, um die Bühne zu bestimmen. Ansonsten ist, bevor man die Ausstattung in Angriff nimmt, zu überlegen, welche Räume für die Aufführung zur Verfügung stehen. Oft muss man ohne „richtige" Bühne auskommen, aber auch Klassen oder Gruppenzimmer, Aufenthaltsräume, Aulen, Turnsäle und ähnliches lassen sich gut umfunktionieren.

2.1 DIE BÜHNENFORM

Grundsätzlich unterscheidet man zwei Bühnenformen: die Guckkastenbühne und die Raumbühne.

❍ Die erstere ist die „normale" Theaterbühne. Der Zuschauer sitzt hier quasi frontal vor einer Art Portal und blickt in einen „Guckkasten", der seitlich (und oben) begrenzt ist. Die Darsteller spielen „geradeaus". Der Vorteil dieser Bühnenform: Sie erleichtert illusionistisches Theater. Das Publikum schaut direkt von vorne auf die Bühne, die Kulissen und Dekorteile brauchen also nicht dreidimensional zu sein. Man kann flache Wände oder Hängebahnen verwenden, die eventuell perspektivisch bemalt oder beklebt sind („Dornröschen" oder „Der kleine Fuchs auf dem Thron"). Auf ihren Auftritt wartende Darsteller oder auch Helfer können sich unmittelbar neben der Bühne aufhalten, ohne dass die Zuschauer davon etwas mitbekommen. Ebenso lassen sich dort Kulissen und Requisiten, die erst zu einem späteren Zeitpunkt gebraucht werden, aufbewahren. Da eine Guckkastenbühne gut durch einen Vorhang abzuschirmen ist, sind dann auch unsichtbare Kulissenumbauten möglich.

Wenn man eine Aufführung plant, bei der die Kinder wie hier beschrieben frontal zum Publikum hin spielen, aber nur eine improvisierte Bühne zur Verfügung steht, heißt es, seitlich oder hinten Raum für Auf- und Abtritte zu schaffen: zum Beispiel durch neutrale oder stückbezogene Stellwände („Dornröschen"), durch Paravents, Hänger („Der kleine Fuchs auf dem Thron"), Vorhänge oder auch Kartons („Kalif Storch"), sofern diesen nicht zu viel Platz beanspruchen.

❍ Bei einer Raumbühne sitzt das Publikum ähnlich wie in einer Arena um die Darsteller herum, so dass diese in mehrere Richtungen spielen müssen. Da die Kulissen für die Zuschauer von vorne und von der Seite einsehbar sind, braucht man dreidimensionale Dekorationen („Im Geisterschloss" oder die Würfelkulisse des „Kalif Storch", die sich übrigens auch gut für offene Verwandlungen eignet).

Bei einer Raumbühne kann im allgemeinen kein Vorhang installiert werden. Verwandlungen finden auf offener Bühne statt und sollten folglich mit inszeniert werden. In jedem Fall sind auch hier Möglichkeiten zum Auf- und Abtreten zu berücksichtigen: Vielleicht lässt sich die Bühne ja in der Nähe einer Tür einrichten. Oder man begrenzt den Raum nach hinten durch Hänger, die eventuell einen Horizont andeuten. Oder man schafft seitlich mit Hilfe von Paravents oder Kartons einen für das Publikum nicht einsehbaren Raum. Oder die Auf und Abtritte werden mitinszeniert, die Akteure kommen aus dem Zuschauerraum heraus auf die Bühne und gehen auch entsprechend wieder ab.

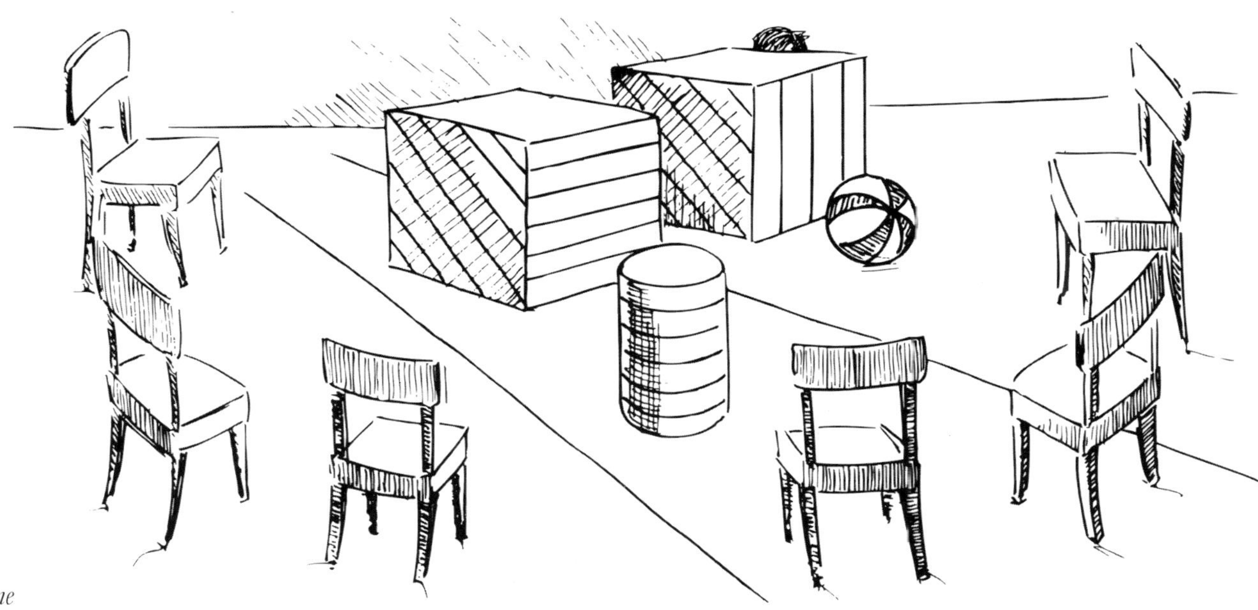

Raumbühne

2.2 DER VORHANG

Der Einsatz eines Vorhangs, der Bühne und Zuschauerraum voneinander abtrennt, kann unter theatralischen Gesichtspunkten sehr reizvoll sein. Vorhang auf – und das Spiel beginnt. Der Vorhang fällt – Pause, und alles verwandelt sich ...
Meist besitzen nur „richtige" Theaterbühnen Vorhänge. Deshalb werden hier einige Möglichkeiten genannt, wie sich auf einfache Art ein Vorhang installieren und dann auch öffnen beziehungsweise schließen lässt.

Vorhänge zum Aufziehen

Vorhänge, die sich zur Seite hin öffnen sollen, bringt man mit Hilfe von Ringen und Schlaufen an einem quergespannten Seil oder einem Draht an.
Ein paar Beispiele:

❍ An den seitlichen Wänden Haken fixieren und ein kräftiges Seil durch den Raum ziehen. Es muss gut gespannt sein, damit es nicht durchhängt, wenn der Vorhang angebracht wird. (Empfehlenswert sind auch dünnere Drahtseile, die mit Ösen und Spannern befestigt werden.) Keinen zu schweren Vorhangstoff wählen. Am oberen Rand des Stoffes Köperband aufnähen und Ringe im Abstand von etwa zehn bis 15 cm befestigen (oder Schlaufen anbringen).

❍ Zwei Sonnenschirmständer nehmen, Stangen hineinstecken und dazwischen eine Schnur spannen (1. Skizze). Eine solche Vorrichtung ist allerdings nur stabil, wenn die Ständer schwer sind (eventuell extra beschweren) und nicht zu weit auseinanderstehen. Am besten leichtes Vorhangtuch verwenden.

❍ Soll sich der Vorhang „automatisch" öffnen lassen, an einen der äußeren Ringe eine dünne, feste Schnur binden und durch die übrigen Ringe zur anderen Seite führen. Zieht man an dieser Schnur, geht der Vorhang auf. Um ihn schließen zu können, eine zweite Schnur an demselben äußeren Ring festbinden und in die entgegengesetzte Richtung führen.
Entsprechend kann natürlich auch ein zweigeteilter Vorhang angefertigt werden.

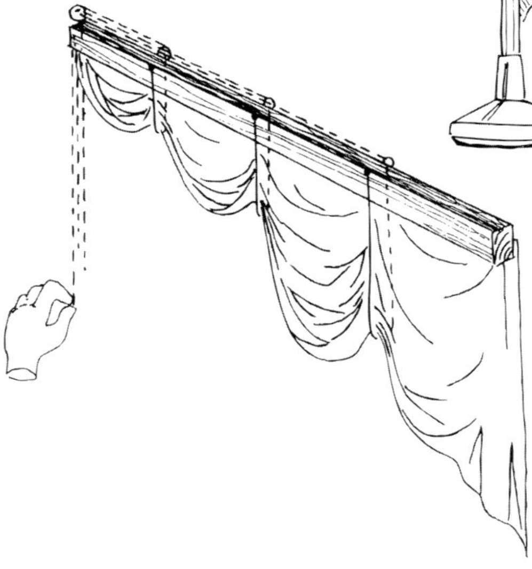

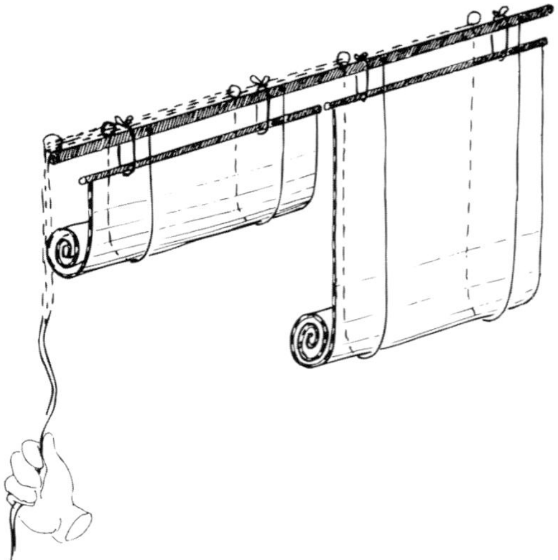

Vorhänge zum Hochziehen

Vorhänge, die hochgezogen werden sollen, müssen fest an einer Querstange angebracht sein.

❍ Mit Hilfe zweier Sonnenschirmständer lässt sich ein „Gerüst" bauen, an dem man den Vorhang fest anbringen kann (2. Skizze): Holzlatten in die Ständer stecken und oben eine Querlatte annageln. Den Vorhang an diese Stange tackern, nageln oder ihn mit Schlaufen festziehen. Eventuell kann man auch eine Querstange über der Bühne installieren.

Um den Vorhang zu öffnen, an den oberen Enden der Stange oder in den Ecken des „Gerüstes" jeweils einen Ring anbringen. Eine Schnur daran festbinden, um den Vorhang legen, dann auf der anderen Seite zum Ring zurückführen und durch ihn hindurchziehen. Mit Hilfe des herabhängenden Endes den Vorhang öffnen.

Solche Vorhänge haben eine barocke Wirkung.

❍ Aus einem fest angebrachten Vorhang kann man auch einen sogenannten Wolkenstore gestalten, der beim Hochziehen gerafft und gebauscht wird (3. Skizze).

Mehrere Schnüre wie Schlaufen in Längsrichtung um den Vorhang legen: Das eine Ende an einem in die Querstange geschraubten Ring festbinden, das andere Ende durch einen zweiten, nicht zu kleinen Ring ziehen. Alle freien Schnürenden zu einem größeren Ring am äußeren Rand der Querstange führen und miteinander verknüpfen.

Zieht man daran, hebt sich der Wolkenstore.

Den Vorhang eventuell unten beschweren, damit er genügend Gewicht hat, um zu fallen, wenn die Schnüre losgelassen werden.

❍ Rollos, die man fertig kaufen oder selbst herstellen kann, funktionieren nach dem gleichen Prinzip wie der Wolkenstore (4. Skizze). Doch da das Material waagrecht ausgesteift ist, rollt es sich glatt ein.

2.3 DIE BELEUCHTUNG

Gut geeignet für Theateraufführungen sind Räume, die sich abdunkeln lassen. Bei einem abgedunkelten Zuschauerraum wird sich das Publikum besser auf das Bühnengeschehen konzentrieren. Außerdem ist es möglich, mit Scheinwerfern verschiedene Lichtstimmungen zu erzeugen. Wer darauf Wert legt, kann die Fenster auch mit schwarzen Tüchern oder Papierbahnen zuhängen.

Nur selten bietet jedoch ein Raum, den man für Aufführungen „zweckentfremdet", eine wirklich effektvolle Bühnenlichtanlage. Daher geben wir hier ein paar Tipps, wie sich mit mehr oder weniger einfachen Mitteln eine brauchbare Theaterbeleuchtung installieren lässt.

❍ Bei größeren Inszenierungen lohnt es sich durchaus, vier oder fünf Scheinwerfer (250 bis 500 Watt) im Disko- oder Lichtdesignhandel oder in einem Theater auszuleihen. Dabei auch an Stative oder Aufhängevorrichtungen und an Farbfolien samt Rahmen denken.

Ein kleines Lichtmischpult bietet den Vorteil, dass man die Scheinwerfer einzeln „fahren", das Licht mit Reglern langsam nachziehen und auch die Lichtstimmung verändern kann. Blaue Farbscheiben erzielen beispielsweise ein gedämpftes nächtliches Licht. Mit Hilfe von Scheinwerfern, die mit orangeroter und gelber Folie präpariert sind, kann man schließlich eindrucksvoll die Sonne aufgehen lassen.

❍ Auch Klemmfassungen mit starken Strahlern (150 Watt) geben brauchbare Scheinwerfer ab. Die Lampen sind in verschiedenen Farben erhältlich, können aber ebenso mit speziellem Glühlampenlack bemalt werden. Selbst in einer relativ hellen Umgebung lässt sich die Bühne mit solchen farbigen Spots betonen und vom Zuschauerraum abgrenzen. Die Leitungen der Klemmspots mit Verlängerungskabeln an einem Punkt – dem „Lichtregieplatz" – zusammenführen, der eine gute Sicht auf die Bühne bietet. Von hier aus Licht ein- und ausschalten und eventuell mit Haushaltsdimmern (pro Lampe ein Dimmer) regeln.

❍ Interessante Lichteffekte sind außerdem mit einem Overhead- oder Diaprojektor zu erreichen. „Der Regenmacher" geht hierauf näher ein.

Generell gilt:

❍ Die Scheinwerfer so positionieren, dass sie den Raum diagonal ausleuchten. Der linke Scheinwerfer bestrahlt den rechten Teil der Bühne und umgekehrt. Dabei ist eine gewisse Grundausleuchtung des Bühnenraumes erstrebenswert, ohne dass jedoch alles in hellem Licht liegt. Es sollte noch möglich sein, einzelne Stellen besonders hervorzuheben.

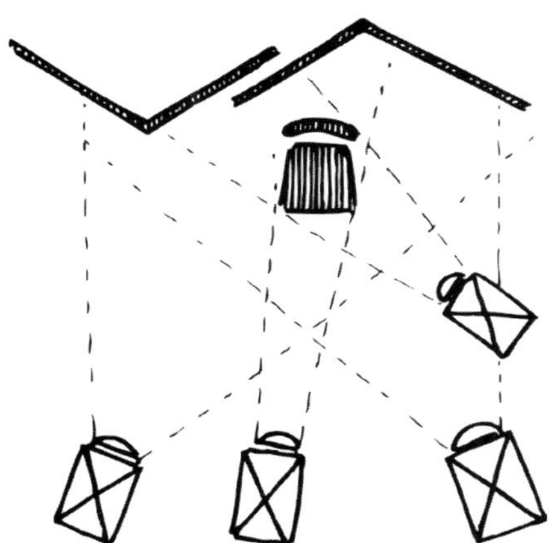

❍ Beim Installieren und Einschalten der Scheinwerfer überlegen, woher das Licht „in natura" käme. Steht die Sonne hoch am Himmel? Scheint der Mond? Erhellt ein Lüster den Raum? Oder eine Kerze?

❍ Die Kabel unbedingt gut verlegen, eventuell mit Klebeband (Lassoband) befestigen, damit niemand darüber stolpert.

Kinder nur mit Bedacht an elektrische Anlagen lassen, auch wenn sie durchaus bereit sind, entsprechende verantwortungsvolle Aufgaben mit Ernst und Vernunft zu übernehmen.

3 KULISSEN

3.1 ALLGEMEINES

Bei den Überlegungen, wie das Bühnenbild gestaltet werden kann, sollte man die Kinder miteinbeziehen. Sie kennen die Geschichte und sind mit Freude und Phantasie dabei, wenn es darum geht, verschiedene Szenen zu malen, Kulissenmodelle aus Papier zu entwerfen oder einfach nur Ideen im gemeinsamen Gespräch zu äußern.

Wo spielt das Stück? Soll ein Außenraum dargestellt werden oder ein Innenraum? Dies sind die grundlegenden Fragen.

Auch einfachste Dekorteile können den Spielort charakterisieren: Eine Wolke hängt von der Decke herab – und wir befinden uns unter freiem Himmel. Da ist ein Stuhl, schäbig, wackelig, alt – wir schauen in eine ärmliche Hütte ... oder steht da ein Thron? Ein Baum ist ein ganzer Garten, ein Wald, ein Dschungel ... Die Vorstellungskraft wird gerade durch das Weglassen von Dingen und das bloße Andeuten angeregt.

Bevor Sie darangehen, Kulissen von Grund auf neu zu bauen, funktionieren Sie Vorhandenes um. Regen Sie die Kinder an, verschiedene Gegenstände zu suchen, aus denen interessante Kulissen werden können: Zwei Leitern, durch eine Stange verbunden, darüber Tücher geworfen – schon ist ein Bühnenbild geschaffen (siehe „Hahn, kleb an!“). Kartenständer eignen sich bestens zum Befestigen von Stoff- oder Papierhängern. Aus Stühlen lässt sich ein Schloss bauen. Obstkisten – zusammengestellt, -genagelt oder -geleimt – bilden Tische und Stühle oder auch Mauern, Felsen, Schluchten ... Kinderphantasie braucht keinen Realismus.

3.2 DIE KULISSEN FÜR „DORNRÖSCHEN“

Unser „Dornröschen“ sollte eine Inszenierung mit frontalem Spiel werden. Da hier keine dreidimensionalen Kulissen erforderlich sind, haben wir uns für Stellwände aus Wellpappe entschieden. Solche Stellwände sind relativ einfach zu bauen und vielseitig einsetzbar – auch bei anderen Stücken. Sie erlauben eine gute Gliederung der Bühne, lassen mehrere Ebenen (Vordergrund, Hintergrund) zu und bieten verschiedene Möglichkeiten des Auf- und Abtretens oder kurzen Verschwindens. Außerdem sind sie variabel und gut geeignet für einen raschen Kulissenumbau, da sie nicht befestigt zu werden brauchen.

Bei diesem Stück ist es wichtig, einen Innenraum – den Thronsaal – und einen Außenraum – den Burghof – zu definieren. Wir bewerkstelligen dies auf zweifache Art:

❍ durch eine unterschiedliche Gestaltung der Wände, die zum Teil umgedreht werden können; sie deuten ein Tapetenmuster oder einen Vorhang beziehungsweise eine Steinmauer an;

❍ durch bestimmte Dekorteile wie eine Wiege und einen Thron beziehungsweise einen Baum; hierzu gehört außerdem ein Teppich, der durch einfaches Wenden zu Steinpflaster wird.

Passend zu den Stellwänden sind auch die einzelnen Dekorteile hauptsächlich aus Wellpappe gearbeitet, so dass eine einheitliche Gesamtwirkung entsteht. Wellpappe ist im Kartonagenhandel in verschiedenen Stärken erhältlich: einfach (einseitig) beschichtet, doppelt (beidseitig) beschichtet, doppelt gewellt.

Grundriss des Thronsaals

Zum Kleben kleinerer Stellen reicht Alleskleber aus. Allerdings zieht er recht schnell ein. Für größere Flächen sollte man deshalb Holzleim verwenden. Er muss gepresst werden und braucht etwas länger, um zu trocknen.
Will man Wellpappe bemalen, grundiert man sie am besten zunächst mit Acryllack. Er bildet einen Film auf der Oberfläche und verhindert so, dass die Farbe die Pappe aufweicht und wellt. Auch wasserlöslicher Acryllack wird beim Trocknen wasserfest.
Zum Bemalen bieten sich Volltonfarben auf Dispersionsbasis an, die es preiswert und in zahlreichen Farbtönen gibt; sie trocknen wasserfest auf. Andere Möglichkeiten: Farbpigmente in Pulverform (Farbstoffhandel), die mit Kleister angerührt werden, oder Schulmalfarben (in Flaschen). Da letztere nicht wasserbeständig sind und abreiben können, fixiert man sie am besten mit farblosem Lack.
Falls die Pappe keine Lackgrundierung erhalten hat, sollte man sie auf beiden Seiten bemalen, damit sie sich nicht zu stark verzieht.

3.2.1 DER THRONSAAL

Zur Ausstattung des Thronsaals in unserer Inszenierung gehören:

❍ zwei dreiteilige Stellwände, die mit Andeutungen von Fenstern, Vorhängen sowie verschiedenen Mustern den Eindruck eines Innenraumes vermitteln. Die beiden Wände schließen die Bühne nach hinten ab. Die rechte Wand wird später umgedreht und dient dann als Kulisse des Burghofs. Tücher, die locker auf den Wänden liegen, lösen die harten oberen Kanten dekorativ auf. Ein weiteres Tuch wird wie ein Vorhang drapiert.
❍ eine Wiege, die vor der rechten Wand steht;
❍ ein Thron, der vor der linken Wand steht;
❍ eine Tafel, die während der Festvorbereitung hereingetragen und dann gehalten wird;
❍ ein Teppich, der vor dem Thron liegt. Bei der Verwandlung des Thronsaals zum Burghof wird er umgedreht. Seine Rückseite zeigt Pflastersteine.

STELLWÄNDE

Material

Sechs Platten aus doppelt beschichteter, also steifer Wellpappe (120 x 180 cm); wasserlöslicher Acryllack zum Grundieren; Volltonfarbe in verschiedenen Tönen (Weiß, Gelb. Rot. Blau, Schwarz); Schablonen aus Karton für die Tapetenmuster; vier Wellpappstreifen zum Verbinden der Platten (10 x 180 cm); Alleskleber oder Holzleim

Ausführung

(Hinweise zum Material und Vorgehen siehe auch Seite 28/29.)

Die Platten zunächst mit Acryllack präparieren und trocknen lassen. Die Umrisse der Flächen und Fenster mit Bleistift vorzeichnen.

Die großen Fondflächen dann mit hellgelber (Weiß mit Gelb) und hellvioletter (Weiß mit Blau und Rot) Volltonfarbe grundieren. Dabei am besten mit einer Malerrolle arbeiten.

Wenn die Farbe getrocknet ist, türkisgrüne (Blau und Gelb) und rote Ornamente anbringen: Aus Karton Negativschablonen ausschneiden, auf die Wand legen und mit einem Borstenpinsel ausmalen. Mit roter Farbe auf zwei Platten Vorhänge andeuten. Die rechte Stellwand mit zwei Fenstern und aufklappbaren Läden versehen. Die Öffnungen mit einem Cutter schneiden: Ringsum ausschneiden, die herausgetrennte Wellpappe von oben nach unten durchteilen und die beiden Hälften jeweils mit Pappstreifen am Fensterrand befestigen, so dass die Läden auf- und zugemacht werden können. Oder die Ladenkonturen nur am oberen Spitzteil, unten und in der Mitte schneiden und dann die beiden Teile nach außen knicken.

Die Fensterläden mit Rot beziehungsweise mit hellem Grau (Weiß und Schwarz) bemalen. Die Fensterumrandung in Form von behauenen Steinen mit verschiedenen Blautönen (Mischungen mit Weiß) gestalten. Für die Fugen andere Farben verwenden, um mehr Plastizität zu erreichen.

Bevor die Platten zusammengebaut werden, zunächst noch die Rückseite der rechten Stellwand mit der Ansicht des Burghofes gestalten (Seite 36/37). Die Farben trocknen lassen.

Nun je drei Platten so mit Wellpappstreifen aneinanderkleben, dass sie beweglich bleiben und man sie zusammen- und wieder aufklappen kann. Die Platten dazu am besten nebeneinanderlegen.

Die Wand beim Aufstellen winkeln, damit sie stabil steht.

Die harten oberen Kanten mit Tüchern abdecken; eventuell ein weiteres Tuch wie einen Vorhang drapieren.

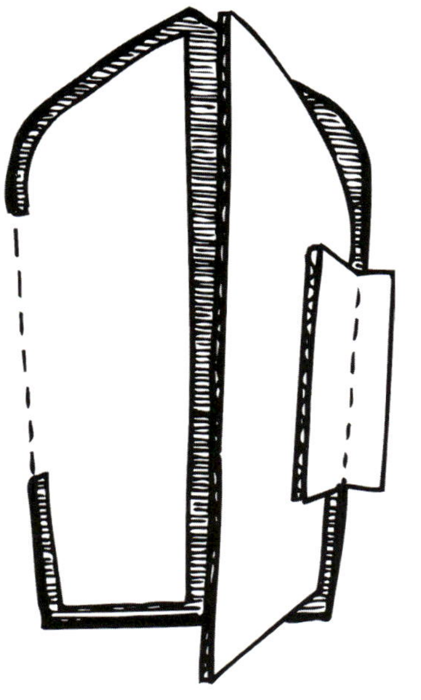

Alternativen

❍ Die Wände bemalen und zusätzlich kleinere Flächen mit Tonpapier, Buntpapier oder Tapetenresten bekleben.

❍ Falls die Wände einzeln aufgestellt werden sollen, braucht man eine Stütze: Aus doppelt beschichteter Wellpappe ein rechtwinkliges Dreieck ausschneiden, das etwa die halbe Höhe der Pappwand aufweist und mindestens 30 cm in den Raum hineinragen kann. Einen entsprechend langen Pappstreifen von etwa 15 cm Breite rechtwinklig knicken und hier das Dreieck einfügen. Die beiden Teile mit kleinen Kartonstreifen aneinander befestigen. Dann die Stütze auf die Rückseite der Wand kleben. (Dazu auch Skizze Seite 96.)

❍ Ein- oder mehrteilige Stellwände lassen sich ebenso mit Hilfe einfacher, leichter Rahmen errichten: Vier Holzlatten (2 x 4 cm) jeweils an den Stößen anlegen und festnageln oder mit Holzleim festkleben. In den Ecken zur Stabilisierung rechtwinklige Dreiecke aus Holz (Sperrholz) oder starker Pappe anbringen. Stoff- oder Papierbahnen an den Rahmen kleben beziehungsweise heften.

Um die Wände einzeln aufzustellen, an einer oder an beiden Latten Stützen (wie eben beschrieben) befestigen.

Mehrteilige Wände stattdessen mit Scharnieren verbinden und gewinkelt aufstellen.

❍ Stoff- oder Papierbahnen, wie auf Seite 96/97 beschrieben, installieren.

❍ Vorhandene Raumteiler nutzen und entsprechend drapieren.

❍ Eine Würfelkulisse (siehe „Kalif Storch", Seite 146 ff.) zusammenstellen, die Ansichten des Thronsaals, des Burghofs und des Turmes zeigt oder neutral bemalt ist.

WIEGE

Material

doppelt oder einfach beschichtete Wellpappe (3 Teile: 70 x 103 cm, 70 x 85 cm, 70 x 53 cm); Acryllack zum Grundieren; Volltonfarbe in Weiß, Gelb, Blau, Rot; Holzleim oder Alleskleber

Ausführung

Für die Wiege mit einem Cutter ein Kopfteil, ein Fußteil und einen Korpus aus Wellpappe zurechtschneiden (siehe Skizzen). Das Fußteil und die untere Partie des Kopfteils sind identisch. Das Rechteck für den Korpus zweimal falzen (gestrichelte Linien), um den Boden und die beiden Seitenwände zu erhalten. Die drei Einzelteile mit Hilfe von kleinen Pappstreifen verbinden.

Die Wiege mit Acryllack grundieren, anschließend mit Volltonfarbe bemalen: Zunächst den Fond anlegen (Weiß mit Blau gemischt), dann zusätzlich mit Insignien verzieren (Rose und Krone in Rot und Gelb).

Die Wiege eventuell mit passenden Kissen ausstatten und mit Gardinenstoff oder Tüll „verschleiern".

Alternativen

❍ Einen längeren Schleier aus Gardinenstoff oder Tüll an der Wand feststecken. Er sollte bis auf den Boden hinabreichen, so dass man ihn unten etwas in den Raum ziehen kann.

❍ Einen Wäschekorb, einen Kinder- oder Puppenwagen mit Kissen auslegen und mit einem Schleier verhängen.

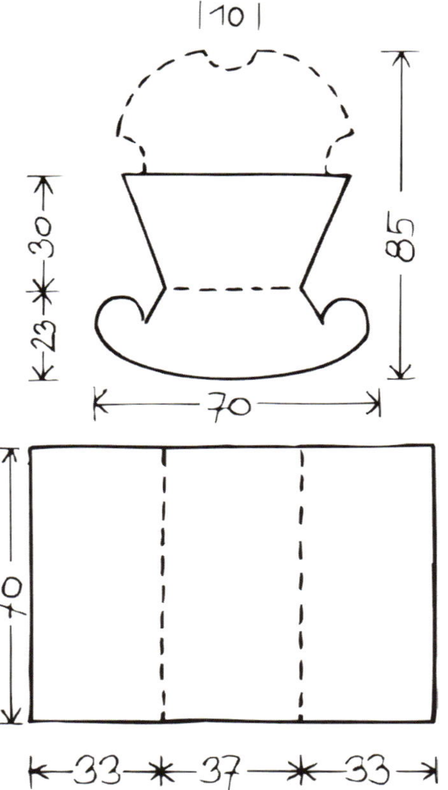

THRON

Material

doppelt beschichtete Wellpappe (Maße siehe Skizzen); Acryllack zum Grundieren; Volltonfarbe in Weiß, Gelb, Rot; Holzleim und Alleskleber

Ausführung

Mit einem Cutter vier große Teile aus Wellpappe ausschneiden: eine Rückenlehne (Grundfläche 60 x 150 cm), einen Sitz (60 x 130 cm) und zwei Armlehnen (ebenfalls 60 x 130 cm). Diese Teile, wie in den Skizzen angegeben, zurechtschneiden (durchgezogene Linien) beziehungsweise falzen (gestrichelte Linien) und miteinander verbinden:

❍ Die Pappe für den Sitz an den angegebenen Linien rechtwinklig umklappen. Die Seitenstreifen, dort wo sie sich überlappen, aneinander festkleben. Dann die hintere Wand des Sitzes mit Holzleim an der Lehne befestigen.

❍ Die Seitenteile mit den Armlehnen entsprechend aufbauen; rechts und links des Sitzes ankleben. Armteile und Sitz auf der Unterseite zusätzlich mit kleineren Wellpappstreifen verbinden.

Die Stabilität beziehungsweise Statik des Thrones außerdem folgendermaßen verstärken:

❍ Zwei 15 cm breite Wellpappstreifen in der Höhe der Rückenlehne zuschneiden. Jeden Streifen zweimal der Länge nach falzen und zu einem „Dreieck" formen. Die Kanten mit Klebeband zusammenfügen. Diese Stützen auf der Rückseite des Thrones ankleben.

❍ Den Sitz mit mehreren Platten aus Pappe (Maße dem Sitz entsprechend: Höhe knapp 45 cm, Breite knapp 40 cm) aussteifen; die Platten jeweils oben beziehungsweise unten zur Hälfte einschneiden und rechtwinklig ineinanderstecken (Skizze).

❍ An der Front des Sitzes eventuell eine Blende anbringen (Breite 70 cm, Höhe 65 bzw. 45 cm). Die Pappe an den Seiten und auf der Armlehne jeweils fünf cm umklappen.

❍ Die vordere Kante des Sitzes mit einem etwa zehn cm breiten, der Länge nach gefalzten Streifen aus Wellpappe versteifen.

Schließlich den Thron noch ausgestalten:

❍ Die Stöße der Armlehnen unter Pappstreifen (10 x 50 cm) verbergen, die am vorderen Ende zu einem Halbkreis geschnitten sind.

❍ Die Rückenlehne mit abgeschrägten Längsstreifen (36 x 90 cm, 12 x 80 cm) dekorieren.

❍ Kleine Vierecke als Schmuckelemente aufkleben.

❍ Den Thron mit Acryllack präparieren, dann mit weißer Volltonfarbe grundieren und mit Rot und Gelb verzieren.

Alternativen

❍ Ein großes Tuch über einen Stuhl legen.

❍ Einen Thron aus drei Schachteln bauen: Zwei Schachteln aufeinandersetzen, die dritte Schachtel kommt davor. Das „Gebilde" unter einem Tuch verbergen.

❍ Eine Haushaltsleiter aufstellen. Ein längeres Brett so zwischen die Sprossen schieben, dass es hinten tiefer liegt als vorne. Im Übrigen muss es vorne deutlich herausragen. Dieses Brett ist nun stabil genug, um als Sitz dienen zu können. Schließlich wieder ein Tuch überwerfen.

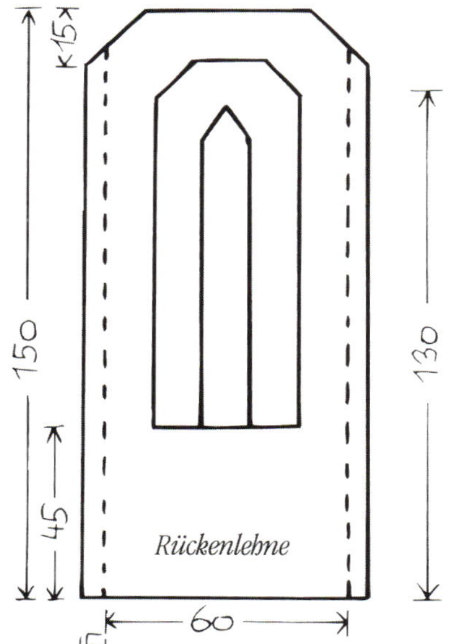

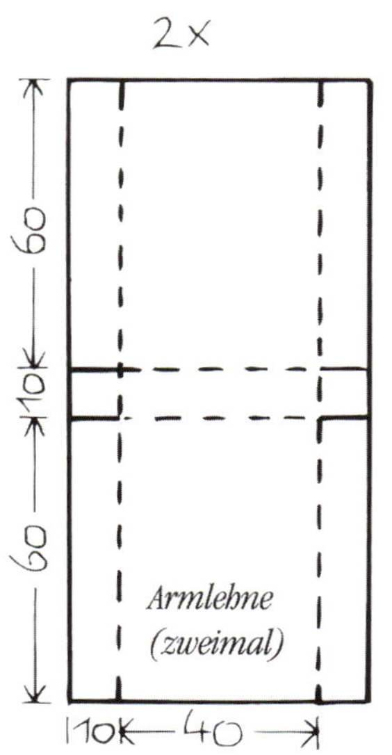

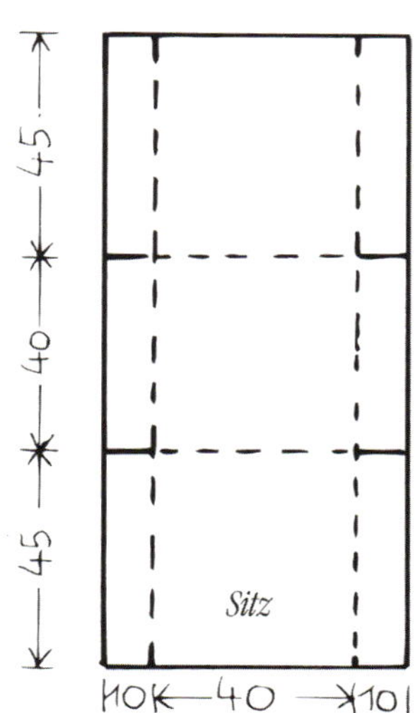

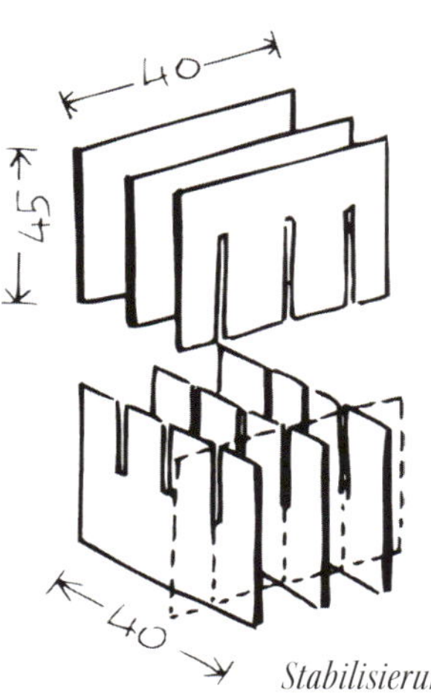

TAFEL

Material

weißer Filzstoff o.ä. (180 x 90 cm); Filzreste in verschiedenen Farben (Rot, Blau, Gelb, Grün); 12 gelbe Pappteller oder Scheiben aus Karton (eventuell entsprechend bemalen); 12 rote Papierservietten; 2 Rundstangen aus Bambus (220 cm); Heftklammern; Alleskleber; Doppelklebeband

Ausführung

Den weißen Stoff an den Breitseiten etwa 10 cm umschlagen; die beiden Säume so mit Heftklammern fixieren, dass eine dünne Tragestange aus Bambus durchgezogen werden kann.
Aus Filzresten in verschiedenen Farben einen Kelch, eine Schale mit Obst, einen Becher, einen Krug ... ausschneiden und auf den Tisch kleben.
Servietten zusammenlegen, tackern und ebenfalls aufkleben.
Pappteller beziehungsweise Kartonscheiben bemalen und auf der Rückseite Doppelklebeband anbringen. Die Tafel wird wie ein Transparent auf die Bühne getragen. Entweder liegt sie dann während des Spiels auf dem Boden oder wird – für die Zuschauer besser sichtbar – weiterhin an den Enden der oberen Stange gehalten, so dass sie herabhängt. Die Teller werden erst auf der Bühne „aufgetischt", das heißt mit dem Doppelklebeband, das sie auf der Rückseite haben, befestigt.

Alternativen

❍ Einen richtigen Tisch verwenden.

❍ Eine große Schachtel nehmen und eine Decke darüberlegen.

TEPPICH UND PFLASTER

Material

einseitig beschichtete (daher aufrollbare) Wellpappe (80 x 300 cm); Volltonfarbe in Rot, Gelb, Schwarz und Weiß; Steintapete (Granitmuster o.ä.) oder Papierbahnen (z. B. Packpapier); Holzleim oder Alleskleber

Ausführung

Die glatte Seite der Wellpappe rot grundieren. Mit gelber Farbe eine Krone aufmalen (oder aus Papier ausschneiden und aufkleben) und den Teppich säumen.

Die Rückseite mit „Pflastersteinen" versehen. Dafür unregelmäßige, abgerundete Rechtecke aus einer Steintapete zurechtschneiden. Statt einer Tapete kann man auch eine mit grauer Farbe (Weiß mit Schwarz) besprenkelte Papierbahn nehmen. Die Steine mit finger- bis handbreiten Abständen aufkleben. Die Zwischenräume mit schwarzer oder dunkelgrauer Farbe großzügig ausmalen.

3.2.2 DIE „VERWANDLUNG" ZUM BURGHOF

Während des Zwischenspiels, das vom ersten zum zweiten Akt überleitet, wird der Thronsaal zum Burghof umgewandelt. Dieser Umbau findet auf offener Bühne statt.

❍ Unverändert bleiben die linke Stellwand und der Thron stehen.

❍ Die Wiege wird hinausgetragen.

❍ Die rechte Stellwand wird zusammengeklappt, um die Längsachse gedreht, wieder auseinandergezogen und aufgestellt. Sie zeigt nun zwei Außenmauern mit Fenstern und einen Küchenplatz. Die Tücher auf den oberen Kanten bleiben liegen.

❍ Der rote Teppich des Thronsaales wird gewendet, so dass man das Steinmuster sieht, und quer über die Bühne gelegt.

❍ Ein Baum, dessen Krone die vier Jahreszeiten versinnbildlicht, wird hereingetragen.

STELLWÄNDE (RÜCKSEITE)

Material

Acryllack; Volltonfarbe (Weiß, Gelb, Rot, Blau, Schwarz); Steinformen aus Wellpappe und einer Steintapete; Küchenbesteck aus Pappe; Leim oder Alleskleber

Ausführung

Die Platten wiederum mit Acryllack präparieren.

Die Außenwände mit den Fenstern zuerst weiß grundieren.

Aus einer grauen Steintapete (oder entsprechend bemalter Wellpappe) unregelmäßige Steinformen ausschneiden und auf die Wände kleben. Die Mauerfugen der rechten Wand mit dunklen Tönen (Schwarz mit Rot bzw. mit Weiß) intensivieren. Um die plastische Wirkung zu verstärken, hier und da kleinere Steine aufsetzen, die aus Wellpappe zurechtgeschnitten und bemalt sind (Gelb, Blau, Schwarz, jeweils mit Weiß gemischt).

Die Fensterumrandung aufmalen oder aufkleben. Die Küchenwand zunächst rot grundieren, dabei die Feuerstelle aussparen. Graue Steinformen aufkleben und schwarz umranden. Mit schwarzer Farbe ebenso die Feuerstelle aufzeichnen; die dortigen Steine dann mit Rot- und Gelbtönen ausmalen. Aus Pappe Küchengeschirr zurechtschneiden, mit hellem und dunklem Grau bemalen und über dem Feuer „aufhängen".

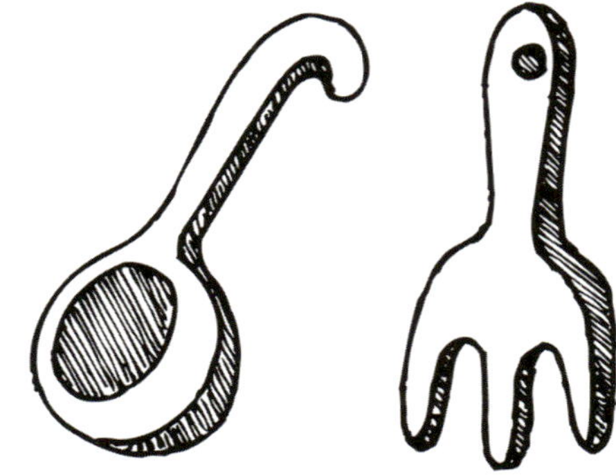

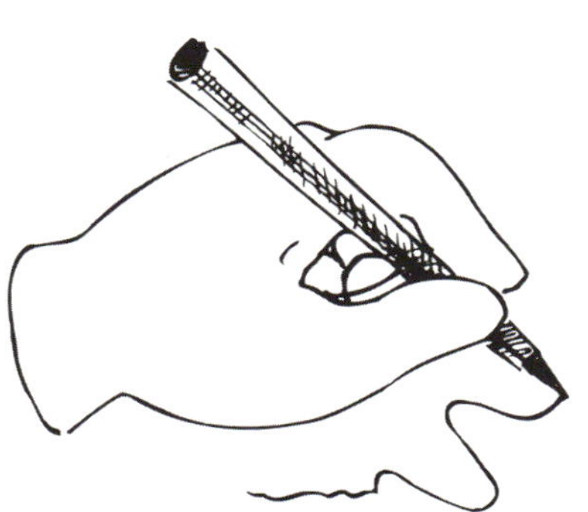

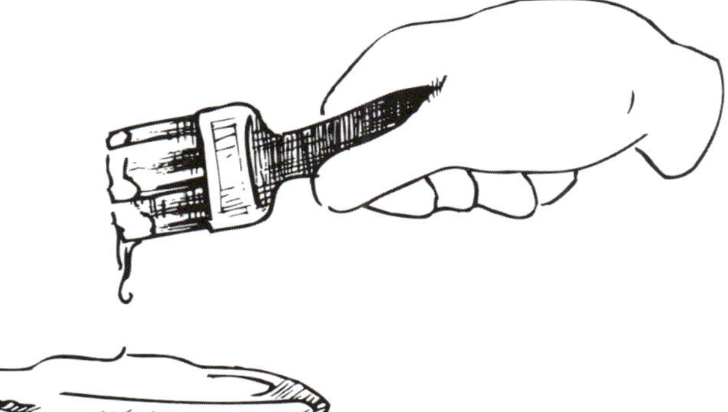

JAHRESZEITENBAUM

Material

einseitig beschichtete Wellpappe für den Stamm (ca. 1,80 hoch, mindestens 50 cm breit; oder Teppichrolle, Durchmesser ca. 20 cm), außerdem für die Wurzeln (4 Rechtecke, 30 x 40 cm) und für die Aststümpfe (25 x 15/30 x 20 cm); doppelt beschichtete Wellpappe für das Bodenkreuz (2 Streifen à 50 x 20 cm) und die Krone (2 Platten à 1 x 1 m); Acryllack; Volltonfarbe in Weiß, Schwarz, Blau, Gelb und Rot; Krepppapier in Weiß, Pink, Rostbraun, Ocker und verschiedenen Brauntönen (hell und dunkel); Reste von Packpapier o.ä.; Kleister

Stamm und Wurzeln

Ausführung

Für das Bodenkreuz zwei Rechtecke (50 x 20 cm) aus doppelt beschichteter Wellpappe ausschneiden und diese über Kreuz kleben.

Als Stamm eine Teppichrolle nehmen oder einseitig beschichtete Wellpappe zu einer Röhre von etwa 20 cm Durchmesser zusammenkleben. Oben vier Schnitte von je 20 cm anbringen, die zueinander im rechten Winkel stehen. Hier werden später die Baumkronen eingefügt. Deshalb die Schnitte nach der Dicke der Pappe ausrichten.

Den Stamm auf das Bodenkreuz stellen und mit Winkeln aus Pappstreifen fixieren. Die „Nahtstellen" mit Wurzeln kaschieren. Diese werden jeweils aus einem Rechteck (30 x 40 cm) zugeschnitten: Die beiden Längsseiten ellipsenartig abrunden. Dieses Teil mit nach außen gerichteter Spitze mittels kleiner Pappstreifen am Stamm und am Bodenkreuz befestigen; dabei soll sich die Wurzel nach oben wölben. Die Aststümpfe aus Karton herstellen: Ein Rechteck (einmal 25 x 15 cm, einmal 30 x 20 cm) zu einer Röhre zusammenkleben. Außen mit einem Kreis aus Wellpappe abdecken; beim Ausschneiden des Kreises bereits Laschen stehenlassen, die man an der Innenseite des Astes ankleben kann. Die Aststümpfe mit kleinen Pappstreifen am Stamm fixieren.

Den Stamm (einschließlich Aststümpfe und Wurzeln) mit Krepppapier und Kleister ausgestalten: Teile des Stammes mit einem dicken Pinsel einkleistern, dann Kreppstreifen in verschiedenen Brauntönen gut bestreichen, faltig aufkleben und noch einmal mit Kleister darüber gehen. Die Falten wirken wie die Strukturen einer Rinde.

Baumkrone

Ausführung

Aus doppelt beschichteter Wellpappe (1 x 1 m) zwei Baumkronen ausschneiden (einmal ca. 1 m breit und 80 cm hoch, einmal 80 cm breit und 1 m hoch). Die eine der Kronen von unten bis zur Mitte, die andere von oben bis zur Mitte schlitzen, um die beiden Teile nach der Ausarbeitung ineinanderstecken zu können.

Die Kronen mit Acryllack behandeln, dann den vier Jahreszeiten gemäß ausgestalten (auf jeder Platte sind alle Jahreszeiten vertreten; siehe, Fotos).

❍ Frühjahr: Grün (Blau mit Gelb) grundieren; hell- und dunkelgrüne Blätter (mit Weiß bzw. Schwarz abschattiert) aufmalen. Weiße und pinkfarbene Kreppstückchen zusammenknüllen und als Blüten aufkleben.

❍ Sommer: Wie eben vorgehen. Statt der Blüten aber Äpfel und Birnen anbringen. Diese zum Beispiel aus Packpapier ausschneiden und bemalen.

❍ Herbst: An die Stelle des Obstes treten Blätter in herbstlichen Farben. Verschiedene Blattformen aus Krepppapier zurechtschneiden.

❍ Winter: Diesmal lediglich am Rand einen grünen Streifen aufmalen, die Fläche aber weiß grundieren. Mit schwarzer Farbe kahle Äste und Zweige einzeichnen.

Alternativen

❍ Statt eines plastischen einen flachen Baum aus doppelt beschichteter Wellpappe herstellen. Diese Baumsilhouette bemalen oder bekleben. Damit der Baum stehen kann, zunächst unten am Stamm einen etwa 20 cm langen Schlitz anbringen; dann ein Pappquadrat von 40 cm oben entsprechend einschneiden und als Stütze unter den Stamm stecken.

❍ Einen Garderobenständer mit einer Baumkrone aus gebauschtem und geknülltem Krepppapier versehen.

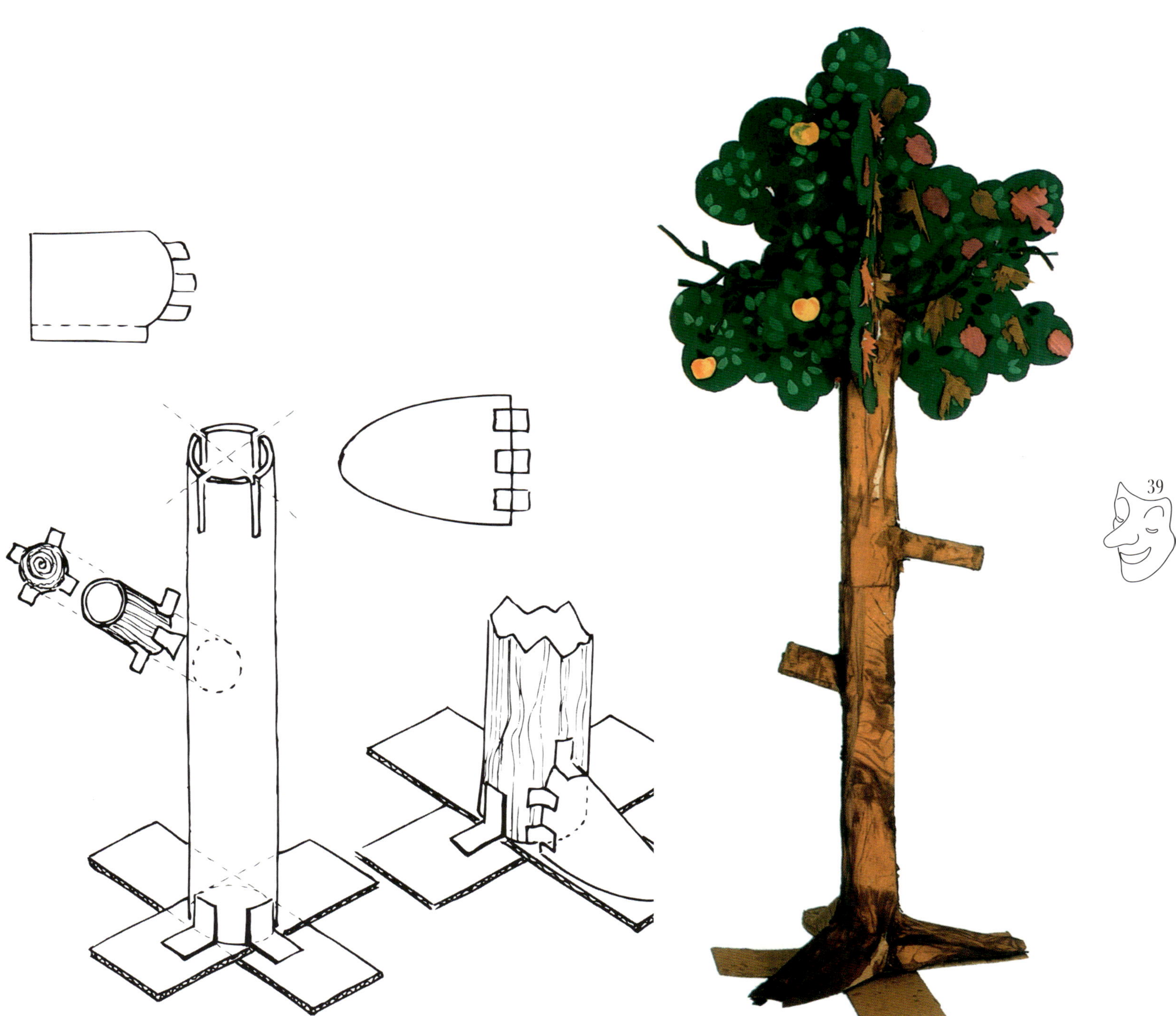

4 KOSTÜME

4.1 ALLGEMEINES

Verkleidungen haben für Kinder eine wesentliche Bedeutung; sie helfen ihnen, in eine andere Rolle zu schlüpfen und zu sagen: „Jetzt bin ich der große Zauberer."

Verteilen Sie zum Beispiel ohne Kommentar Clownsnasen an die Kinder und warten Sie ab, was sich tut … Das nächste Mal kann man Brillen, Hüte, Schlipse, Jacken und Hosen bereitlegen. Die Kinder werden „automatisch" zu den Sachen greifen und spontan ein Spiel entwickeln. Hierbei sollte man sich nicht einmischen, sich aber durchaus interessante Kostümierungen und Szenen merken, vielleicht lässt sich ja etwas davon in einer Inszenierung unterbringen.

Wenn man dann mit der Arbeit an einem Stück beginnt, ist es von Anfang an sinnvoll, den Kindern Tücher, Kleider und Accessoires zur Verfügung zu stellen, mit denen sie sich verwandeln können; im gleichen Moment wird der Alltag abgelegt. Mit einer gewissen Portion Eitelkeit und Ehrgeiz werden die Kinder versuchen, aus sich und ihrer Rolle etwas zu machen. Sie improvisieren mit den einfachsten Sachen und entwickeln viel Phantasie bei ihren Verwandlungen. Ein Hut sieht zwar nicht wie eine Krone aus, aber das macht ja nichts: Ist er erst einmal definiert, gibt es keine Schwierigkeiten, ihn zu identifizieren.

Während der Vorbereitungen ist es noch nicht notwendig, auf den Stil der Kostüme zu achten. Die Probenkleider sollten vor allem strapazierfähig sein und die Bewegung nicht einschränken, damit die Kinder auch einmal herumtoben können. Wenn es dann zur Aufführung kommt, ist eine einheitliche „künstlerische" Linie allerdings angebracht. Das Niveau ist dabei zweitrangig. Große Inszenierungen mit märchenhaftem, phantastischem Inhalt fordern natürlich entsprechende Kostüme. Aber aufwändige (und teure) Gewänder müssen nicht die besten sein. Auch Flohmarkt oder Papierkostüme können überzeugend wirken, wenn sie ins Gesamtbild passen. Außerdem sind sie oft origineller. Im Übrigen reicht häufig eine Andeutung aus, um eine Figur zu definieren: Eine Strumpfhose und ein Hemdchen in neutralen Farben geben ein Grundkostüm ab; dann genügen ein Hut und ein Schal, will man beispielsweise einen alten Ochsen verkörpern …

Bei den Inszenierungen dieses Buches werden ganz verschiedene Stile berücksichtigt: Alltagskleider, Andeutungen durch Accessoires, improvisierte Zeitungskostüme, „klassische" Papierkostüme, Masken, Verkleidungen mit Tüchern, orientalische Stoffgewänder … Demgemäß sind auch die Kulissen und Requisiten gestaltet: mal ganz einfach, mal etwas aufwändiger. Unsere Vorschläge verstehen sich als Anregungen: Sie lassen sich in beliebiger Weise abwandeln und auf andere Stücke übertragen.

Wenn man nun eine Aufführung plant, sollte man die Kinder bei der Wahl und der Ausarbeitung der Kostüme entscheidend mitwirken lassen. Denn ihr Erfindungsreichtum ist auch auf diesem Gebiet beachtlich. Um einen einheitlichen Stil zu erreichen, ist allerdings meist eine gewisse Lenkung unumgänglich.

Stoffkostüme

❍ Für Kostüme, die nach einfachen Schnitten genäht werden, bieten sich Futterstoffe an, die preiswert und in einer breiten Farbpalette erhältlich sind. Zusätzlich können sie noch mit Stoff- oder Seidenmalfarben ausgestaltet werden.
(Siehe „Der Regenmacher" und „Kalif Storch".)

❍ Auch Filzstoffe sind vielseitig einsetzbar. Solche Stoffe kann man kleben oder mit einem Tacker heften, was nicht nur bei Reparaturen sehr praktisch ist. Allerdings ist Filz ein recht steifes Material und eignet sich nicht für jedes Gewand – zum Beispiel nicht für das Kleidchen einer Prinzessin.
(Siehe „Ritter Hanswurst".)

❍ Legt man Wert auf ausgefallene Stoffe, sollte man auf Flohmärkten nach Resten schauen.

Papierkostüme

Schnell und einfach herzustellen und dabei preiswert sind Kostüme aus Krepppapier, das es in vielen Farben gibt. Die Nachteile: Das Material ist nicht allzu strapazierfähig; bei turbulenten Spielen und Stücken sollte man es deshalb besser nicht verwenden. Und – dies wird vielleicht erst während des Spiels bemerkt – die Kostüme rascheln bei Bewegung, was bei sehr ruhigen Szenen eventuell störend wirkt. (Siehe „Dornröschen".)

Eine recht originelle Möglichkeit, Kostüme zu basteln, bietet sich mit Zeitungspapier – und nicht nur bei Improvisationen. Zwar zerreißt auch dieses Material leicht, aber in kurzer Zeit hat man dann wieder etwas Neues ausgeschnitten, gefaltet, zusammengeklebt oder geheftet. (Siehe „Im Geisterschloss".)

Kostüme aus Tüchern

Auch allein mit Tüchern kann man interessante Kostüme entwerfen, die nicht nur für Proben, sondern gleichermaßen für „richtige" Aufführungen geeignet sind. Man nimmt gesäumte Tücher in

verschiedenen Größen, drapiert und bindet und schlingt und dreht sie nach Belieben. Bereits ein Kopftuch kann auf mehrere Arten gebunden werden – unter dem Kinn, oben, hinten – und wirkt dann mal bieder, mal jugendlich … Und aus einem größeren Stück Stoff lassen sich eine Schürze, ein Rock, ein Kleid, ein Umhang, eine Toga und vieles mehr zaubern. Kindern kommen hier die lustigsten Ideen. (Gestaltete Tücher siehe „Der Regenmacher".)

„Flohmarktkostüme"

Hierzu gehören alle möglichen Kleider und Accessoires wie Krawatten, Hüte, Taschen, Stöcke, Schirme, die man auf dem Flohmarkt oder dem Dachboden findet. Ob sie alt oder noch relativ neu sind, spielt keine Rolle – Hauptsache, sie sind originell.

Wenn solche Kleider zu groß sind, lassen sie sich oftmals auf einfache Art und Weise verkleinern: Bei einem Frack krempelt man die Ärmel hoch, eine Hose zurrt man mit einem Gürtel fest.

Empfehlenswert ist es auch, die Sachen einfach auf unkonventionelle Art einzusetzen: Einen Mantel kann man umdrehen und dann mit dem Futter nach außen tragen. Der Rüschenkragen eines Damenkleides kann zur Halskrause eines Prinzen werden, der Unterrock der Oma zum Umhang einer Fee. Oder man verändert die Kleider mit ein paar Griffen: Bei einem Sakko wird ein Ärmel abgetrennt, bei einem Hut die Krempe.

Ein Hemd, mit Farbflecken versehen, wird zum Malerkittel. Eine Hose und eine Jacke mit bunten Flicken machen aus einem Jungen einen Landstreicher … (Siehe „Halm, kleb an!")

Alltagskleider

Selbst Alltagskleider können gute Kostüme sein – und zwar bei Stücken, die nach einem gewissen Realismus verlangen: wenn also zum Beispiel Kinder Kinder von heute spielen.

Doch auch hier sollte man gewisse Übertreibungen anstreben, um Charakteristika hervorzuheben: Ein langer Junge zieht zu kurze Hosen an, was ihn noch länger wirken lässt. Ein Wanderer kommt in zu großen Schuhen und einem zu weiten Mantel daher. Wer Kälte und Winterstimmung zum Ausdruck bringen möchte, mummt sich regelrecht ein …

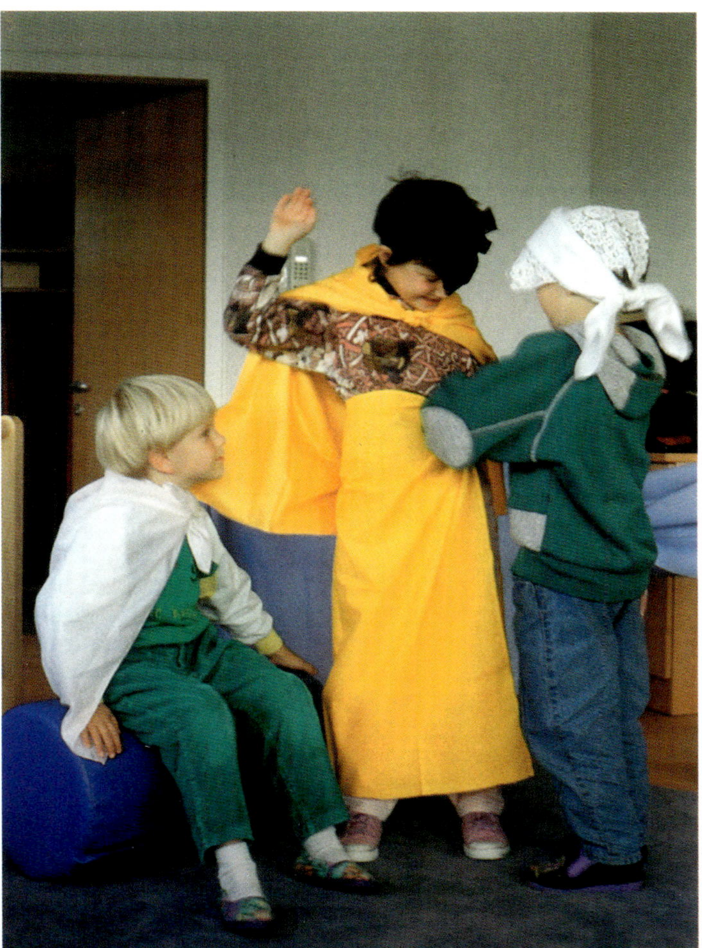

Andeutungen

Ein Hut, ein Stock, ein Regenschirm … auch Andeutungen genügen schon, um eine Figur zu definieren. Am besten wählt man hierfür typische Attribute: Die Krone macht den König oder die Königin aus, der spitze Hut und der Stab den Zauberer.

Ein Mädchen, das am Hinterkopf einen Knoten aus einem Wollknäuel trägt, eine Brille aufhat und einen Nachttopf in der Hand hält, ist eine Großmutter. Ein Junge mit einer Schürze und einem Kochlöffel muss wohl ein Koch sein.

Bei solchen angedeuteten Verkleidungen tragen die Akteure neutrale Grundkostüme (Trikot- oder Strumpfhosen und Hemdchen).

4.2 DIE KOSTÜME BEI „DORNRÖSCHEN"

Wir zeigen hier eine Möglichkeit, Kostüme aus Krepppapier zu basteln. Dabei orientieren wir uns an traditionellen Vorstellungen. Aus einfachen Schnitten werden die Kostüme zusammengeklebt oder mit wenigen Stichen zusammengenäht. So können auch Kinder gut mithelfen. Wer etwas mehr Zeit und Geld investieren will, kann die Kostüme übrigens nach den gleichen Angaben aus Stoff – zum Beispiel Futterstoff – arbeiten.

Noch ein Hinweis: Zu den eigentlichen Kostümen tragen die Kinder wieder am besten Strumpfhosen und Hemdchen in passenden Farben. Dies wirkt neutral und verhindert „Stilbrüche". Und sind keine „stilechten" Schuhe aufzutreiben, geht es auch einmal ohne. Ansonsten leisten Gymnastikschläppchen oder Espandrillos beste Dienste.

KÖNIG UND KÖNIGIN

Die Königskrone

Material

Kartonstreifen, ca. 60 x 20 cm; Goldpapier, ca. 60 x 22 cm; Silberpapier ca. 60 x 15 cm; Alleskleber

Ausführung

Einen Streifen Karton am oberen Rand „kronenartig" zurechtschneiden.

Goldpapier darüber kleben, unten leicht umschlagen und oben am Rand entlang abschneiden. Die hierbei abfallenden Zacken für die Krone der Königin aufbewahren.

Aus Silberpapier große Zacken herausschneiden und zusätzlich aufkleben.

Die Krone dann dem Kopfumfang entsprechend zusammenkleben oder -tackern.

Der Umhang des Königs

Material

rotes Krepppapier, 2 Bahnen à 80 x 50 cm; weißes Vlies (Wattiervlies oder Filtervlies): Streifen, ca. 3 cm breit, 2 m lang, und Halbkreis von 50 cm Durchmesser; rotes Stoffband, ca. 50 cm lang; Heftfaden; Alleskleber

Ausführung

Zwei Bahnen Krepppapier an den Längsseiten (80 cm) aneinanderkleben. Unten und seitlich mit Vliesstreifen säumen.

Am oberen Rand Heftfaden durchziehen; dann den Halsausschnitt auf etwa 32 cm zusammenraffen. Auf der Innenseite ein Stoffband annähen oder ankleben, mit dem der Umhang zusammengehalten werden kann.

Aus einem halbkreisförmigen Vlies von 50 cm Durchmesser einen runden Kragen von 15 cm Breite zurechtschneiden. An der Hals- und Schulterpartie festkleben.

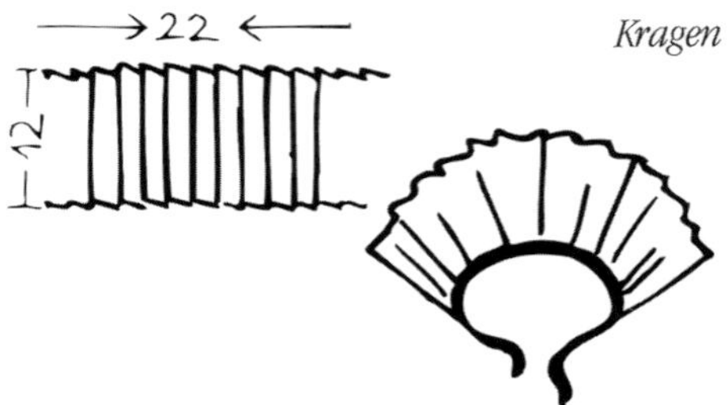

Gewand der Königin

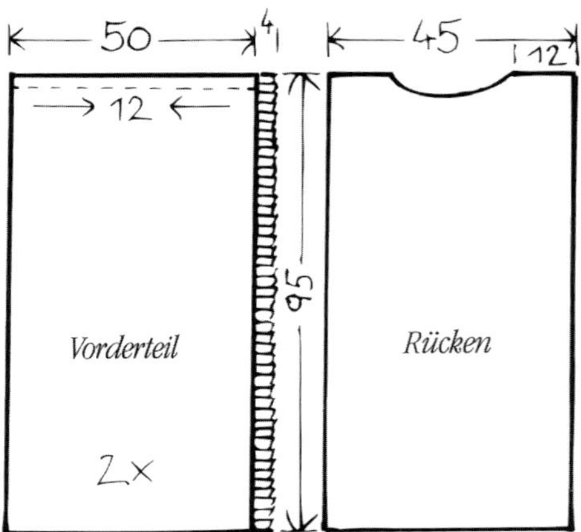

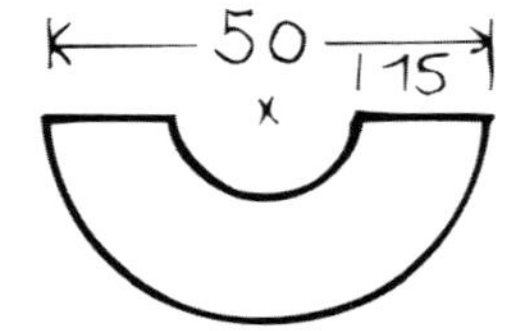

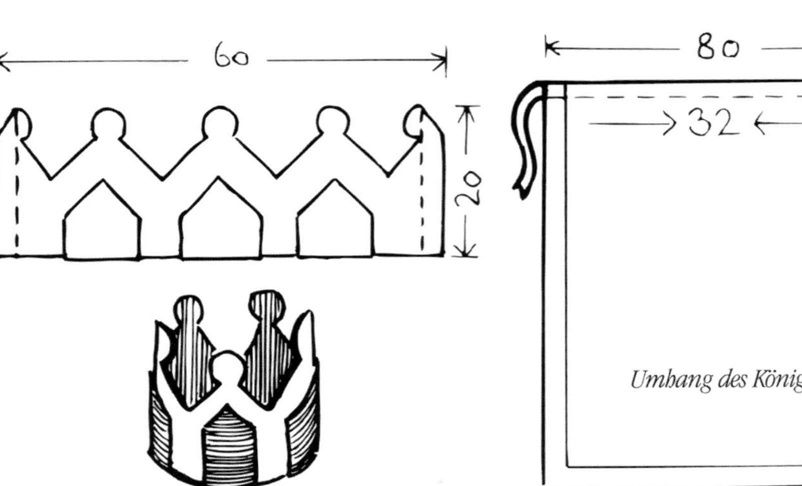

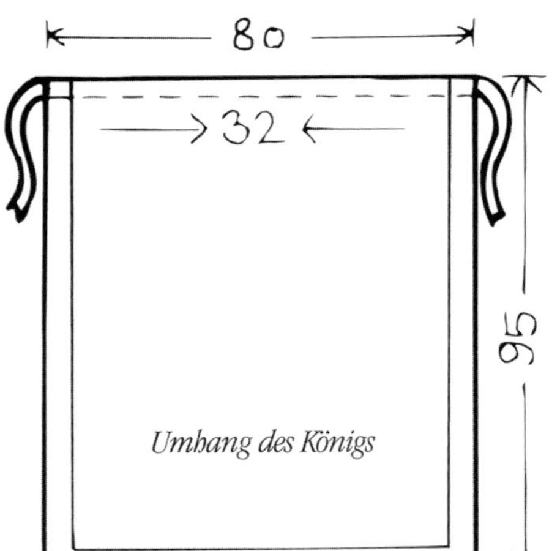

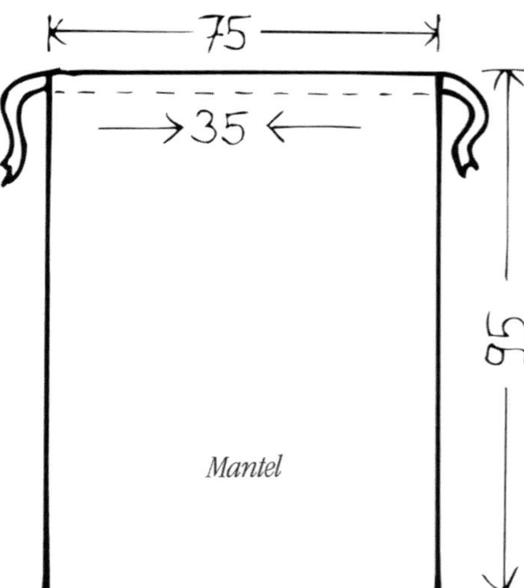

Die Krone der Königin

Material

Kartonstreifen, ca. 60 x 15 cm; Silberpapier ca. 60 x 17 cm; Goldpapier (Reste der Königskrone oder sonstige Zacken); Alleskleber

Ausführung

Den Kartonstreifen am oberen Rand mit Zacken versehen. Silberpapier aufziehen. Mit den goldenen Zacken, die bei der Königskrone als Reste übriggeblieben sind, verzieren.

Das Gewand der Königin

Material

rotes Krepppapier für den Mantel, 2 Bahnen à 50 x 75 cm; weißes Krepppapier für das Kleid: 2 Vorderteile à 50 x 95 cm, Rückenteil 45 x 95 cm, Kragen 12 x 60 cm, Streifen für Rüschen insgesamt 4 x 200 cm; rotes Stoffband, ca. 50 cm lang; Heftfaden; Alleskleber

Ausführung

Für den Mantel zwei Bahnen rotes Krepppapier an den Längsseiten (75 cm) zusammenkleben. Die obere Schmalseite mit Heftfaden kräuseln und auf etwa 35 cm zusammenziehen.

Am Innenrand des Halsausschnitts rotes Stoffband ankleben oder annähen. Damit wird das Gewand später zusammengebunden.

Für das Rückenteil weißes Krepppapier verwenden. Oben eine kleine Halsrundung von 21 cm Breite anbringen.

Die Vorderteile (ebenfalls aus weißem Krepp) am oberen Rand mit Hilfe von Heftfaden auf jeweils 12 cm zusammenraffen. Die beiden Bahnen dann an den Schultern des Rückenteils festkleben.

Auf die vorderen Ränder des Kleides 4 cm breite Rüschen kleben, dabei fälteln.

Nun den Mantel über das Kleid legen und oben festkleben. Zuletzt einen Kragen aus weißem Krepp (60 x 12 cm) gefältelt auf ein 22 cm langes Stoffband kleben und am inneren Rand des Halsausschnittes befestigen.

PRINZ UND DORNRÖSCHEN

Die Kappe des Prinzen

Material

violettes Krepppapier, 50 x 50 cm und 5 x 60 cm; weißes Krepppapier, 7 x 15 cm; Kartonstreifen, 60 x 2 cm; Heftfaden; Alleskleber

Ausführung

Einen Kreis (50 cm Durchmesser) aus violettem Krepppapier ausschneiden. 1 cm vom Rand entfernt Heftfaden einziehen, um die Kappe zu fälteln. Der Umfang sollte nun etwa 60 cm betragen.

Zur Verstärkung des Randes einen Kartonstreifen (60 cm einschließlich Überschlag) ausschneiden und mit violettem Krepp (60 x 5 cm) umkleiden. An die Kappe kleben, so dass die Falten verdeckt sind. Dabei schräg vorne einen Streifen weißes Krepppapier, der die Form einer Feder hat, anbringen.

Der Umhang des Prinzen

Material

violettes Krepppapier, ca. 120 x 50 cm; violettes Stoffband, ca. 50 cm lang; weißes Vlies (Wattiervlies oder Filtervlies), 3 bis 4 cm breit, ca. 2,50 cm lang; Heftfaden; Alleskleber

Ausführung

Ein Rechteck aus violettem Krepp ausschneiden, die untere Ecke abrunden. Am oberen Rand Heftfaden durchziehen und damit das Papier auf 15 cm zusammenraffen.

Am Innenrand des Halsausschnitts ein Stoffband ankleben, mit dem man den Umhang vorn zusammenbinden kann.

Die Ränder des Umhangs außen mit Streifen aus weißem Vlies säumen.

Das Schwert des Prinzen

Material

Wellpappe; Volltonfarbe in Grau und Goldgelb; Alleskleber

Ausführung

Für das Schwert am besten doppelseitig beschichtete Wellpappe nehmen, sie ist relativ stabil. Aus zwei Teilen zusammensetzen. Leicht mit grauer und goldgelber Volltonfarbe bemalen.

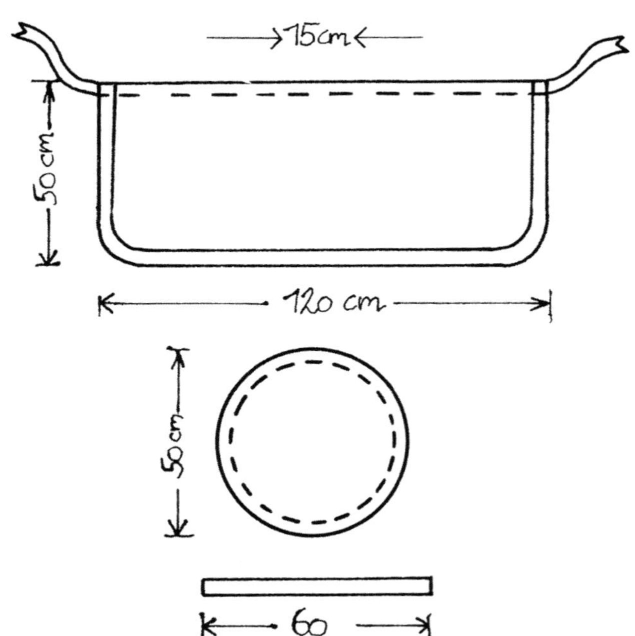

Prinz

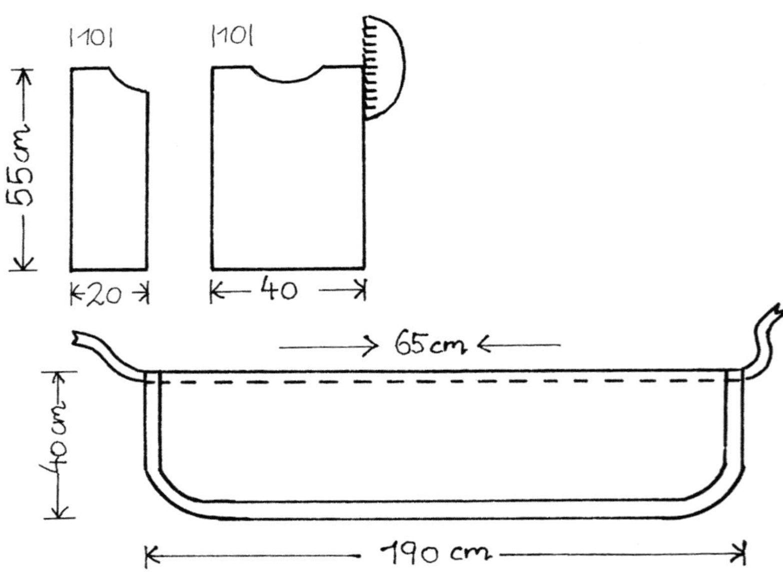

Prinzessin

Dornröschens Diadem

Material

Kartonstreifen, 60 x 3 cm; Glanzfolie in Pink, 60 x 7 cm; Silberfolie, 60 x 2 cm; Alleskleber

Ausführung

Einen Kartonstreifen (60 cm, einschließlich Überschlag) mit Glanzfolie in Pink beziehen.
Auf der Vorderseite einen Silberstreifen mit gezacktem Rand anbringen. Das Diadem dann zusammenkleben oder -tackern.

Dornröschens Kleid

Material

rosa Krepppapier, 190 x 40 cm und Rechtecke von 40 x 55 cm; rosa Stoffhand, 1 m; Heftfaden; Alleskleber

Ausführung

Für den Wickelrock ein Rechteck aus rosa Krepp (190 x 40 cm) ausschneiden; die unteren Ecken abrunden. Die Taille mit Heftfaden kräuseln und auf etwa 65 cm zusammenziehen.
Am Außenrand der Taille rosa Stoffband ankleben oder anheften, mit dem der Rock dann zusammengebunden wird.
Einen 4 cm breiten Saumstreifen aus Krepp anfertigen (mehrere Streifen, insgesamt ca. 4 m) und ringsum am Rock (Innenseite) festkleben, dabei in Fältchen legen.
Für die Bluse ein Rückenteil (40 x 55 cm) und zwei Vorderteile (20 x 55 cm) ausschneiden und mit einem Kragenausschnitt versehen, dabei für die Schulterpartie jeweils 10 cm stehenlassen. Die Vorderteile an das Rückenteil kleben. Die Armöffnungen aussparen.
Aus 60 cm langen und 10 cm breiten Streifen Ärmelchen schneiden, dabei eine Längsseite abrunden (Skizze). Die gerade Seite mit Heftfaden kräuseln (30 cm). Dann an der Innenseite der Bluse festkleben.

FEEN

Die Hüte der Feen

Material

Fotokarton, ca. 55 x 55 cm; gelbes oder schwarzes Krepppapier, ca. 60 x 45 cm; Schleier aus Tüll; 2 weiße oder schwarze Kinnbänder, jeweils ca. 25 cm; Alleskleber; Klebestift

Ausführung

Aus Fotokarton ein Kreissegment (Radius 40 cm) ausschneiden; der Abstand zwischen den äußeren Ecken beträgt etwa 55 cm. Die Spitze um 10 cm kürzen.

Den Karton dann am besten über eine Tischkante ziehen, um eine schöne Rundung zu erzielen; die seitlichen Kanten übereinanderlegen und mit Alleskleber festkleben.

Den Karton mit Krepppapier verkleiden; dieses punktuell mit einem Klebestift fixieren.

Rechts und links ein Kinnband ankleben oder anheften.

Einen Schleier aus Tüll in die Spitze des Hutes stopfen.

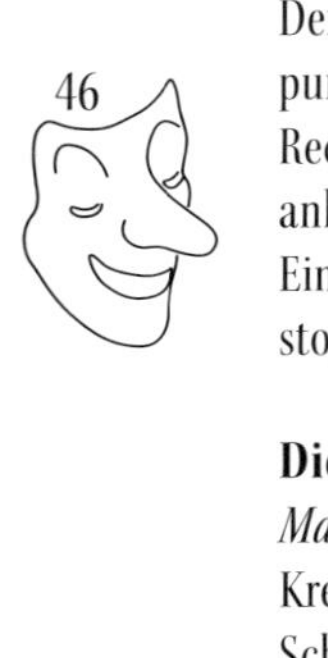

Die Umhänge der Feen

Material

Krepppapier in Gelb (für die guten Feen) oder in Schwarz (für die böse Fee), 2 Bahnen à 50 x 110 cm; Klebeband, ca. 150 cm lang; Alleskleber

Ausführung

Zwei Bahnen Krepppapier an den Längsseiten (110 cm) zusammenkleben.

An den Schultern, etwa 15 cm von den äußeren Rändern entfernt, Keile (ca. 25 cm tief, oben 20 cm breit) ausschneiden und die Ränder zusammenkleben.

Den hinteren Halsausschnitt leicht abrunden.

Unter den Keilen (Abstand ca. 15 cm) 35 cm lange Schlitze für die Arme anbringen und auf der Rückseite mit Klebeband verstärken.

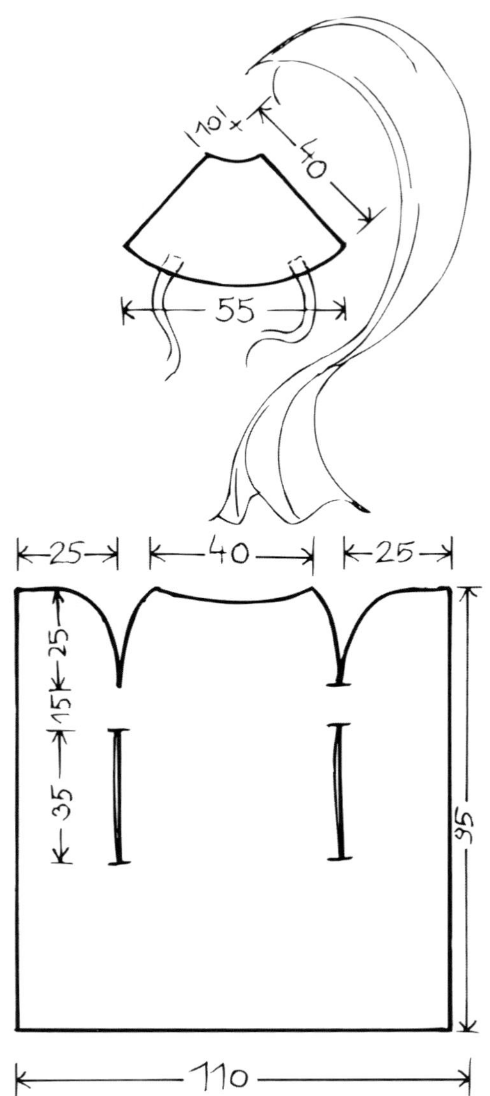

Die „Hecke“

❍ Quadrate aus grünem Tonpapier (10 x 10 cm) mit einer Spitze nach oben vor sich legen, zu einer Tüte drehen und zusammenkleben.

❍ Oder – in Abwandlung der oben beschriebenen Baumkronen – Pappe heckenartig zurechtschneiden und bemalen oder bekleben. Diese Hecke kann dann gehalten werden.

❍ Oder mit natürlichem Astwerk eine Hecke bilden.

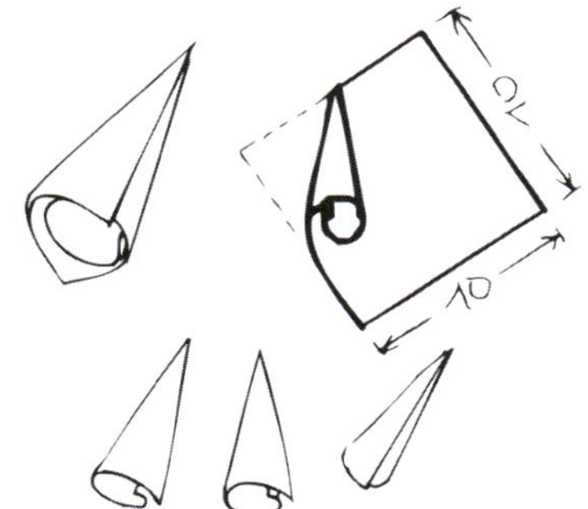

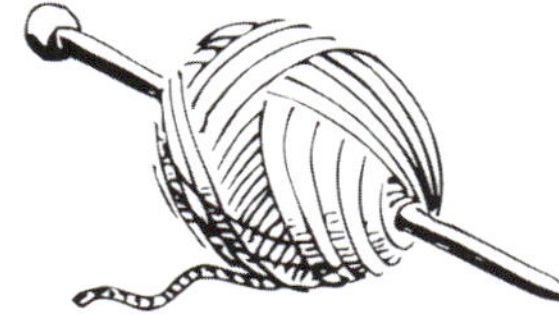

Die Spindel

❍ Zum Beispiel eine Stricknadel durch ein Wollknäuel stechen.

❍ Oder einen Holzstab in der Mitte mit Wolle umwickeln.

KOCH UND KÜCHENJUNGE (DIENER)

Die Mütze des Kochs

Material

weißes Krepppapier, 50 x 50 cm und 60 x 20 cm; Kartonstreifen, 60 x 9 cm; Heftfaden; Alleskleber

Ausführung

Wie die Kappe des Prinzen arbeiten (Seite 44).

Die Schürze des Kochs

Material

2 Rechtecke aus weißem Krepppapier, 45 x 40 cm und 20 x 25 cm; weißes Stoffband, ca. 140 cm; Alleskleber

Ausführung

Ober- und Unterteil der Schürze aus weißem Krepp zuschneiden und an den Rändern zusammenkleben. An den Ecken des Latzes ein Band (40 cm) befestigen, das dann um den Hals gelegt wird.
Zwei weitere Bänder an den oberen Ecken des großen Rechtecks anbringen; oder besser noch, da stabiler, ein Band (100 cm) am Bund entlang festkleben.

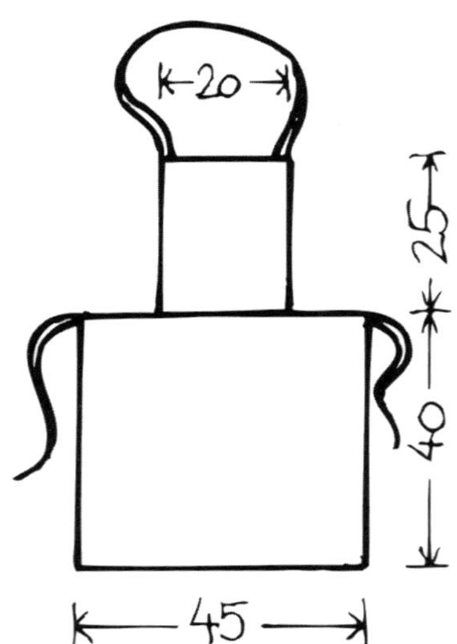

Schürze des Kochs

Die Mütze des Küchenjungen

Material

grünes Krepppapier, 35 x 35 cm und 60 x 9 cm; Kartonstreifen, 60 x 4 cm; Heftfaden; Alleskleber

Ausführung

Wie die Kappe des Prinzen arbeiten (Seite 44).

Die Kleidung des Küchenjungen

Material

grünes Krepppapier: 2 Oberteile von 55 x 50 cm, ein Schurz von 50 x 50 cm; Ring aus gelbem Krepppapier, Breite 8 cm, äußerer Durchmesser 35 cm; grünes Stoffband 100 cm; evtl. Heftfaden; Alleskleber

Ausführung

Für das Brust- und Rückenteil zwei Rechtecke gleicher Größe aus grünem Krepp vorbereiten. Jeweils einen halbkreisförmigen Halsausschnitt mit einem Radius von 10 cm anbringen. Die beiden Oberteile an den Schultern zusammenkleben.
Einen runden Kragen aus gelbem Krepppapier ausschneiden und aufkleben.
Aus einem quadratischen Stück Krepppapier in Grün einen Schurz arbeiten; oben eventuell zunächst mit Hilfe von Heftfaden fälteln und dann auf ein Stoffband kleben oder beim Aufkleben in Falten lesen.

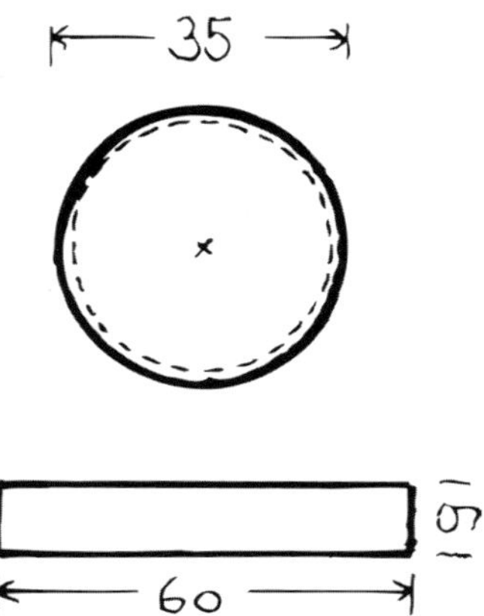

Mütze des Küchenjungen

Kleidung des Küchenjungen

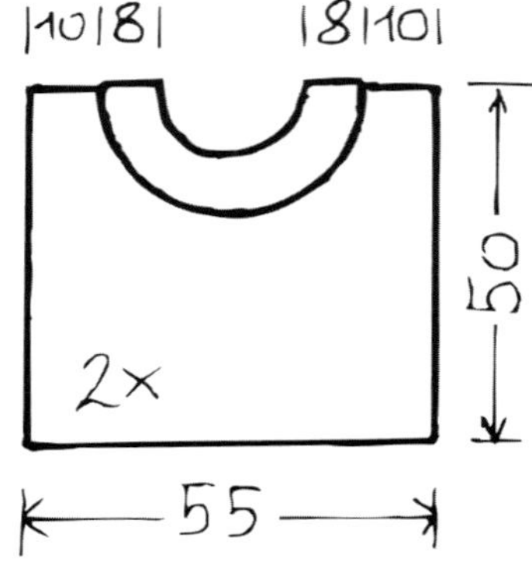

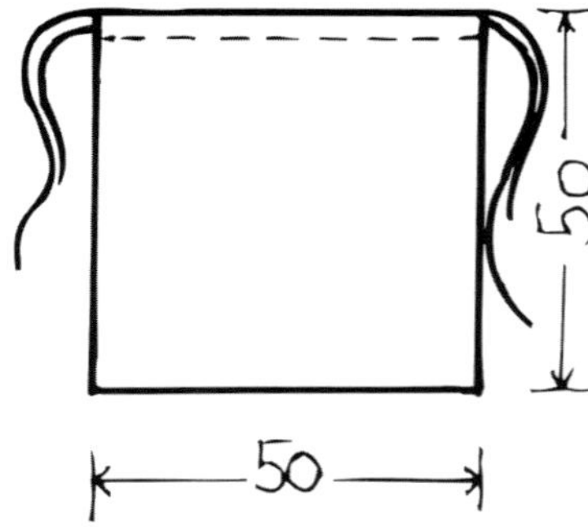

Alternativen

❍ Die gleichen Kostüme aus Stoff (zum Beispiel Futterstoff) arbeiten.

❍ Mit Kostümen aus vorhandenem Material spielen: Zum Beispiel kann der Prinz mit einem alten Cape und mit einem Stock statt einem Schwert auftreten.

❍ Keine kompletten Kostüme, sondern lediglich Attribute wählen: einen Umhang oder nur einen Hut für die Feen, eine Krone für den König, ein Schwert für den Prinzen, einen geflochtenen Blumenkranz für die Prinzessin ...

❍ Aus Tüchern Kostüme „improvisieren": einen Umhang für den König, einen Schleier für die Königin, Kopftücher für die Feen, ein Diadem für die Prinzessin, ein Cape für den Prinzen, eine Schürze für den Koch ...

5 SCHMINKEN

5.1 ALLGEMEINES

Das geschminkte Gesicht oder die Maske, wie es in der Theatersprache heißt, unterstreicht den Rollentyp. Freilich ist es nicht immer angebracht, Kinder für eine Aufführung zu schminken, denn ihre Gesichter sind ohnehin ausdrucksstark. Hier heißt es erwägen, ob die Maske einen besonderen Effekt erzielen oder den Stil der Inszenierung abrunden kann. Ist dies der Fall, sollte man sich gemeinsam mit den Kindern überlegen, welche Typen man „gestalten" möchte. Vielleicht stellen sich ja einmal alle zusammen vor einen Spiegel, um auszuprobieren, wie sich Gesichter durch Grimassen verändern: Wie sieht ein trauriges, ein fröhliches, ein wütendes, ein verliebtes Gesicht aus? Wie verändern sich die Augen, die Brauen, der Mund? Oft sind es nur kleine Merkmale, die den Ausdruck eines Gesichtes oder den Typ eines Menschen prägen.

Kinder haben Freude daran, geschminkt zu werden oder sich und andere zu schminken. Deshalb sollten sie Gelegenheit haben, sich spielerisch und kreativ mit dem Material auseinanderzusetzen. Womöglich sind sie dann bei einer „richtigen" Aufführung die Maskenbildner. Allerdings genießen Kinder es in diesem Fall auch, vom erwachsenen Spielleiter geschminkt zu werden und seine ganze Aufmerksamkeit auf sich gerichtet zu fühlen. Er kann noch einmal auf jeden einzelnen eingehen, allzu große Nervosität mildern, Ruhe und Konzentration vermitteln.

Bevor wir nun Tipps bringen, wie sich Gesichter verwandeln lassen, zunächst noch ein paar Hinweise zur Ausstattung und Technik. Eine einfache Grundausstattung reicht meist aus. Schminkfarben, Stifte und Pinsel sind in Drogerien und Fachgeschäften für Theater- und Karnevalsartikel erhältlich. (Deckfarben sollte man nicht verwenden, da sie der Haut nicht guttun.)

Beim Schminken darf man übrigens ruhig „dick auftragen", schließlich ist es ein wichtiges theatralisches

Moment; und die Zuschauer sind relativ weit weg. Außerdem schluckt auch die Beleuchtung Farbe.

Schminken mit Fettfarben

Mit Fettschminke (Kästen mit Näpfchen) sind besonders schöne Übergänge und Abschattierungen zu erzielen. Ihr Nachteil: Sie verschmiert leicht und sollte deshalb mit Puder fixiert werden. Zum Entfernen braucht man Abschminke (oder Vaseline).

Zu den Schminken auf Fettbasis gehört auch Teintschminke, die zum großflächigen Auftragen eines Grundteints (z. B. eines „orientalischen" Teints) verwendet wird. Sie ist in verschiedenen Tönungen in Dosen oder Tuben erhältlich.

Und so geht man vor: Die Haare aus dem Gesicht binden und die Haut reinigen. Bei empfindlicher Haut eine dünne Schicht Hautcreme auftragen.

Je nach Maske nun den Grundteint oder die Farbschminke gleichmäßig mit einem leicht angefeuchteten Schminkschwämmchen in kreisenden Bewegungen verteilen, und zwar von der Gesichtsmitte ausgehend, zur Stirn, zu den Ohren und zum Hals hin.

Sollen größere Flächen mit unterschiedlichen Farben bemalt werden, die Konturen am besten mit Schminkstiften (Farbstifte auf Fettbasis) vorzeichnen. Das Vorzeichnen ist allemal nützlich, um den Grundtyp festzulegen. Korrekturen mit Abschminke (oder Vaseline) und einem Wattestäbchen ausführen. Die nächste Farbschicht wiederum mit einem Schwämmchen auftragen. Dabei lassen sich zarte Übergänge und Schattierungen erreichen. Für kleinere Flächen einen sehr weichen Haarflachpinsel (Rotmarderhaar, Größen 8, 10 und 12) verwenden. Die Lippen ebenfalls mit Fettschminke und Pinsel oder mit Lippenstift bemalen. Lidschatten und Lidstrich mit Fettfarbe und Pinsel oder auch mit Eyeshadow beziehungsweise einem Kajalstift auftragen.

Abschließend das geschminkte Gesicht pudern, was nicht nur das Verschmieren verhindert, sondern auch den Glanz nimmt. Den Puder leicht mit einer Quaste auftupfen, überschüssigen Puder mit einer sehr weichen Bürste oder einem Puderpinsel abstauben.

Zum Abschminken Fettcreme dick auftragen. Sie verbindet sich nun mit der Farbe und lässt sich leicht mit weichen Papiertüchern abwischen. Das Gesicht anschließend noch mit Seife waschen und eventuell eincremen.

Schminken mit Nassfarben

Nassschminke (ebenfalls in Kästen mit Näpfen) ist wasserlöslich, also mit Wasser und Seife abwaschbar. Sie ist auch ohne Puder auf der Haut wischfest und gerade auf Kindergesichtern gut haltbar. Ihr Nachteil: Verlaufende Übergänge sind kaum zu erzielen, da sich die Farben auf der Haut nicht mischen und verwischen lassen. Allerdings können die Farben auf der Palette gemischt werden. Dabei muss man jedoch in Kauf nehmen, dass sie an Leuchtkraft verlieren. Die Farbe aus dem Napf mit etwas Wasser anrühren (wie Schulmalfarben) und mit einem Pinsel oder auch mit einem Schwämmchen auftragen. Im Prinzip wie bei Fettschminke vorgehen. Dabei mit der hellsten Farbe beginnen und dann zu den dunkleren Tönen übergehen.

Mit Wasser und Seife abschminken.

Ein junges Gesicht
Ein Kindergesicht braucht natürlich nicht extra jung gemacht zu werden. Wenn man sich jedoch für eine Inszenierung mit Schminke entschieden hat, ist es angebracht, alle Akteure zu schminken.
Wer jung aussehen soll, erhält einen rosigen Teint durch rote Bäckchen. Die Augen vorsichtig mit einem Kajalstift umranden, so gewinnen sie an Leuchtkraft.
Damit der Mund etwas runder wirkt, mit einem Lippenstift die Mittelpartie der Oberlippe betonen, seitlich dann aber keine Farbe mehr auftragen.

Ein altes Gesicht
Zunächst einen hellen, blassen Teint anlegen.
Mit einem Schminkstift (schwarz oder grau) auf der Stirn und den Wangen Altersfalten ziehen. Um die Augen Krähenfüße zeichnen. Die Falten dann wieder leicht verwischen. Harte, graue Augenbrauen malen und ebenfalls leicht verstreichen.
Die tiefliegenden Partien an den Augen, Wangen, Nasenflügeln mit Grau dunkel abschattieren.

Die Augen rötlich umranden.
Bei einem Männergesicht mit einem grauen Schminkstift Bartstoppeln oder einen Bart aufmalen.

Ein gutes Gesicht
Ein heller, gesunder Teint, feine, runde Augenbrauen, leicht nach oben gerichtete Augen- und Mundwinkel lassen ein Gesicht gut und freundlich wirken.
Rouge auf die Wangenknochen auftragen.
Die Augenbrauen, falls sie zu dicht sind, mit Teintschminke in der Farbe der Haut überdecken, dann die Linie der Brauen gleichförmig ziehen (Schminkstift). Hellblauer Lidschatten macht den Blick offen. Lidstriche an den Winkeln leicht nach oben ziehen.
Die Lippen mit einem dezenten Rot betonen.

Ein böses Gesicht
Einen blassen Teint anlegen.
Mit einem Schwämmchen einen dunklen, leicht bläulichen Farbton auf die Wangen geben, um diese eingefallen wirken zu lassen. Die Wangenknochen hell hervorheben. Die Falten zwischen Nasenflügeln und Mundwinkeln mit einem Schminkstift betonen, dann die Linien wieder leicht verwischen.
Die Augenbrauen dick und scharf auftragen, dabei zur Nasenwurzel hin verlängern. Die Augen mit einem düsteren Lidschatten umranden.
Die Lippen schmal und mit scharfen Konturen malen, dafür dunkelrote, violette oder sogar schwarze Farbe wählen.

5.2 DIE MASKE BEI „DORNRÖSCHEN"
Um die Theateratmosphäre noch zu verdichten und die Verwandlung der Akteure zu vervollständigen, wurden diese auch geschminkt – allerdings nur leicht: Kleinere Kinder bringen unmittelbar vor der Vorstellung oft nur wenig Geduld auf. Aber „Dornröschen" ist ohnehin kein Stück, das auf eine ausgeprägte Maske angewiesen ist.
Wir zeigen hier nun drei Beispiele aus unserer Inszenierung: die Königin, den König, die böse Fee.

Königin
Etwas Rouge oben auf die Wangenknochen geben.
Goldenen (oder hellblauen) Lidschatten auftragen und die Augen mit einem Kajalstift umranden.
Die Lippen betonen.
Zuletzt noch einen Schönheitspunkt aufsetzen.

König
Mit einem schwarzen Schminkstift oder mit Farbe aus dem Näpfchen und einem Pinsel die Augenbrauen nachziehen und einen Bart aufmalen.
Die Augen mit Lidstrich konturieren.
Leicht die Lippen nachziehen.

Die böse Fee
Mit einem schwarzen Schminkstift oder mit Farbe und Pinsel extrem schräge Brauen malen. Den Lidstrich in den Augenwinkeln nach außen ziehen. Die Lippen mit dunkelroter bis schwarzer Farbe überzeichnen: Scharf konturieren, dabei die Oberlippe mit besonders spitzen Schwüngen malen.

1 HINWEISE ZUR INSZENIERUNG

Der Erzähler sitzt so neben der Bühne, dass er jederzeit soufflieren, auch Textparts übernehmen und bei Pannen sogar in das Spiel eingreifen kann. In seiner Nähe hält sich die Musiktruppe auf. Die Akteure haben in der vordersten Zuschauerreihe Platz genommen. Sie werden dann quasi aus dem Leben heraus auf die Bühne treten. Wenn sich der Vorhang öffnet, ein Tusch ertönt oder das Licht im Raum ausgeht und sich ein Spot auf die Bühne richtet, beginnt das Spiel. Mit den ersten Akkorden wird es unter den Zuschauern still.

Vorspiel

Das Lied des Erzählers/Chors bringt die Vorgeschichte und legt die Ausgangssituation fest: Mit der Geburt einer Tochter geht ein sehnlicher Wunsch des Königspaares in Erfüllung.

Erster Akt

König und Königin möchten ihrer Freude mit einem großen Fest Ausdruck verleihen. Zunächst muss erklärt werden, weshalb nicht alle dreizehn Feen eingeladen werden (können): Es gilt, einen Streit um die goldenen Teller zu vermeiden. Besonders deutlich sollte werden, dass die Zurückweisung die dreizehnte Fee erbost hat. Koch und Küchenjunge beruhigen einander. Und zunächst scheint tatsächlich alles gutzugehen. Die Feen erscheinen und tafeln mit König und Königin.

Es hat sich als günstig erwiesen, die Feen nicht sofort mit den Segenswünschen eintreten zu lassen; das Spiel braucht an dieser Stelle Beruhigung. Andernfalls würden sich die Ereignisse überstürzen.

Erst nach dem Festmahl sprechen die guten Feen ihre Wünsche aus. Sie tun dies in einem feierlichen, von dem Triangel begleiteten Sprechgesang, der sich einerseits von der Sprache der übrigen Akteure, andererseits vom gesungenen Lied abhebt und die zauberhafte Dimension zum Ausdruck bringt. Umso dramatischer ist dann die Wirkung des Paukenschlags (Pauke, Becken, Tamburin), der die böse Fee ankündigt – dann das Pochen an der Tür und der Fluch (mit dumpfer, unheilvoller Pauke begleiteter Sprechgesang). Alles erschrickt. Schließlich folgt der helle Segensspruch der zwölften Fee, die das Schlimmste abwenden will: hundertjähriger Schlaf statt Tod. Und auch dieses drohende Unheil glaubt der König durch ein Einsammeln der Spindeln abwenden zu können.

Erstes Zwischenspiel

Der Gesang des Zwischenspiels nimmt das Motiv des Wachsens, Wartens und des Vergehens der Zeit auf. Feen drehen den Jahreszeitenbaum (sinnbildlich für das Rad der Zeit); die Jahreszeiten und die Jahre kommen und gehen. Dies macht den zeitlichen Sprung um fünfzehn Jahre plausibel. Gleichzeitig wird der Thronsaal in den Schlosshof verwandelt.

Zweiter Akt

Der Faden der Handlung wird am fünfzehnten Geburtstag Dornröschens wiederaufgenommen. Der Diener muss die restlichen Spindeln im Reich einsammeln, um den hundertjährigen Schlaf der Prinzessin zu verhindern. (Spindeln können vor Beginn des Stücks verteilt worden sein. Oder die Einladungs-/ Eintrittskarten haben die Form einer Spindel. Oder das Kind spielt mit nur einer einzigen Spindel.) Die Bedrohlichkeit der Situation wird erneut deutlich. Der König will die Gewissheit, dass wirklich alle Spindeln verbrannt sind; erst dann setzt er sich beruhigt zur Königin, um Schach zu spielen. Am Nachmittag soll das Geburtstagsfest gefeiert werden. Koch und Küchenjunge sind in ihre (pantomimischen) Tätigkeiten vertieft. Alles scheint in Ordnung zu sein.

Der Zuschauer, der am Fenster des Turmes die Gestalt der bösen Fee wahrnimmt, sieht das Unheil kommen. Die Prinzessin hingegen ahnt nichts. Sie vertreibt sich die Zeit und spaziert neugierig gelangweilt im ganzen Schloss herum: Ihre Ahnungslosigkeit erhöht die Spannung. Die Prinzessin nähert sich (musikalische Untermalung) dem Turmstübchen und begegnet dort einer alten Frau am Spinnrad. Dornröschen weiß nicht, wer diese Frau ist, und lässt sich von ihr zum Spiel mit der Spindel verführen. Zweiter unheilvoller Paukenschlag: Die Prinzessin sticht sich, und jede Bewegung erstarrt. Schlaf kommt augenblicklich über das ganze Schloss.

Zwischenspiel

Die nächsten hundert Jahre vergehen: Das Lied weist auf die lange, lange Zeit hin. Währenddessen schließen sich die Kinder, die vorher gute Feen gespielt haben (nun ohne Hut und eventuell mit Trikots), zur Hecke zusammen. Die Hecke wächst.

Die böse Fee kann die Schlafszene im Hintergrund mit Wollfäden (Spinnfäden) einspinnen. Diese eindrucksvolle Szene lässt sich freilich meist nur mit größeren oder theatererfahrenen Kindern verwirklichen; kleinere Kinder sind schon stark beansprucht, wenn sie ihren „Schlaf" regungslos durchhalten, und fühlen sich abgelenkt, wenn sie auch noch eingesponnen werden.

Eventuell dreht die böse Fee zwischendurch immer wieder den Jahreszeitenbaum.

Dritter Akt

Der Prinz kommt zum Schloss und muss erraten, wie die verwunschene Prinzessin heißt. Erst dann

DIE AUSSTATTUNG

lässt ihn die Hecke hindurch. Doch die Schlafenden sind ihm unheimlich. Und er findet Dornröschen nicht sofort. Er will das Weite suchen. Da hört er fernes Klingen, hält es für das Heulen des Windes im Turm und erinnert sich, dass er dort noch nicht gesucht hat. Endlich sieht er Dornröschen: Tusch! Alles erwacht aus der Erstarrung. Der Koch darf den Küchenjungen am Ohr ziehen; König und Königin gähnen und recken sich und reiben sich den Schlaf aus den Augen; der Prinz und Dornröschen treten vor sie hin.
Im Abschlusslied löst sich alles in Wohlgefallen auf.

2 DAS STÜCK IM ABLAUF

Die Sprache unserer Dramatisierung bemüht sich um einen klaren Duktus und übernimmt nur dort altertümelnde Redeweisen, wo es Spaß macht und den Fluss nicht stört.
Noch einmal sei hier darauf hingewiesen, dass dieser Text lediglich als Vorschlag und Anregung gedacht ist – keinesfalls als Textbuch, das auswendig gelernt werden sollte.

Schauplätze:

- *Erster Akt – Festsaal*
- *Verwandlung: Festsaal wird zu Burghof und Turmstube*
- *Zweiter Akt – Burghof und Turmstube*
- *Verwandlung: Hecke wächst*
- *Dritter Akt – Burghof und Turmstube*

VORSPIEL

ERZÄHLER/CHOR: *(Musikbegleitung, z. B. Gitarre. Auf die Melodie von „Dornröschen war ein schönes Kind")*

Es war einmal ein Königreich, Königreich,
Königreich
mit Schloss und Thron und Hof und Teich,
Hof und Teich.

Der König und die Königin, Königin,
Königin
wollten gar zu gern ein Kind,
gern ein Kind.

Sie fühlten sich so ganz allein, ganz allein,
ganz allein,
sie wünschten sich ein Töchterlein,
Töchterlein.

Die Königin saß am Teichesrand, Teichesrand,
Teichesrand,
plötzlich sprang ein Frosch an Land,
Frosch an Land.

Er sprach: „Du sollst nicht traurig sein, traurig sein,
traurig sein,
denn bald habt ihr ein Töchterlein,
Töchterlein."

Und als ein Jahr vergangen war, vergangen war,
vergangen war,
da wurde das Versprechen wahr,
Versprechen wahr.

ERSTER AKT

(Der König und die Königin sind bereits während des Liedes auf die Bühne gekommen. Die Königin hat eine Puppe in die Wiege gelegt.)

KÖNIGIN: So ein schöner Tag. Wie lieb unser Töchterlein ist! Wie ich mich freue!

KÖNIG: Ich auch! Und jetzt laden wir alle zu einem großen Fest im Schloss ein. Wir wollen uns gemeinsam freuen! Auch die dreizehn Feen sollen kommen!

KÖNIGIN: Ja, alle sollen kommen!

KÖNIG: Koch, komm geschwind. Koch!

KOCH: Bin schon da!

KÖNIG: Heute wollen wir ein großes Fest feiern und alle Leute im Reich sollen eingeladen werden. Auch die dreizehn Feen!

(Der König und die Königin nehmen gemeinsam auf dem Thron Platz.)

KOCH: Küchenjunge, komm geschwind! Küchenjunge!

KÜCHENJUNGE: Bin schon da.

KOCH: Wir müssen die königliche Tafel decken.

(Geschäftige Vorbereitung des Festes: Koch, Küchenjunge und eventuell einige Diener tragen eine Tafel und Teller herein. Sofern möglich, halten zwei Kinder die Tafel – auch während des Festmahles: andernfalls wird sie auf den Boden gelegt.)

Wo sind die goldenen Teller?

KÜCHENJUNGE: Hier sind sie. Eins, zwei, drei, vier, fünf, sechs, sieben, acht, neun, zehn, elf, zwölf.

(Heftet die Teller nacheinander an oder reicht sie an Diener weiter.)

KOCH: Hmm. Wir haben zwölf goldene Teller. Aber es sind dreizehn Feen. Eine Fee muss leider zu Hause bleiben. *(Wendet sich an das Publikum:)*
Habt ihr gehört? Ihr seid alle eingeladen zum großen Fest auf dem Königsschloss. Für die dreizehnte Fee haben wir allerdings keinen goldenen Teller mehr. Sie muss leider zu Hause bleiben!

KÜCHENJUNGE: Hoffentlich ist sie nicht böse!

KOCH: Aber das macht ja nichts! Soll sie halt böse sein!

(Trommelwirbel oder dergleichen, dann Stille. Kling – Xylophon – erste Fee und, klang, zweite Fee treten ein, gehen zum Thron, gegenseitiges Verneigen: Blick auf die Wiege; Feen, König, Königin begeben sich zur Tafel.)

ERZÄHLER/CHOR: Sie feierten ein schönes Fest, schönes Fest,
schönes Fest,
von allem gab es nur das Beste,
nur das Beste.

(Koch und Küchenjunge tragen Töpfe rein und raus; sie servieren das Essen. Die Festgäste schmausen.)

Und als das Mahl zu Ende war, zu Ende war,
zu Ende war,
da traten die Feen vors Königspaar,
vors Königspaar.

(Koch und Küchenjunge tragen die Tafel ab: König, Königin und Feen erheben sich und treten zur Wiege. Die Feen äußern Segenswünsche für die Prinzessin: Rezitativ, von einem Triangel begleitet.)

ERSTE FEE: Ich wünsche eurem Töchterlein

ZWEITE FEE: sein Leben lang nur Sonnenschein.

DRITTE FEE: Immer soll es fröhlich sein

VIERTE FEE: und sich seines Lebens freun.

FÜNFTE FEE: Ich wünsche Eurem Töchterlein
sein Leben lang nur Sonnenschein.

SECHSTE FEE: Soll immer gute Freunde haben,

SIEBTE FEE: sich an den besten Speisen laben.

ACHTE FEE: Ich wünsche Eurem Töchterlein
sein Leben lang nur Sonnenschein.

NEUNTE FEE: Nie soll es böse Schmerzen spüren,

ZEHNTE FEE: gute Laune nie verlieren.

ELFTE FEE: Ich wünsche eurem Töchterlein
sein Leben lang nur Sonnenschein.

(Paukenschlag. Dann dumpfes Pochen: Die böse Fee stürmt herein.)

BÖSE FEE: Mich habt ihr nicht eingeladen. Das sollt ihr mir büßen. Vor allem diesem Dornröschen hier in der Wiege soll es schlecht ergehen.
(Trommelwirbel. Hebt Spindel hoch. Spricht rezitativ.)
Nur fünfzehn Jahre wird sie alt!
Dann ist Dornröschen tot und kalt!
An dieser Spindel sticht sie sich,
Und sie stirbt an diesem Stich!

(Trommelwirbel Die böse Fee geht ab. Entsetzte Gesichter.)

KÖNIG: Um Himmels Willen!

KÖNIGIN: Mein armes, armes Töchterlein.

ZWÖLFTE FEE: *(Rezitativ, von Triangel begleitet.)*
Einen Wunsch hab' ich noch frei,
und dieser gute Wunsch, der sei:
Sie wird nicht sterben, seid nicht bang,
nur schlafen hundert Jahre lang!

(Die Feen gehen nach einer höflichen Verneigung hintereinander ab.)

KÖNIGIN: Hundert Jahre schlafen! Das ist schlimm genug!

KÖNIG: Warte, ich muss nachdenken. Mit einer Spindel soll sie sich stechen, wie sie die Frauen am Spinnrad verwenden? – Dann müssen eben alle Spindeln aus unserem Reich verschwinden! Diener!

KÜCHENJUNGE/ DIENER: Bitte sehr, Majestät.

KÖNIG: Geh sofort los und sammle alle Spindeln ein. Alle, hörst du?

KÜCHENJUNGE/ DIENER: Ich eile, ich laufe!

ZWISCHENSPIEL

(Während des folgenden Liedes Umbau bei offener Bühne. Die Verwandlung der Kulisse wird „inszeniert": Darsteller oder dunkel gekleidete Helfer tragen die Wiege von der Bühne und stellen den Jahreszeitenbaum auf, sie kehren den roten Teppich um und wenden die Kulissen. Feen drehen den Baum bei jeder Strophe um ein Viertel.. Er zeigt Frühling, Sommer, Herbst und Winter.)

ERZÄHLER/CHOR: *(Musikbegleitung.)*
Der Winter kommt, und Eis und Schnee, Eis und Schnee,
Eis und Schnee
verhüllen Schloss und Baum und See,
Baum und See.

Der Sommer kommt mit Sonnenschein, Sonnenschein,
Sonnenschein;
im Garten zwitschern Vögelein,
Vögelein.

Es wird Herbst und Apfelzeit, Apfelzeit,
Apfelzeit,
und der Winter ist nicht weit,
ist nicht weit.

Es wird Winter bitterkalt, bitterkalt,
bitterkalt.
Das Königskind ist ein Jahr alt,
ein Jahr alt.

Ein Jahr, zwei Jahre, eins zwei drei,
eins zwei drei,
eins zwei drei.
die Jahre gehen schnell vorbei,
schnell vorbei.

Vier und fünf und sechs und sieben, acht und neun,
zehn und elf,
bald wird die Prinzessin zwölf,
Prinzessin zwölf.

Oh, sie ward ein schönes Kind, schönes Kind,
schönes Kind,
ach, wie schnell die Zeit verrinnt,
Zeit verrinnt.

Dreizehn, vierzehn – Achtung halt, Achtung halt!
ACHTUNG HALT!
Bald wird sie fünfzehn Jahre alt,
fünfzehn Jahre alt!

Fünfzehn Jahr' vergehn geschwind, vergehn geschwind,
vergehn geschwind:
Ein Hoch auf das Geburtstagskind,
Geburtstagskind!

ZWEITER AKT

(Die Verwandlung ist abgeschlossen. Alle verlassen die Bühne. Lediglich die böse Fee hat bereits hinter dem Fenster des Turmkämmerchens Platz genommen.)

KÜCHENJUNGE/ DIENER: Achtung, Achtung. Das ist ein Befehl des Königs.
Alle Spindeln müssen abgegeben werden. Alle! Heute hat die Prinzessin nämlich ihren fünfzehnten Geburtstag. Da darf kein Unglück geschehen!

(Sammelt Spindeln von Zuschauern ein, steckt sie in eine Tüte und bringt sie dem König.)

KÖNIG: Hast du wirklich alle spitzen Spindeln im ganzen Reich eingesammelt?

KÜCHENJUNGE/ DIENER: *(Zeigt die Tüte voller Spindeln.)*
Gewiss, Majestät. Ich habe gesucht, so gut ich konnte. Aber ich kann ja noch einmal fragen. (*Zum Publikum:*) Hat irgendjemand noch eine spitze Spindel? Nein? (*Zum König:*) Keiner hat mehr eine Spindel!

KÖNIG: Dann ist es gut. Bring die Spindeln in den Hof und verbrenne sie. Aber pass auf, dass du dich nicht stichst!

(Der Küchenjunge/Diener geht mit der Tüte zur Küche. Der Koch kommt. Beide beschäftigen sich mit Essensvorbereitungen. Der König setzt sich zur Königin auf den Thron. Sie spielen Schach.)

PRINZESSIN: Was für ein Geburtstag! Meine Eltern regieren. Die Köche kochen. Alle haben etwas zu tun. Nur ich nicht. Ich muss warten, bis am Nachmittag meine Freundinnen und Freunde kommen. Aber ich könnte im Schloss ein wenig herumstöbern. Vielleicht gibt es irgendwo etwas Spannendes!

(Koch und Küchenjunge klappern müde mit den Töpfen König und Königin setzen, klack, klack, ihre Züge.)

PRINZESSIN: Ich hab's! Ich klettere den alten Turm hoch! Dort oben war ich noch nie!

(Bedrohlich dumpfe Paukenschläge, bumbum. Die Prinzessin nähert sich dem Turmkämmerchen, schaut durch das Fenster hinter dem eine Gestalt sichtbar ist.)

PRINZESSIN: Hier ist ja eine Stube! Die kenne ich gar nicht!
Und ist da nicht jemand drin? Guten Tag, altes Mütterchen! Was machst du denn da?

BÖSE FEE: Ich spinne einen Faden auf meinem Spinnrad.

PRINZESSIN: Und was ist das für ein Ding, das so lustig herumspringt?

BÖSE FEE:: Das, mein liebes Kind, ist eine Spindel. Willst du sie genauer sehen? Komm, nimm sie ruhig in die Hand. Sicher kannst du auch spinnen. Es ist ganz leicht!

PRINZESSIN: Fein, das will ich versuchen. Autsch, jetzt habe ich mich gestochen!

(Tasch mit Becken: die Prinzessin sinkt im Schlaf auf die Fensterbrüstung nieder Alles schläft ein und erstarrt in der Bewegung: der König und die Königin beim Schachspielen: der Koch, der den Küchenjungen eben am Ohr ziehen wollte; eventuell Hund und Katze beim Herumlaufen. Die böse Fee schleicht langsam von einem zum anderen und zieht Wollfäden nach. Alles wird eingesponnen. Vor dem Schloss beginnt eine Hecke – dargestellt von zwei guten Feen – zu wachsen.)

ZWISCHENSPIEL

ERZÄHLER: Dornröschen war ein schönes Kind, schönes Kind,
schönes Kind,
doch fünfzehn Jahr' vergehn geschwind,
vergehn geschwind.

(Weitere Kinder/Feen kommen, um die Hecke zu verdichten. Die Hecke wächst und wächst. Die böse Fee spinnt alles ein.)

Jetzt schläft das schöne Königskind, Königskind,
Königskind,
mit ihm das ganze Hofgesind,
Hofgesind.

(Die Hecke steht still: die böse Fee tritt ab.)

Vergangen sind nun hundert Jahr, hundert Jahr',
hundert Jahr',
da kommt ein Prinz gar wunderbar,
wunderbar.

DRITTER AKT

(Vordergrund der Bühne: Der Prinz tritt auf schaut sich um, sieht Schloss und Hecke, stutzt.)

PRINZ: Oh, was für ein schönes Schloss! Das ist bestimmt das Schloss der schleifenden Prinzessin, von der man im ganzen Land spricht. Aber da ist ja auch diese dichte Dornenhecke!

(Versucht einzudringen: die Hecke hält ihn zurück.)

Wenn ich nur wüsste, wie die Prinzessin heißt. Dann würde mich die Hecke bestimmt durchlassen. Heißt die Prinzessin vielleicht ... Schneewittchen?

(Dumpfes Trommeln; die Hecke hält den Prinzen zurück.)

Autsch, das hat gestochen. Heißt die Prinzessin vielleicht ... Rumpelstilzchen?

(Dumpfes Trommeln: die Hecke hält den Prinzen zurück.)

Autsch, das war auch der falsche Name. Heißt sie vielleicht ... Dornröschen?

(Heller Xylophonklang: die Hecke weicht zurück, die Heckendarsteller gehen ab. Der Prinz tritt in das Schloss, geht zum König und der Königin, dann zum Koch und Küchenjungen, zieht diese an den Haaren, sieht sich überall neugierig um.)

Buh, so wacht doch auf.
(Klatscht in die Hände.)
Alle schlafen wie die Toten. Aber wo ist das schöne Dornröschen? Vielleicht stimmt die Geschichte gar nicht! Dieser Ort ist mir unheimlich!

(Xylophonklänge.)

Hat da jemand gesungen? Vielleicht der Wind, der im Turm pfeift? Ich will einmal im Turm nachsehen!
(Geht zum Turm.)

Da liegt ein schönes Mädchen und schläft. Ob das wohl ... Dornröschen ist?

(Gibt Dornröschen einen Kuss. Tusch. Alle erwachen ... recken sich ... Dornröschen reibt sich verwundert die Augen ... Der Prinz nimmt es an der Hand und führt es zum Thron ... König und Königin gähnen ... Der Koch zieht den Küchenjungen am Ohr ...
Diese Szene ist dramaturgisch besonders wichtig. Also gut durchdenken und ausspielen. Sehr effektvoll ist es, wenn die Aufmerksamkeit des Zuschauers von einer Gruppe beziehungsweise szenischen Situation zur nächsten geleitet wird.)

KÖNIG: Jetzt bin ich doch wirklich eingeschlafen. So ein langweiliges Spiel. Wie lange wir wohl geschlafen haben?

PRINZ: Hundert Jahre!

KÖNIG: Hundert Jahre! Lieber Himmel! Da muss ich ja ganz schön alt aussehen. Aber wer bist denn du?

KÖNIGIN: Hundert Jahre! Dann hat der Fluch der bösen Fee doch gewirkt. Wo ist unsere Tochter?

PRINZESSIN: Hier bin ich, liebe Eltern. Und das ist der mutige Prinz, der uns aus dem Schlaf geweckt hat. Alles ist wieder gut. Jetzt wollen wir Hochzeit feiern!

SCHLUSSCHOR/ ALLE:
Dornröschen war ein schönes Kind, schönes Kind,
schönes Kind,
Dornröschen war ein schönes Kind,
ein schönes Kind.

Hat geschlafen hundert Jahr', hundert Jahr',
hundert Jahr',
dann kam ein Prinz gar wunderbar,
gar wunderbar.

Doch jetzt sind alle aufgewacht, aufgewacht,
aufgewacht,
und feiern nun ein Fest mit Pracht,
ein Fest mit Pracht.

Und wenn sie nicht gestorben sind, gestorben sind,
gestorben sind –
(im Chor gesprochen) dann feiern sie immer noch!

Die Möglichkeiten, mit Kindern Theater zu machen, sind kaum begrenzt.

Von Tieren, Menschen, Zauberwesen

Stücke und Spielvorschläge

Hier stellen wir acht Stücke bzw. Inszenierungen mit jeweils verschiedenen Schwerpunkten, Anforderungen und Techniken vor:

- *ein turbulentes Stück mit Rhythmen und Hüten;*
- *ein kurzes Stück mit viel Sprachwitz und wenig Aufwand;*
- *ein freches Schattenspiel;*
- *ein Tiermärchen mit Masken;*
- *ein Spiel mit Klängen und Musik;*
- *ein Gespensterstück mit Geräuschen und Zeitungskostümen;*
- *ein Stück über und unter Wasser, das einfachste Bühnentechnik wirkungsvoll einsetzt;*
- *ein klassisches orientalisches Märchen mit variabler Würfelkulisse;*

Hahn, kleb an!

Ein turbulentes Stück mit Rhythmen und Hüten

INHALT

Der Hahn kräht zu früh und weckt den Bauern, der ihm darauf den Hals umdrehen will. Doch sobald er den Hahn anfasst, bleibt er kleben und muss mit dem Tier krähen, singen und tanzen. Und so geht es dem ganzen Dorf – bis sich der Hahn seines Lebens endlich sicher sein darf.

BESONDERHEITEN

Der Spielleiter, zugleich Musikant, gibt verschiedene Rhythmen vor. Viel Spielraum für Improvisationen und szenische Ideen. Als Spiel mit und ohne Bühne, mit und ohne Publikum möglich. In kurzer Zeit realisierbar.

SCHWERPUNKT IM SPIEL

Die Akteure müssen als Gruppe ihren Rhythmus finden.

SCHWERPUNKTE BEI DER VORBEREITUNG

Rhythmische und musikalische Bewegungsspiele. Außerdem das Basteln von Hüten.

MITSPIELER

Mindestens fünf oder sechs Kinder und ein Musikant (zugleich Spielleiter, eventuell auch Stichwortgeber oder Erzähler).

Fangen spielen
Wer gefangen wird, klebt an und muss mitfangen.

Räume und Rollen erfahren
Kreuz und quer durch den Raum marschieren, ohne sich zu berühren. Dabei die Geschwindigkeit wechseln.
Später: Verschiedene Rollen aussuchen (alte Frau, Straßenkehrer, eiliger Geschäftsmann ...) und in der entsprechenden Art (Tempo, Schritt, Haltung) durch den Raum gehen. Darauf achten, dass die Figuren ein Ziel haben (die alte Frau geht Vögel füttern, der Straßenkehrer fegt, der Geschäftsmann muss noch rechtzeitig zur Bank ...). Die innere Vorstellung dieses Ziels wird unwillkürlich sichtbar. Vorgabe: Nicht aneinanderstoßen!

Fang den Hut!
Alle kommen auf die Bühne und tauschen nach Belieben untereinander die Hüte, worauf blitzschnell die Rolle gewechselt werden muss.

Kleine große Stars
Zu Playbackmusik Schlager – und Rockstars, Opernsänger, Volksmusikanten usw. imitieren. Die anderen Kinder bewegen sich zur Musik.

Gäste im Café
Sich vorstellen, dass alle zusammen in einem Café sind. Dabei bestimmte Berufe verkörpern und in entsprechenden Szenen darstellen: Koch und Kellner verrichten ihre Arbeit ... Ein Polizist stürzt herein und sucht einen Dieb ... Ein Gast fällt um, eine Krankenschwester kommt zu Hilfe ... Ein Feuerwehrmann eilt herbei – falscher Alarm ...

Vorbereitende Spiele

Hahnenkampf
Arme verschränken und, auf einem Bein hüpfend, gegeneinander ankämpfen, sich dabei aber nicht wirklich berühren.

Busfahrt
Eine alte Frau, ein Kind, ein Hund usw. steigen in den Bus ein und fahren gemeinsam eine Runde.

Spiel mit Hüten
Die Hüte liegen bereit, jeder sucht sich einen aus und denkt sich eine Rolle dazu.
Ältere Kinder können auch eine Geschichte erfinden (der Polizist regelt den Verkehr, der Maler entwirft ein Wandgemälde ...).
Jeder spielt für sich oder einzeln vor der Gruppe.

Berufe erraten
Mittels Mimik und Gestik Arbeiten darstellen, die für bestimmte Berufe typisch sind. Ein Kind tritt auf, die anderen raten. Sind die Kinder zu schüchtern, um aus sich herauszugehen, zunächst mit der ganzen Gruppe ein gemeinsames Thema durchspielen (zum Beispiel: Wir kochen eine Nudelsuppe).

Ein Hut, ein Stock ...
„1, 2, 3, 4, 5, 6, 7, ein Hut, ein Stock, ein Regenschirm – und vorwärts, rückwärts, seitwärts, stopp ..." Gemeinsam aufsagen, dabei Arm in Arm marschieren.

HINWEISE ZUM STÜCK

❍ *Schauplatz: eine Dorfstraße; in unserer Inszenierung nur durch Stoffbahnen angedeutet.*
❍ *Personen: Bauer – Bäuerin – Feuerwehrmann – Pfarrer – Bräutigam – Braut – Maler Koch – Krankenschwester – Polizist; außerdem: Musikant, der zugleich Spielleiter und Erzähler ist; sein Erzählpart, der auch „Regieanweisungen" umfasst, kann bei sprachlich gewandten Kindern eingeschränkt oder bei kleineren weiter ausgebaut werden.*
❍ *Kostüme: selbstgemachte Kopfbedeckungen und typische Accessoires.*
❍ *Instrumente: als Grundlage ein Rhythmusinstrument (z. B. Tamburin, Trommel, Rassel, Triangel) oder – was ideal ist – ein Minikeyboard mit einstellbaren Rhythmen); Erweiterung mit einem Melodieinstrument (z. B. Gitarre, Flöte, Mundharmonika). Eventuell zu zweit spielen. Alternative: Kassettenrecorder*

Das Stück im Ablauf

EIN MUSIKANT ERZÄHLT:

Es war einmal ein HAHN, der krähte immer schon ganz früh am Morgen. Kaum ging die Sonne auf, stellte er sich mitten auf den Hof und krähte:

„Kikerikie kikerikieeee!"

Alle Leute schliefen noch in ihren Betten. Nur der HAHN sang sein Morgenlied:

„Kikerikie kikerikieeee!"

Da wurde der BAUER zornig. Er sprang aus dem Bett und lief auf den Hof.
Da stand der HAHN und machte:

„Kikerikie kikerikieeee!"

Der BAUER rief:

„Na warte! Dich will ich lehren, mich so früh am Morgen zu wecken. Wenn du nicht sofort still bist, drehe ich dir den Hals um. Dann gibt es zum Mittagessen Brathähnchen!"

Der HAHN aber krähte munter weiter. Er sang:

„Kikerikie!"
Es ist nie zu früh,
es ist nie zu spät,
und wer mich anrührt, der kräht.
Jeder will leben,
und wer mich anfasst,
bleibt kleben.
„Kikerikieeee!"

Der Bauer kümmerte sich nicht um das Lied. Er packte das Tier am Schwanz. Und schon war er gefangen. Nicht nur blieb er kleben – er musste auch mittanzen. Nicht nur musste er mittanzen – er musste auch mitkrähen. Nicht nur musste er mitkrähen – er musste auch mitsingen.
Und so sangen sie ALLE ZUSAMMEN:

„Kikerikie!
Es ist nie zu früh,
es ist nie zu spät,
und wer mich anrührt, der kräht.
Jeder will leben,
und wer mich anfasst, bleibt kleben.
Kikerikieeee!"

Von all dem Lärm wachte nun auch die BÄUERIN auf. Sie eilte herbei und klagte:

„Lieber Himmel, mein Mann ist verrückt geworden. Singt und tanzt und kräht in aller Frühe im Hof herum! Komm sofort her!"

Sie packte den Bauern beim Arm. Und schon war sie gefangen. Nicht nur blieb sie kleben – sie musste auch mittanzen. Nicht nur musste sie mittanzen – sie musste auch

mitkrähen. Nicht nur musste sie mitkrähen – sie musste auch mitsingen.
Und so sangen sie ALLE ZUSAMMEN:

„Kikerikie!
Es ist nie zu früh,
…“

So tanzten der Hahn, der Bauer und die Bäuerin rund um den Hof und die Straße zum Dorf hoch.

Da hörte der FEUERWEHRMANN den Lärm. Er lief herbei und rief aufgeregt:

„Ich komme ja schon! Wo brennt es? Da brennt ja gar nichts! Warum schreit ihr denn so? Habt ihr euch etwa verbrannt? Ich werde euch retten!“

Er fasste die Bäuerin an der Schulter. Und schon war er gefangen. Nicht nur blieb er kleben – er musste auch mittanzen. Nicht nur musste er mittanzen – er musste auch mitkrähen. Nicht nur musste er mitkrähen – er musste auch mitsingen.
Und so sangen sie ALLE ZUSAMMEN:

„Kikerikie!
Es ist nie zu früh,
…“

Wie sehr sie alle sich bemühten, voneinander loszukommen, es wollte ihnen einfach nicht gelingen. Sie schubsten und zerrten, schrien und jammerten, krähten und sangen, und so tanzten sie die Dorfstraße hoch.
Vor der Kirche stand der PFARRER und schüttelte den Kopf.

„So früh am Morgen, und schon so ein Geschrei! Was seid ihr bloß für Rabauken! Jetzt hört doch endlich auf zu tanzen, und gebt Antwort!“

Aber der Hahn und der Bauer und die Bäuerin und der Feuerwehrmann tanzten weiter, als hätten sie nichts gehört und nichts gesehen. Da eilte der Pfarrer herbei und packte den Feuerwehrmann an der Schulter. Und schon war er gefangen. Nicht nur blieb er kleben – er musste auch mittanzen. Nicht nur musste er mittanzen – er musste auch mitkrähen. Nicht nur musste er mitkrähen – er musste auch mitsingen.
Und so sangen sie ALLE ZUSAMMEN:

„Kikerikie!
Es ist nie zu früh,
…“

So tanzten sie weiter die Straße hoch. Da guckte die BRAUT aus der Kirche. Sie schlug die Hände über dem Kopf zusammen und rief zum Bräutigam:

„Schau mal, mein lieber Bräutigam, jetzt läuft uns der Pfarrer davon! Und wir können nicht heiraten! Komm doch, mein lieber Bräutigam, und fang den Pfarrer ein, damit wir heiraten können!“

Der BRÄUTIGAM drückte sich seinen Zylinder fest auf den Kopf und sagte:

„Keine Bange, gleich habe ich ihn!“

Und der Bräutigam lief der komischen Gesellschaft nach. Er packte den Pfarrer an der Schulter. Und schon war er gefangen. Nicht nur blieb er kleben – er musste auch mittanzen. Nicht nur musste er mittanzen – er musste auch mitkrähen. Nicht nur musste er mitkrähen – er musste auch mitsingen.
Und so sangen sie ALLE ZUSAMMEN:

„Kikerikie!
Es ist nie zu früh,
…“

Und sie tanzten auf der Straße, und sie konnten nicht anders. Mal tanzten sie schnell, mal tanzten sie langsam. Die BRAUT aber rief:

„Lauf mir nicht davon! Wo du bist, will auch ich sein!“

Und als sie den Bräutigam am Rock fasste, da war auch sie gefangen. Nicht nur blieb sie kleben – sie musste auch mittanzen. Nicht nur musste sie mittanzen – sie musste

auch mitkrähen. Nicht nur musste sie mitkrähen – sie musste auch mitsingen.
Und so sangen sie ALLE ZUSAMMEN:

**„Kikerikie!
Es ist nie zu früh,
…“**

So tanzte der seltsame Zug weiter die Straße hoch, voran der Hahn mit dem Bauern, danach der Bauer mit der Bäuerin, danach die Bäuerin mit dem Feuerwehrmann, danach der Feuerwehrmann mit dem Pfarrer, danach der Pfarrer mit dem Bräutigam, danach der Bräutigam mit der Braut.

Endlich kam der Zug auf dem Marktplatz an. Dort stand der MALER und wollte das Rathaus malen. Doch als er den bunten, tanzenden, krähenden und singenden Zug sah, hatte er eine bessere Idee. Er rief:

„Bleibt doch einen Moment stehen, damit ich euch malen kann! Hört auf zu tanzen! Stehenbleiben, bitte!“

Als alles nichts half, lief er herbei und wollte den Koch festhalten. Und schon war er gefangen. Nicht nur blieb er kleben – er musste auch mittanzen. Nicht nur musste er mittanzen – er musste auch mitkrähen. Nicht nur musste er mitkrähen – er musste auch mitsingen.
Und so sangen sie ALLE ZUSAMMEN:

**„Kikerikie!
Es ist nie zu früh,
…“**

Das sah der KOCH, und er trat aus dem Wirtshaus heraus. Er rieb sich die Hände vor Vergnügen und rief:

„Diese Gesellschaft will ich mir loben! Die sind alle so vergnügt, die sollen alle bei mir speisen!“

Er lief herbei und wollte die ganze Gesellschaft in sein Wirtshaus ziehen. Er zupfte die Braut am Ärmel. Und schon war er gefangen. Nicht nur blieb er kleben – er musste auch mittanzen. Nicht nur musste er mittanzen – er musste auch

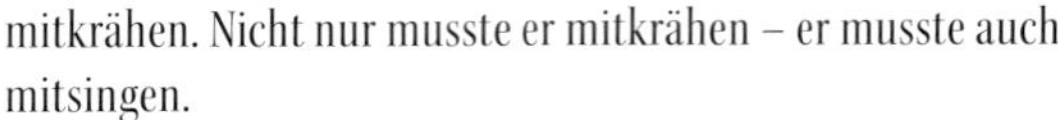

mitkrähen. Nicht nur musste er mitkrähen – er musste auch mitsingen.
Und so sangen sie ALLE ZUSAMMEN:

**„Kikerikie!
Es ist nie zu früh,
…“**

Da lief die KRANKENSCHWESTER herbei. Sie dachte, es wäre ein Unfall passiert. Als sie den krähenden, kreischenden, tanzenden Zug sah, schlug sie die Hände über dem Kopf zusammen und rief:

**„Sind denn jetzt alle verrückt geworden? Der Bauer und die Bäuerin, der Feuerwehrmann und der Pfarrer, der Bräutigam und die Braut, der Maler und der Koch?
Beruhigt euch! Hier, nehmt diese Medizin, dann wird alles wieder gut!“**

Die Krankenschwester zog ein Medizinfläschchen aus der Tasche und reichte es dem Koch. Und schon war sie gefangen. Nicht nur blieb sie kleben – sie musste auch mittanzen. Nicht nur musste sie mittanzen – sie musste auch mitkrähen. Nicht nur musste sie mitkrähen – sie musste auch mitsingen.
Und so sangen sie ALLE ZUSAMMEN:

**„Kikerikie!
Es ist nie zu früh,
…“**

Endlich kam der POLIZIST. Er sah all die Leute die Straße auf und ab tanzen, und er rief:

„Das geht nicht, das geht nicht, das geht nicht. Ihr könnt nicht die ganze Straße versperren. Los, zur Seite!“

Er eilte herbei und wollte den Koch zur Seite schieben. Und schon war er gefangen. Nicht nur blieb er kleben – er musste auch mittanzen. Nicht nur musste er mittanzen – er musste auch mitkrähen. Nicht nur musste er mitkrähen – er musste auch mitsingen.

Und so sangen sie ALLE ZUSAMMEN:

„Kikerikie!
Es ist nie zu früh,
…“

Und langsam wurden sie müde. Ihre Schritte wurden schwerer und schwerer und ihre Stimmen matter und matter. Nur der Hahn krähte munter weiter. Wie sollte das enden? Sie wussten nicht mehr ein und aus. Da sahen sie mich, den Musikanten, in der Gasse stehen. Sie liefen auf mich zu und riefen ALLE ZUSAMMEN:

„Kannst du uns denn nicht befreien?“

MUSIKANT: **„Aber wer hat denn angefangen?“**

ALLE DURCHEIN-ANDER: **„Der Polizist!“ – „Die Krankenschwester!“ – „Der Koch!“ – „Der Maler!“ – „Die Braut!“ – „Der Bräutigam!“ – „Der Pfarrer!“ – „Der Feuerwehrmann!“ – „Die Bäuerin“ – „Der Bauer!“**

BAUER: **„Der Hahn hat angefangen!“**

MUSIKANT: **„Und warum?“**

HAHN: *(vom Musikant gesprochen)*

„Kikerikie!
Es ist nie zu früh,
es ist nie zu spät,
und wer mich anrührt, der kräht.
Jeder will leben,
und wer mich anfasst, bleibt kleben.“

MUSIKANT: **„Ihr habt gehört, was der Hahn sagt.“**

BAUER: **„Ich verspreche, ich lasse den Hahn am Leben!“**

ERZÄHLER: **„Das ist gut. Dann sagen wir gemeinsam den Zauberspruch:**
Akabrakabra, zieh und stoß!
Hokuspokus, Hahn, lass los!“

ALLE: **„Akabrakabra, zieh und stoß!**
Hokuspokus, Hahn, lass los!“

Da ließ der Hahn den Bauern los, der Bauer die Bäuerin, und alle ließen einander los und purzelten auf den Boden.
Der HAHN aber flatterte glücklich umher und krähte:

„Kikerikieeee! Kikerikieeeeee!“

HINWEISE ZUR INSZENIERUNG

Die Theatralik und Bewegung dieses Stücks lassen sich auf verschiedene Weise steigern:

❍ *Jede neu auftretende Person spielt, bevor sie an der Gruppe festklebt, eine charakteristische Szene: Der Pfarrer predigt; und segnet die Anwesenden … Braut und Bräutigam sind verliebt … Der Maler rührt die Farben um und malt … Der Koch bereitet ein Festmahl vor … Solche Szenen, die ruhig ausgespielt werden sollen, entstehen zunächst aus Improvisationen und werden erst anschließend gefestigt.*

❍ *Sobald ein neuer Passant an der Gruppe klebenbleibt, gehen alle gemeinsam von der Bühne ab. Der Musikant kann ihnen nachschauen und dann hinterhereilen – oder aber auf der Bühne sitzenbleiben.*
Die Truppe tritt wieder auf, wenn das nächste „Opfer“ seine typische Szene beendet hat.

❍ *Der Musikant beginnt bei dem Refrain (Lied oder Sprechgesang, gemeinsam mit den Kindern festgelegt), eine bestimmte Melodie zu spielen. Rhythmen und Harmonien variiert er den Szenen entsprechend: Beim Auftritt des Pfarrers klingt es getragen, beim Brautpaar feierlich, beim Maler flott und kess …*
Der Musikant hört erst auf, wenn die Gruppe von der Bühne abgetreten ist und ein neuer Passant erscheint.

1 KULISSEN

Bei diesem Spiel haben wir auf Kulissen weitgehend verzichtet, da die Raumsituation für das Verständnis nicht wesentlich ist. Wir haben lediglich zwei Leitern aufgestellt und Stoffbahnen gespannt, um eine gewisse Bühnenatmosphäre zu schaffen. Vorstellbar wäre auch eine Kulisse mit bemalten oder beklebten Papierbahnen (siehe „Der kleine Fuchs auf dem Thron", Seite 96/97), auf denen ein Dorf oder eine Landschaft angedeutet ist – oder eine Kulisse aus Würfeln (siehe „Kalif Storch", Seite 136 ff.), die neutral oder mit Häusern bemalt sind. Man sollte die Ausstattung jedoch nicht zu aufwendig machen: Die Leichtigkeit, die dieses Stück auszeichnet, würde darunter leiden.

Die Ausstattung

2 KOSTÜME UND REQUISITEN

Bei diesem lustigen Spiel mit Leuten aus den verschiedensten Berufen bietet sich eine einfache Verkleidung mit Hüten an. Aber auch bei größeren Inszenierungen kann man sich durchaus auf Hüte beschränken. Dabei muss nicht unbedingt Realismus angestrebt werden: Gerade bei leicht phantastischen Inhalten sind überdimensionale Hüte höchst eindrucksvoll.

POLIZIST: MÜTZE UND KELLE

Material

schwarzer Karton: Streifen von 4 x 54 cm, Kreis von 15 cm Durchmesser; brauner Filzstreifen, 4 x 54 cm; weißer Filz: Streifen von 6 x 54 cm, Kreis von 21 cm Durchmesser; Knopf; Heftfaden; Alleskleber und Leim; für die Kelle: Holzstab, 20 cm; Kreis aus Pappe, 15 cm Durchmesser; weiße, rote, grüne Volltonfarbe

Ausführung

Einen Streifen aus schwarzem Karton zu einem Ring zusammenkleben (Kopfumfang). Den Schirm der Mütze ebenfalls aus schwarzem Karton arbeiten. Einen Halbkreis von 15 cm Durchmesser an der geraden Kante mit Schlitzen versehen: Die äußersten Schlitze 1 cm weit einschneiden, die mittleren verlängern (bogenförmig), die inneren sind dann 2,5 cm lang. Den Schirm mit Hilfe dieser Klappen an der Innenseite des Ringes festkleben.

Am oberen Rand des Ringes weißes Filzband befestigen, das sich von hinten nach vorne verbreitert (von auf 6 cm). Vorne einen Knopf als Abzeichen annähen.

Nun einen Deckel aus weißem Filz anfertigen: Einen Kreis von 21 cm Durchmesser mit Hilfe eines Heftfadens, der am Rand durchgezogen wird, auf den Umfang der Mütze zusammenraffen und am weißen Filzband festkleben.

Zuletzt den schwarzen Ring mit einem braunen Filzstreifen abdecken.

Für die Kelle einen 15 cm großen Pappkreis weiß grundieren, auf der einen Seite einen roten Kreis (10 cm), auf der anderen Seite einen grünen Kreis aufmalen. Die Scheibe in einen eingekerbten Holzstab stecken und festkleben oder daran festnageln.

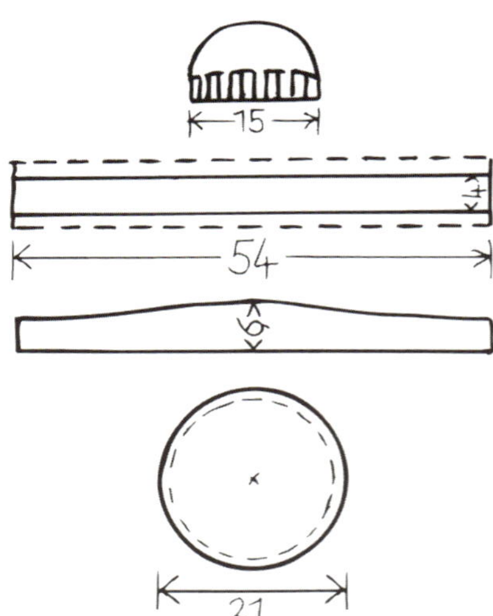

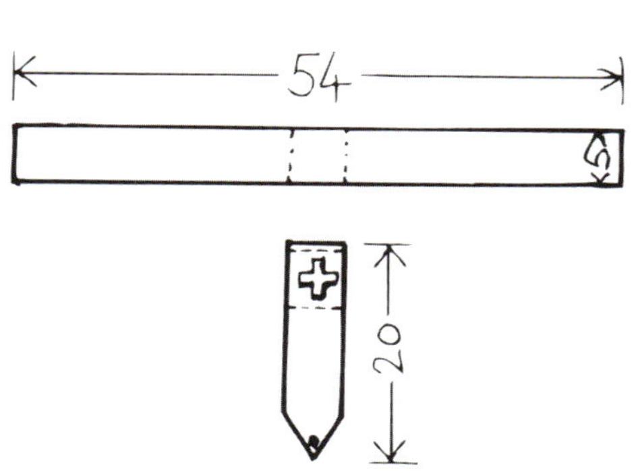

KRANKENSCHWESTER:
HÄUBCHEN UND SCHÜRZE

Material

weißer Filz, ca. 54 x 60 cm; roter Filzrest oder rote Farbe (Filzstift); weißes Stoffband, 100 oder 140 cm; Leim; evtl. weißer Faden

Ausführung

Aus weißem Filz oder auch Karton zwei Streifen von 5 cm Breite zuschneiden, und zwar 54 und 20 cm lang. Den längeren Streifen zu einem Ring zusammenkleben. Vorne auf der Innenseite den kürzerer Streifen rechtwinklig dazu anbringen. Diesen am anderen Ende spitz zuschneiden, nach hinten legen, so dass ein kleines Häubchen entsteht, und am Ring festkleben.

Vorne ein rotes Kreuz aufmalen oder aufkleben. Das Häubchen mit Spangen am Haar befestigen. Die Schürze samt Latz aus einem Stück Filz zurechtschneiden; ansonsten wie bei der Schürze des Kochs im „Dornröschen" (Seite 48) vorgehen.

KOCH: MÜTZE UND SCHÜRZE

Material und Ausführung

Siehe „Dornröschen", Seite 48, die Mütze und Schürze des Kochs.

MALER: BASKENMÜTZE UND SCHAL

Material

blauer Filzstoff, ca. 65 x 50 cm; kräftiger blauer Faden; dekorativer Pinsel; Alleskleber

Ausführung

Aus blauem Filzstoff einen Kreis ausschneiden (Durchmesser 50 cm). Am Rand mit Heftstichen kräftigen blauen Faden einnähen; danach zusammenziehen, so dass die Öffnung der Mütze der Kopfgröße entspricht (etwa 50 cm).

Als Dekoration seitlich einen Pinsel befestigen.

Zu dieser Mütze passt ein blauer Schal aus dem gleichen oder einem anderen Stoff (50 x 15 cm).

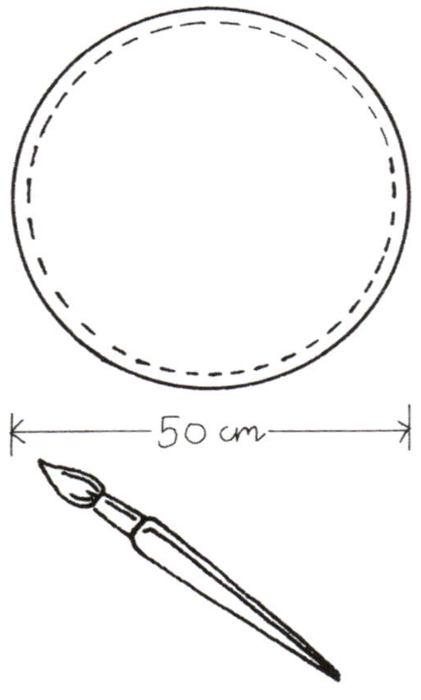

BRAUT: SCHLEIER MIT BAND

Material

Tüll, Schleiernessel oder Gardinenstoff für den Schleier; Streifen weißer Filz, ca. 2 cm breit, 55 cm lang; Reste von rotem Seidenpapier; Alleskleber

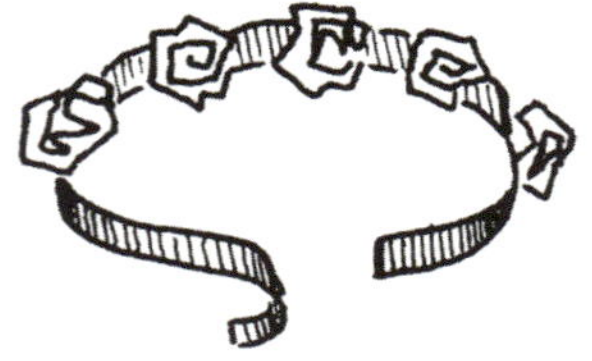

Ausführung

Um den Schleier zu befestigen, ein Band aus weißem Filz zurechtschneiden; Stücke von rotem Seidenpapier knüllen und als Blüten aufkleben.

BRÄUTIGAM: ZYLINDER

Material

schwarzer Fotokarton, 50 x 45 cm; evtl. Gummiband; Alleskleber

Ausführung

Aus schwarzem Fotokarton die Teile für den Hut anfertigen:

- einen Kreis (22 cm Durchmesser) für den Deckel; am Rand 3 cm lange Schlitze anbringen und die Laschen dann nach unten knicken;
- einen Mantel von 45 x 15 cm; unten ebenfalls regelmäßig einschneiden, die Laschen nach außen klappen;
- eine Krempe von 6 cm Breite mit einem inneren Durchmesser von 16 cm; den äußeren Rand eventuell zu einem leichten Oval schneiden.

Den Mantel zunächst an den Laschen des Deckels befestigen (Alleskleber), dann seitlich schließen. Die Krempe von unten über den Mantel ziehen und auf die Laschen kleben.

Eventuell ein Gummiband anbringen.

PFARRER: HUT UND KRAGEN

Material

billiger Plastikball (Kinderkopfgröße); schwarzer Fotokarton, 40 x 40 cm; schwarze Volltonfarbe; Kontaktkleber oder Alleskleber; weißer Filz, ca. 20 x 6,5 cm, für den Kragen

Ausführung

Um eine runde Kappe zu erhalten, am besten einen einfachen, billigen Plastikball halbieren.

Aus schwarzem Fotokarton eine Krempe ausschnei – den: äußerer Durchmesser 40 cm; innerer Durchmesser entsprechend dem Ball plus 2 bis 3 cm für Schlitze.

Sind die Schlitze am inneren Rand angebracht, die Laschen nach oben knicken, außen Klebstoff auftragen und dann die Kappe darüber ziehen.

Mit schwarzer Volltonfarbe streichen.

Aus weißem Filz einen Streifen für eine Kragenschleife zurechtschneiden. Mit einer Nadel oder auch einem Knopf Zusammenhalten.

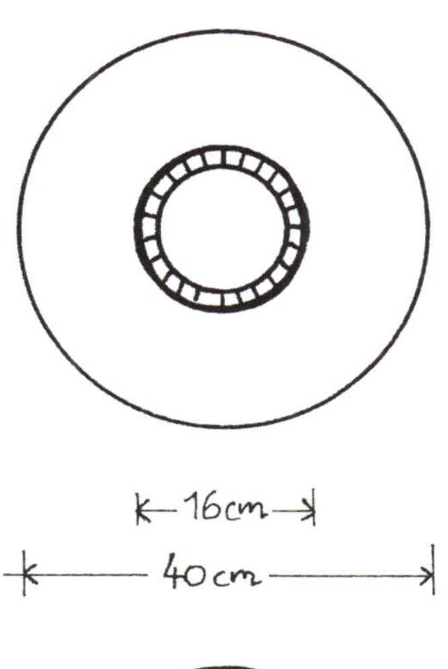

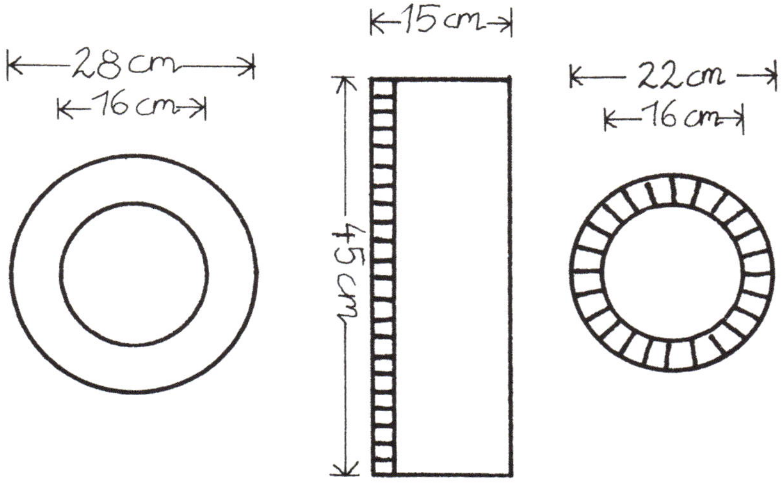

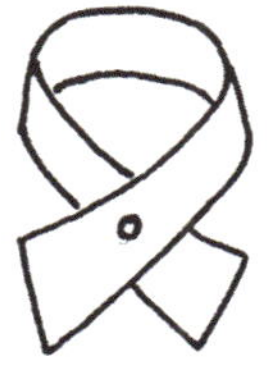

28 cm
16 cm

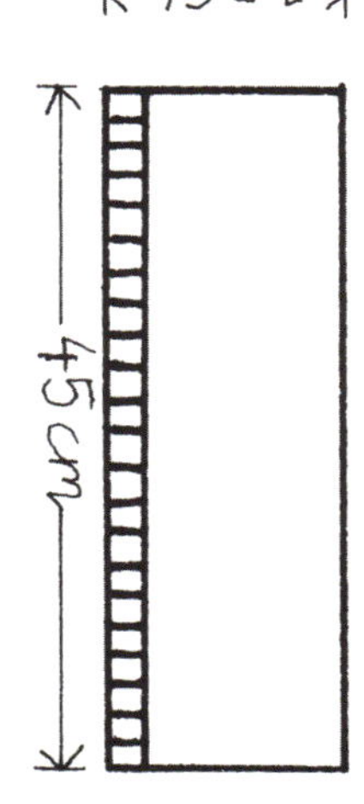

22 cm
16 cm

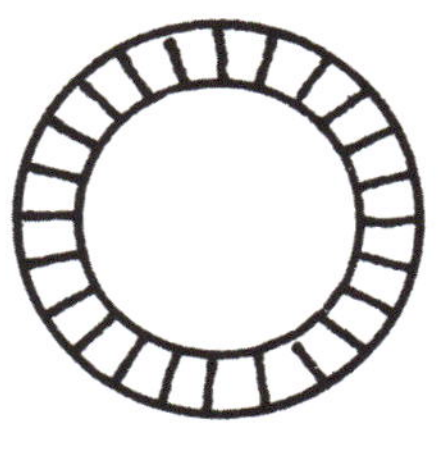

FEUERWEHRMANN: HUT UND SCHLAUCH

Material

Kappe aus Papiermaché; flexible Wellpappe, ca. 27 x 34 cm; silbergraue Farbe; Alleskleber; Gartenschlauch oder Schlauch, mit dem Elektrokabel verlegt werden (ca. 1,5 m)

Ausführung

Zunächst eine Kappe aus Papiermaché anfertigen (siehe „Der kleine Fuchs auf dem Thron", Seite 98, Tiermasken). Von vorne nach hinten einen 3 cm breiten Streifen aus Wellpappe aufkleben.

Die Krempe ebenfalls aus Wellpappe anfertigen: Ein Rechteck (24 x 34 cm) an den Ecken abrunden, in der Mitte einen Kreis von etwa 14 cm Durchmesser (entsprechend der Kappe) ausschneiden und ringsum Schlitze (2 cm lang) anbringen.

Die Kappe an die Laschen der Krempe kleben und den ganzen Hut mit silbergrauer Farbe bemalen.

Ein zusammengebundener Schlauch, den sich der Akteur umhängt, vervollständigt das Bild des Feuerwehrmanns.

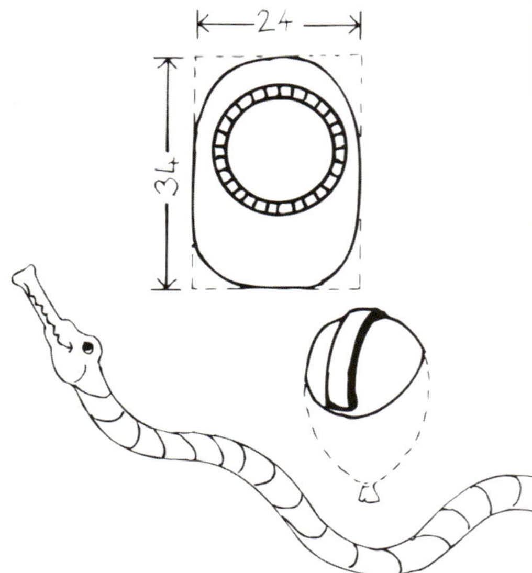

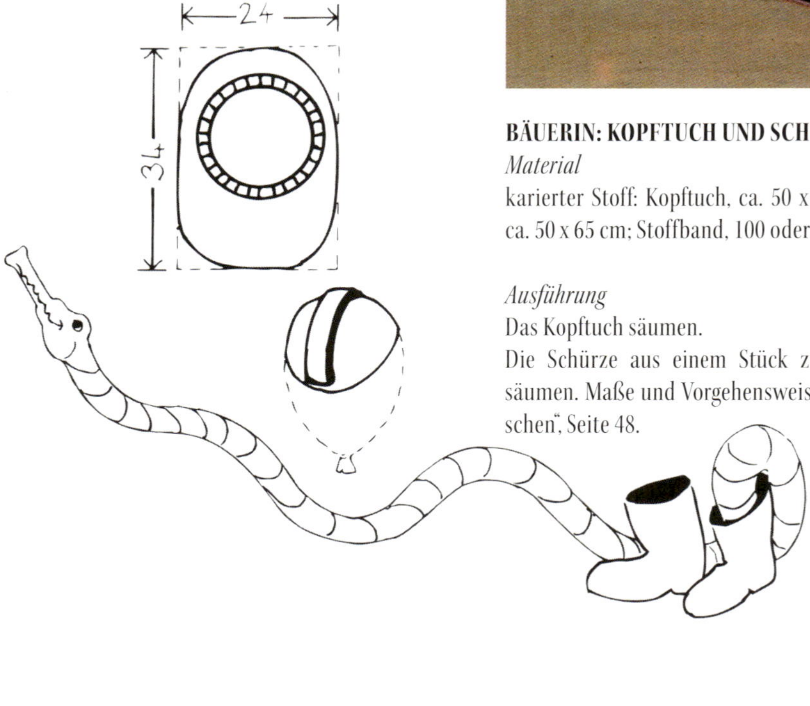

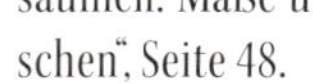

BÄUERIN: KOPFTUCH UND SCHÜRZE

Material

karierter Stoff: Kopftuch, ca. 50 x 50 cm, Schürze, ca. 50 x 65 cm; Stoffband, 100 oder 140 cm; Faden

Ausführung

Das Kopftuch säumen.

Die Schürze aus einem Stück zuschneiden und säumen. Maße und Vorgehensweise siehe „Dornröschen", Seite 48.

BAUER: HUT

Material

Bastgeflecht (hier von einer alten Tasche): Kreise von 45 und 24 cm Durchmesser, Streifen von ca. 15 x 47 cm; Alleskleber

Ausführung

Am Rand des Deckels (24 cm Durchmesser) ringsum 3 cm lange Schlitze anbringen; die Laschen dann an der Innenseite des Mantels (47 x 15 cm) festkleben. Den Mantel seitlich schließen, unten ebenfalls immer wieder einschneiden. Die Krempe (Durchmesser außen 45 cm, innen 18 cm) von unten über den Mantel ziehen und an den Laschen befestigen. Zum Vorgehen siehe auch Seite 70/71: Zylinder.

HAHN

Material

kleines Kissen oder Polster; Stoff zum Umhüllen; bunte Stoffstreifen für die Federn; grünes Tonpapier, DIN A4; Reste von rotem Tonpapier; Alleskleber; Heftklammern

Ausführung

Ein Kissen oder kleines Polster mit Stoff umwickeln und diesen auf der Unterseite zusammenkleben oder -heften. Mit Flügel- und Schwanzfedern aus bunten Stoffstreifen ausstatten.

Den Kopf aus grünem Tonpapier (DIN A4) arbeiten: Das Rechteck quer vor sich legen, zu einem oben offenen Kegel eindrehen und entsprechend zusammenkleben. Die Spitze von vorne nach hinten abschrägen; dazu den Kegel am besten leicht zusammendrücken. Um einen Schnabel zu erhalten, die Spitze nach vorne klappen und festkleben.

Aus rotem Tonkarton (4 cm breit, 3 cm hoch) einen Hahnenkamm schneiden, den unteren Rand mehrfach schlitzen. Die dabei entstehenden Laschen umklappen und auf dem Kopf festkleben.

Nun noch den Kopf an den Körper heften und die „Nahtstellen" mit Stoffstreifen verkleiden.

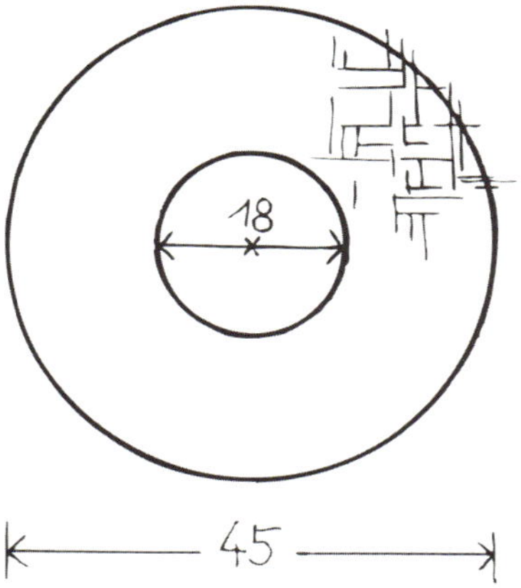

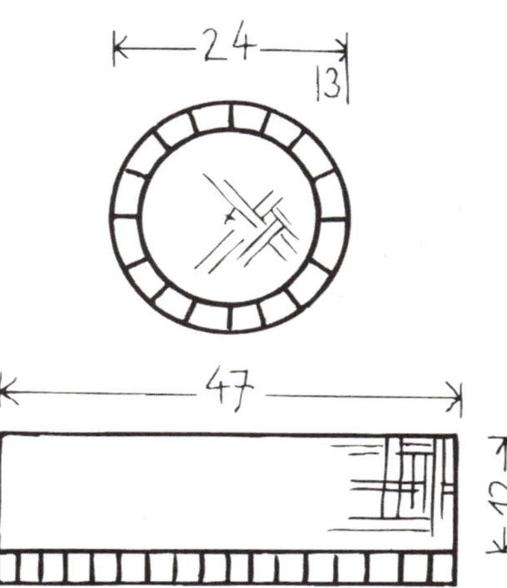

Alternativen

❍ Mit vorhandenen Hüten spielen, statt welche zu basteln.

❍ Komplette Kostüme aus Kleidern und Accessoires vom Flohmarkt zusammenstellen.

Ritter Hanswurst

Eine Posse mit viel Witz und wenig Aufwand

INHALT

Hanswurst bringt den überheblichen Ritter dazu, mit ihm die Kleider zu tauschen. Und siehe da: Plötzlich halten die Leute Hanswurst für einen Ritter und den Ritter bloß für einen Hanswurst!

BESONDERHEITEN

Diese kurze Narrenposse für drei Akteure kommt mit einfachen Kostümen und Requisiten aus und bietet sich zum Beispiel für einen „Bunten Nachmittag“ an.

SCHWERPUNKTE IM SPIEL

Das Stück baut auf Gestik und Mimik auf: es fördert (und fordert) sprachliches sowie gestisches und mimisches Ausdrucksvermögen.

SCHWERPUNKTE BEI DER VORBEREITUNG

Dialogisches Zusammenspiel: Rollentausch durch Kostümtausch: Veränderung einer Bühnenpersönlichkeit in Gestik und Mimik.

MITSPIELER

Drei Darsteller. Eventuell Sänger und Musikanten, die das Stück mit einem Lied „einrahmen“.

VORBEREITENDE SPIELE

Vom einen zum andern
Alle verteilen sich im Raum. Ein Kind beginnt, sich wiederholende erkennbare Armbewegungen zu machen: Tennis zu spielen, eine Wand zu streichen, wie ein Polizist den Verkehr zu regeln, wie ein Koch eine Sauce anzurühren. Das nächste Kind übernimmt die Bewegung und führt sie dann in eine andere über: Aus dem Koch, der im Topf rührt, wird zum Beispiel ein Fensterputzer. Das dritte Kind beginnt nach dem Fensterputzen zu winken ...
Dann eine zusätzliche Schwierigkeit hinzunehmen: Nicht nur die Arme bewegen, sondern auch noch dabei hüpfen. Also zwei Dinge gleichzeitig machen. Als weitere Steigerung: Bevor eine Bewegung an den nächsten übergeht, sich mit einem Ton (kein Wort) Ausdruck verleihen.

Spiegelspiele
Zwei Kinder stehen sich gegenüber: Das eine „führt“ und macht Bewegungen, die das andere möglichst genau und möglichst gleichzeitig nachahmt. Dann wechseln.
Wenn das Nachahmen schon gut beherrscht wird, mit der ganzen Gruppe eine Variante spielen: Einer geht nach draußen. Die Gruppe wählt ein Kind aus ihren Reihen, das führt. Alle anderen ahmen es nach. Das Kind, das draußen war, soll nun herausfinden, wer der Anführer ist.
Das „Spiegelspiel“ auch auf die sprachliche Ebene übertragen: Ein Kind sagt ein Wort oder einen Satz, ein anderes muss wiederholen. Dabei versucht das Erste, „Hürden“ zu errichten, das heißt, sich schwere Wörter oder Sätze auszudenken. So sind beide Kinder gefordert.

Auf die Art und Weise müssen die Kinder ähnlich wie „große“ Schauspieler drei Dinge gleichzeitig tun (sich bewegen – reden – bei sich Emotionen erzeugen, die mit dem Text rübergebracht werden).
Eine andere Möglichkeit: Wie zuvor eine Bewegung ausführen, dabei eine Geschichte erzählen (muss nichts miteinander zu tun haben). Beides an den Nächsten weitergeben.
Bei diesen Spielen sollen die Kinder lernen, die Bewegung „kommen zu lassen“ und sie auszuführen, egal, wie es auf andere wirkt.

Ich bin der große Zauberer
Paarweise spielen, sich dabei gegenseitig anschauen. Ein Kind beginnt und sagt: „Ich bin der große Zauberer.“ Auch das andere sagt: „Ich bin der große Zauberer“, und versucht in den Satz mehr Überzeugung zu legen. Dann ist wieder das erste Kind an der Reihe ... Mit Betonung, Lautstärke, Gestik und Bewegung spielen und soviel Selbstbewusstsein wie möglich in die Behauptung legen. Dabei den Blickkontakt zum anderen beibehalten. Berührungen sind nicht erlaubt.

Nur ein Wort
Ein Kind tritt allein auf die „Bühne“ und sagt ein schwieriges Wort, auf das sich die Gruppe vorher geeinigt hat. Wichtig ist lautes, deutliches Sprechen. Die anderen schauen und hören genau zu.
Später dann auch mit Zungenbrechern spielen.
(In Ulm und um Ulm und um Ulm herum. Blaukraut bleibt Blaukraut und Brautkleid bleibt Brautkleid. Fischers Fritz fischt frische Fische ...)

HINWEISE ZUM STÜCK

❍ *Schauplatz: eine Landstraße. In unserer Inszenierung wird die Bühne, die recht klein sein kann, durch eine Stoffbahn definiert.*

❍ *Personen: Ritter – Hanswurst – Wandersmann; außerdem eventuell Sänger oder Musikanten, die das Stück mit einem Lied einrahmen.*

❍ *Kostüme und Requisiten: Helm, Harnisch, Schwert und Pferd für den Ritter; Kappe, Weste, Halskrause und Narrenschelle für den Hanswurst; Hut, Schal, Umhang, Stock und Beutel für den Wanderer; hier aus einfachen Materialien mit wenig Aufwand gemacht.*

Das Stück im Ablauf

(Die Anfangsszene gestisch und mimisch ausgestalten: Hanswurst kommt pfeifend von links, der Ritter mit seinem Steckenpferd von rechts heran. Sie umrunden einander – der Ritter auf „hohem Ross“, Hanswurst hüpfend und pfeifend …)

RITTER: Hör mal, du dummer Hanswurst, kannst du mich nicht grüßen? Mich, den edlen Ritter?

HANSWURST: *(Parodiert den Ritter.)*
Kannst du mich nicht grüßen? Mich, den edlen Ritter?

RITTER: Frecher Kerl.

HANSWURST: Frecher Kerl.

RITTER: Jetzt reicht es aber. Sonst …

HANSWURST: Jetzt reicht es aber. Sonst …

RITTER: Unglaublich. Siehst du nicht, wer ich bin?

HANSWURST: Siehst du nicht, wer ich bin?

RITTER: Du bist der Hanswurst!

HANSWURST: Du bist der Hanswurst!

RITTER: Du!

HANSWURST: Sag' ich ja die ganze Zeit. Du bist der Hanswurst!

RITTER: Schluss jetzt mit den Dummheiten!

HANSWURST: Finde ich auch. Wie kommst du Hanswurst eigentlich dazu, mich einen Hanswurst zu nennen?

RITTER: Jetzt schlägt's aber dreizehn! Weil du der dumme Hanswurst bist, und ich bin der edle Ritter!

HANSWURST: Ha ha ha, das kann jeder behaupten.

RITTER: *(Verwirrt.)*
Die Leute sagen: du kannst alle Dinge so verdrehen, dass am Schluss niemand mehr weiß, wer er ist. Aber nicht mit mir. Ich bin der edle Ritter, und du bist der dumme Hanswurst.

HANSWURST: Sag' ich doch die ganze Zeit. Ich bin der edle Ritter, und du bist der dumme Hanswurst!

RITTER: Umgekehrt!

HANSWURST: Wollen wir wetten?

RITTER: Ha ha ha! Hanswurst will mit mir wetten, dass er der Ritter ist und ich der Hanswurst bin! Na, die Wette gilt. Ich setze mein Pferd und mein Schwert und meine Rüstung gegen dein Narrengewand. Schlag ein!

HANSWURST: *(Zögert, kratzt sich am Kopf.)*
Jetzt habe ich glatt meine Narrenschelle im Dorf vergessen. Ojemine. Ohne Schelle kann ich nicht wetten.

RITTER: Na, dann hol sie doch!

HANSWURST: Schön, dann hol' ich sie.
(Läuft ein paar Meter, zögert, kehrt zurück.)
Es ist aber weit. Da brauche ich ein paar Stunden. Sie liegt sicher dort. Oder dort. Oder dort.

RITTER: Wenn du reiten kannst, dann nimm mein Pferd. Dann bist du schneller.

HANSWURST: *(Setzt sich auf das Pferd.)*
Vielen Dank.
(Reitet eine Runde.)
Aber wenn mich böse Räuber überfallen …

RITTER: Ach, komm. Wer überfällt schon einen dummen Hanswurst?

HANSWURST: Und das edle Pferd? Wenn mir ein edler Räuber das Pferd unter dem Hintern weg raubt?

RITTER: Hmm ja, das stimmt. Dann werde ich dir mein Schwert leihen.

HANSWURST: *(Probiert das Schwert aus.)*
Liegt gut in der Hand.
(Reitet fort, kommt zurück.)
Aber wenn die Räuber mit Pfeilen auf mich schießen, was dann?

RITTER: Stimmt auch wieder. Also gut, ich leihe dir meine Rüstung.

HANSWURST: Und du musst währenddessen mein Narrengewand anziehen. Sonst holst du dir einen Schnupfen!
(Die beiden tauschen die Kleider.)

RITTER: So, und jetzt such endlich deine Schelle, dummer Hanswurst.

HANSWURST: Bevor ich sie hole, müssen wir noch etwas klären. Wie erfahren wir denn eigentlich, wer von uns der Ritter und wer der Hanswurst ist?

RITTER: Ha ha ha. Das sieht doch jeder. Das kann uns der nächste Wanderer sagen, der vorbeikommt.

HANSWURST: Dann ist es ja gut. Aber was sehe ich denn da? Dort drüben liegt ja meine Schelle! Die Wette gilt!
(Hebt die Schelle auf und gibt sie dem Ritter in die Hand.)
Und da kommt auch schon ein Wanderer!

WANDERER: *(Zu Hanswurst gewandt.)*
Guten Tag, edler Herr Ritter!

HANSWURST: Guten Tag, bester Mann. Wie geht's, wie steht's?

RITTER: *(Braust auf.)*
So eine Frechheit! Ich bin der Ritter! Siehst du das nicht?

WANDERER: Ach, und da ist ja unser guter alter Hanswurst. Immer zu Späßen aufgelegt, ha ha ha!

HANSWURST: Gewonnen, gewonnen, gewonnen!
(Reitet auf und davon.)

RITTER: Haltet den Dieb!

WANDERER: Ha ha ha, du bist wirklich ein lustiger Hanswurst!

HINWEISE ZUR INSZENIERUNG

Von der Art der Aufführung her kann man sich gut am Stil der Commedia dell'arte orientieren, wobei der Hanswurst der Figur des Arlecchino entspricht. Ebenso lässt er sich in Anlehnung an den Kasper im Kasperltheater spielen.

Bei diesem Stück ist die Betonung des Komödiantischen, Possenhaften, dem nichts Schweres anhaftet, wichtig.

Neben der sprachlichen Parodie sollte auch das mimische und gestische Agieren beziehungsweise Reagieren nicht zu kurz kommen.

Also die einzelnen Szenen nach Belieben ausspielen und mit Situations- und Handlungskomik ausfüllen.

Um die Aufführung abzurunden, können einige Kinder am Anfang und am Ende ein Lied singen oder auf einer Flöte spielen. Dieses Lied kann mit dem Stück zu tun haben (z. B. „Bunt, bunt, bunt sind alle meine Kleider...“), es muss aber nicht.

1 KULISSEN

Bei dieser kleinen Posse verzichten wir darauf, Kulissen anzufertigen, und kennzeichnen die Bühne lediglich durch eine senkrechte Stoffbahn.
Legt man Wert auf eine ausgeprägtere Gestaltung, kann man den Außenraum durch eine blaue Stoffbahn mit weißen Wolken („Die verzauberte Statue", Seite 108 ff.) andeuten oder eine Kulisse aus Papierwänden oder auch Würfeln gestalten, auf denen eventuell Landschafts- und Dorfmotive angedeutet sind („Der kleine Fuchs auf dem Thron", Seite 96/97, „Kalif Storch", Seite 146 ff.).

2 KOSTÜME UND REQUISITEN

Die Kostüme und Requisiten des Ritters, des Hanswurstes und des Wanderers, auf die sich unsere Ausstattung beschränkt, bestehen alle aus einfachen und preiswerten Materialien.
Ihre Herstellung ist unkompliziert, so dass sich Kinder weitgehend daran beteiligen können.
(Siehe auch Fotos Seite 74 ff.)

RITTER

Helm

Material

starker Karton (Fotokarton oder Graupappe), ca. 70 x 30 cm und 26 x 10 cm; silbergraue und gelbe Farbe; Alleskleber

Ausführung

Die Umrisse des Helms entsprechend der Skizze (Seite 81 oben) auf starken Karton übertragen und mit einem Cutter zuschneiden. An den Seiten abwechselnd Laschen ausschneiden, mit deren Hilfe man die Ränder später „verschränken" und dann aneinanderkleben kann. Für das Gesicht ein Rechteck von 20 x 10 cm ausschneiden und dieses dann zu den unteren Ecken hin abschrägen. Den Helm vor dem Zusammenkleben rund biegen. Mit silbergrauer Farbe bemalen und über dem Gesichtsausschnitt mit einem gelben Streifen (7 cm) verzieren.
Schließlich noch ein Visier anbringen: Dazu einen Streifen von 26 x 10 cm am oberen Rand zu den Seiten hin abschrägen; senkrechte Sehschlitze heraustrennen. Bemalen und teils über dem Gesichtsausschnitt teils direkt auf dem Helm montieren.

Brustpanzer

Material

starker Karton, 2 Quadrate à 40 x 40 cm; silbergraue und gelbe Farbe; Stoffband, ca. 120 cm; Alleskleber oder Heftklammern

Ausführung

Für das Vorder- und das Rückenteil jeweils die gleiche Form ausschneiden: Von einem Quadrat ausgehen. Dieses dann an den unteren Ecken abrunden. Oben einen Halsausschnitt und seitlich Armrundungen anbringen. Die Schulterpartien abschrägen.
Die Teile leicht biegen, um sie der Körperform anzupassen.
Die äußeren Flächen silbergrau bemalen. Das Vorderteil mit einem gelben Mittelstreifen versehen.
Vorder- und Rückenteil an den Schultern und den Seiten mit Stoffbändern, die angeklebt oder angeheftet werden, verbinden.

Schwert

Material

doppelt beschichtete Wellpappe, 15 x 60 cm; silbergraue und gold-bronze Farbe

Ausführung

Das Schwert aus einem Streifen Wellpappe zuschneiden. Die Klinge ist etwa 5 bis 7 cm breit und 40 cm lang, der Handschutz etwa 15 cm breit und 5 cm hoch, der Griff 10 cm lang, der abschließende Knauf misst 5 cm im Durchmesser.
Die Klinge silbergrau, Griff und Handschutz bronzefarben bemalen.

Pferd

Material

doppelt beschichtete Wellpappe, 40 x 40 cm; Volltonfarbe, Schwarz, Weiß; Besenstiel o. ä.; Alleskleber

Ausführung

Die Umrisse des Pferdekopfes auf Wellpappe zeichnen und entsprechend ausschneiden.
Den Kopf dann mit schwarzer und weißer Farbe bemalen (siehe Fotos Seite 74 ff.).
In das obere Ende eines Besenstiels einen Schlitz sägen, den Pferdekopf hineinstecken und festkleben oder aber festnageln.

HANSWURST

Mütze

Material

blauer Futterstoff, 50 x 50 cm; gelber Filzstreifen 5 x 50 cm; Bommel; Faden oder Heftklammern; Leim

Ausführung

Ein gleichseitiges Dreieck (je 50 cm) aus blauem Stoff schneiden. An den seitlichen Rändern zusammenheften oder – nähen. Gelben Filz als Saum

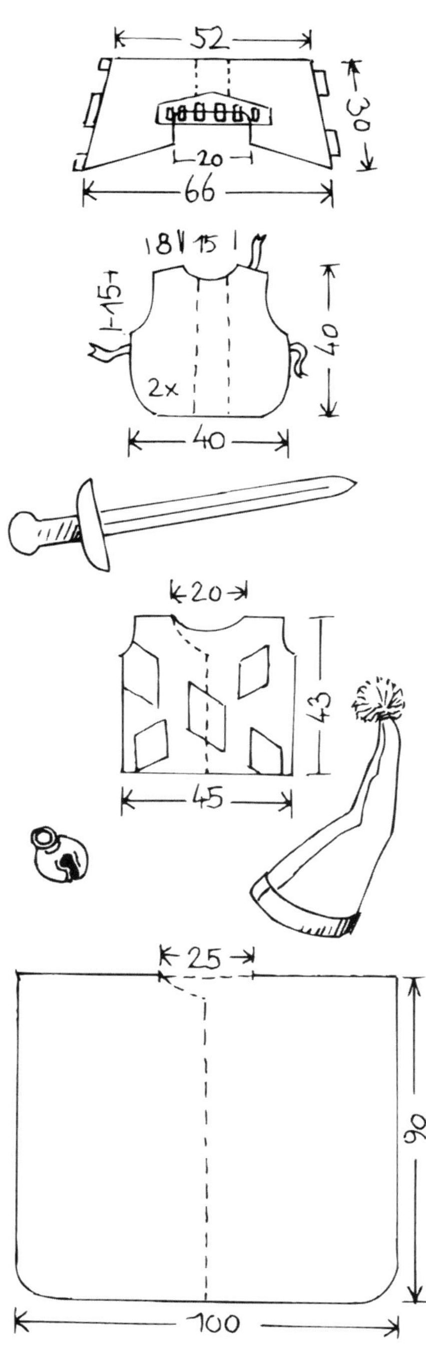

ankleben, dabei die Hälfte nach innen umschlagen. An der Spitze einen Bommel befestigen.

Weste

Material

roter Filz, 2 Quadrate von 45 x 45 cm; Reste aus gelbem Filz; Leim; Heftklammern

Ausführung

Vorderseite und Rücken aus rotem Filz (jeweils 45 x 43 cm, siehe Skizze) zuschneiden. Rautenförmige Flicken aus gelbem Filz auf das Vorderteil kleben. Dieses dann in der Mitte von oben nach unten durchschneiden. Die Teile an den Seiten und Schultern zusammenheften.

Halskrause

Material

Tüllstreifen, 40 x 30 cm; Stoffband, ca. 55 cm; Alleskleber

Ausführung

In die Mitte eines Tüllstreifens (40 cm lang, 30 cm breit) der Länge nach ein Stoffband kleben, das seitlich so weit übersteht, dass man es binden kann. Den Tüllstreifen am Stoffband entlang zusammenfalten, bevor er dann um den Hals gebunden wird.

Narrenschelle

Material

steifer Karton, 15 x 15 cm; rote, gelbe, blaue Farbe; 3 Glöckchen; Holzstab, 30 cm lang; Alleskleber; evtl. Draht oder Faden

Ausführung

Hut und Kopf auf Karton vorzeichnen, mit einem Cutter ausschneiden und dann bemalen.

An den Zipfeln der Kappe Glöckchen mit Faden oder Draht befestigen oder ankleben.

Einen Holzstab oben einkerben und den Kopf dort hineinstecken oder den Stab abflachen und die Form ankleben.

WANDERER

Cape, Schal und Hut

Material

dunkelbrauner Filz für das Cape, 100 x 180 cm; hellbrauner Filz für den Schal, 30 x 180 cm, und für den Hut, ca. 60 x 100 cm; Leim

Ausführung

❍ Umhang: Eine Filzbahn von 100 x 180 cm doppelt legen (100 x 90 cm). An der Faltkante eine Halsöffnung von 25 cm Breite ausschneiden. Die unteren Ecken des Capes abrunden; das Vorderteil durchtrennen.

❍ Schal: Einen Streifen von 30 x 180 cm zuschneiden.

❍ Hut: Wie den Zylinder auf Seite 70/71 anfertigen (runde Krempe), jedoch mit einem schmaleren Mantel von 9 x 45 cm.

Alternativen

Mit Haushaltsgegenständen spielen: Der Ritter bekommt als Helm einen Topf oder ein Sieb, als Rüstung Backbleche oder -gitter; als Schwert dient ihm ein Kochlöffel, als Pferd ein Besen oder Mopp. Hanswurst bindet sich ein Geschirrtuch wie einen Latz um, setzt statt einer Kappe eine Strumpfhose auf und nimmt eine Klobürste als Narrenstab in die Hand.

Der Suppenstein

Ein freches Stück, als Schattenspiel inszeniert

INHALT

Ein Vagabund überzeugt eine biedere Hausfrau, dass man zum Suppenkochen nicht mehr braucht als einen Stein – und kommt auf diese Weise zu einer nahrhaften Mahlzeit.

BESONDERHEIT

Schattentheater mit Darstellern.

SCHWERPUNKTE IM SPIEL

Gestisches („pantomimisches") Agieren. Dialoge.

SCHWERPUNKTE BEI DER VORBEREITUNG

Das Prinzip des Schattentheaters. Das Installieren einer Schattenbühne und das Anfertigen von Requisiten.

MITSPIELER

Zwei Darsteller und eventuell zwei Sprecher.

Schattenspiele
Zur Annäherung an das Prinzip des Schattentheaters, an sein Funktionieren und seine Wirkung Schattenspiele mit den Händen machen und an die Wand werfen. Zunächst gemeinsam die verschiedensten Figuren ausprobieren. Dann führen einzelne Kinder etwas vor, und die anderen raten ...

Scherenschnitte
Scherenschnitte von Menschen, Tieren und Gegenständen (beispielsweise von Gemüse) anfertigen. Hierbei muss Plastisches in flache Formen umgesetzt werden.

Immer an der Wand lang
„An der Wand entlang" spielen: Ein bestimmtes Thema (hier am besten „Kochen") mit ausgeprägter Gestik darstellen; dabei an einer Wand stehen, raumgreifende Bewegungen vermeiden und stattdessen versuchen, immer mit möglichst viel Körper nah an der Wand zu sein.
Dies weckt das Gefühl für die „flachen", zweidimensionalen Bewegungen, die man beim Schattentheater nah an der Leinwand ausführen muss.

Mit Händen und Füßen
Einer will einem anderen etwas mitteilen: „Mein Fahrrad steht oben auf dem Berg und hat einen Platten." Oder: „Am 20. Oktober hat Jule Geburtstag. Du bist eingeladen. Bring sieben Rosen mit." Dummerweise steht der andere auf der gegenüberliegenden Seite des Flusses und versteht kein Wort. Das heißt mit Händen und Füßen reden und Worte durch Gesten ersetzen.

Berufe raten
Einer führt pantomimisch einen Beruf vor: Ein Koch schneidet Gemüse und kocht eine Suppe. Ein Bauer sät. Ein Tischler hämmert ... Dabei auf eine übertrieben ausladende Gestik achten. Die anderen raten.

Improvisationen
Zu einem vorgegebenen Thema improvisieren.
Ein Kind fängt an zu spielen. Die anderen steigen ein ... Das Spiel braucht Zeit, damit eine freie Entfaltung möglich ist. Die Entwicklung und Gestaltung hängt von dem Bezug ab, den die Kinder zu dem Thema herstellen können. Dabei geht es nicht um den sprachlichen und mimischen Ausdruck, sondern allein darum, in die Situation hineinzufinden. Nicht lenkend eingreifen, sondern der Phantasie freien Lauf lassen.
Solche Improvisationen sind immer, auch ohne Verbindung zu einem bestimmten Stück reizvoll.

VORBEREITENDE SPIELE

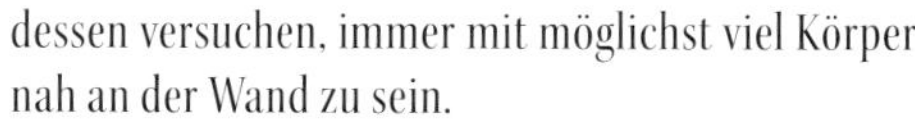

Hier einige Themenbeispiele:
❍ Ein Telegrammbote klingelt an einer Tür. Er bringt eine schlechte/eine gute Nachricht.
❍ Ein voller Aufzug bleibt stecken.
❍ Schiffbrüchige sind auf einer einsamen Insel gestrandet.
❍ Im Abteil eines Zuges sitzen zwei einander fremde Leute.
(Oder in Abwandlung dessen, den Kindern ein Foto aus einer Zeitschrift mit einer interessanten Szene zeigen: Jedes Kind entscheidet sich für eine der abgebildeten Personen und spielt diese im Zugabteil.)
❍ Ein Essen wird gekocht: planen, einkaufen, kochen, essen, abwaschen...

HINWEISE ZUM STÜCK

❍ *Schauplatz: die Küche eines Hauses, deren Fenster zur Straße hinausgeht und offensteht; in unserem Schattenspiel wird die Küche durch den Schatten eines Herdes, eines Topfes und weiterer Dinge, die man zum Kochen braucht, angedeutet; Kulissenteile, Darsteller und Requisiten befinden sich hinter einer Leinwand und werden so beleuchtet, dass die Zuschauer nur den Schatten sehen.*

❍ *Personen: Hausfrau – Fremder – eventuell zwei weitere Personen, die den Sprechpart der beiden Akteure übernehmen.*

❍ *Kostüme: wenige charakteristische Dinge, die wirkungsvolle Schatten werfen: eine Schirmmütze, ein Kopftuch, ein Rock …; ansonsten „normale" Kleidung.*

❍ *Requisiten: Dinge, die man zum Kochen einer Suppe braucht; besonders gute Schatten werfen zweidimensionale Objekte aus Pappe.*

Das Stück im Ablauf

(Auf der Leinwand sieht man den Schatten einer Frau, die in der Küche hantiert.
Ein Mann/Fremder spaziert vor der Leinwand über die Bühne, erblickt die Frau, stutzt, überlegt einen Moment, dann hat er eine Idee. Er schaut sich um, entdeckt einen Stein am Boden, hebt ihn auf prüft ihn – grinst verschmitzt und scheint sehr zufrieden zu sein. Nun packt er den Stein fein säuberlich in ein Tuch und steckt ihn ein. Dann geht er hinter die Leinwand …
Rechts und links der Bühne können zwei Sprecher sitzen und die Dialoge übernehmen/vorlesen.)

FREMDER: Schönen Tag, gute Frau! Was kochen wir denn heute? Ein Süppchen? Hmmm, das wäre was für einen hungrigen Wandersmann. Darf ich reinkommen?

FRAU: Was will der Kerl? Was faselt er da von einer Suppe? Ich koche ja gar nicht! *(Leise:)* Und vor allem nicht für einen hungrigen Fremden!

FREMDER: Hmm, was für eine ganz besonders zauberhafte Suppe wir gemeinsam kochen könnten!

FRAU: Schert euch weg! Ich brauche keinen Gaffer und keinen Esser. Heute wird nicht gekocht! *(Leise:)* Und mein schönes Gemüse esse ich allein, wenn der Kerl weg ist.

FREMDER: Wie schade. Wirklich schade. Dann ziehe ich eben weiter mit meinem Suppenstein. Anderswo wird man mich dankbar aufnehmen. Adieu, liebe Dame.

FRAU: Halt, wartet. Was ist ein Suppenstein?

FREMDER: *(Kramt in seiner Tasche und holt den Stein hervor.)* Siehst du diesen Stein? Das ist er!
(Mit der freien Hand macht er geheimnisvolle Zeichen über dem Stein, und er – der Darsteller – spricht dazu:)

Suppenstein, Suppenstein,
ach, wie wird die Suppe fein.
Suppenstein ins Wasser rein,
fertig ist das Süppelein.

FRAU: Was ihr nicht sagt. Ein Suppenstein. Und mit dem kann man kochen?

FREMDER: Gewiss. Mit diesem Stein kann man das herrlichste Süppchen kochen. So oft man nur will. Aber wenn ihr nicht wollt – dann kann ich ja wieder gehen. *(Zieht sich zurück.)*

FRAU: Wartet, so wartet doch. *(Leise:)* Ein Suppenstein, mit dem man Suppe kochen kann. Das ist ein Ding. Der sollte mir gehören. *(Laut:)* Na, dann kommt doch näher. Setzt euch!

FREMDER: Also gut. Kochen wir eine Suppe? Ach, was bin ich hungrig!

FRAU: Also gut. Aber wir machen einen Tausch. Ich koche eine Suppe, ihr dürft sie essen, und mir gehört der Suppenstein!

FREMDER: Neinneinnein! Das ist ein wertvoller Suppenstein aus dem Lande Schlaraffia! Dort wachsen Bratkartoffeln auf den Bäumen. Dort fließt Ketchup in den Bächen! Dort kann man mit Steinen Suppe kochen!

Suppenstein, Suppenstein,
ach, wie wird die Suppe fein,
Suppenstein ins Wasser rein,
fertig ist das Süppelein.

FRAU: Na, dann kocht ihr die Suppe und gebt mir danach den Stein!

FREMDER: Also gut. Ich kriege die Suppe, und ihr kriegt den Suppenstein. Fangen wir an. Zuerst brauchen wir einen Kessel mit siedendem Wasser. Da kommt der Suppenstein hinein. So. Einen Löffel, bitte! *(Sie reicht ihm einen Löffel.)* Ah, das schmeckt ja schon ganz gut. Vielleicht noch etwas Salz.

FRAU: Salz haben wir hier. Lasst mich kosten!

FREMDER: Nein, ich bin der Koch. Ich koste. Vorzüglich. Mmmm – aber man könnte die Suppensteinsuppe noch mit Zwiebeln verbessern. Lieber zu viel als zu wenig.

FRAU: Gern, ein paar Zwiebeln.
(Sie holt Zwiebeln, schält sie und schneidet sie klein.)

FREMDER: Und ein paar Möhren. Steinsuppe schmeckt mit drei, vier, fünf Möhren noch ein ganzes Stück besser.

FRAU: *(Holt Möhren und reicht dem Mann eine nach der anderen.)* Dürfen es auch sechs Möhren sein?

FREMDER: Moment, da muss ich zuerst kosten. Mmm – ja. Sechs Möhren. Aber keine Möhre mehr. Sonst wird es eine Möhrensuppe, ha ha ha.

FRAU: Ha ha ha. Jetzt rieche ich es auch schon, wie die Suppensteinsuppe duftet.
(Sie sagt den Zauberspruch und macht dabei ungeschickte „magische" Bewegungen.)

Suppenstein, Suppenstein,
ach, wie wird die Suppe fein.
Suppenstein ins Wasser rein,
fertig ist das Süppelein.

FREMDER: Oh, oh, weh.

FRAU: Um Himmels willen, was ist geschehen?

FREMDER: Zu stark, die Suppe. Viel zu kräftig. Was machen wir denn da?

FRAU: Oh, weh, was machen wir da?

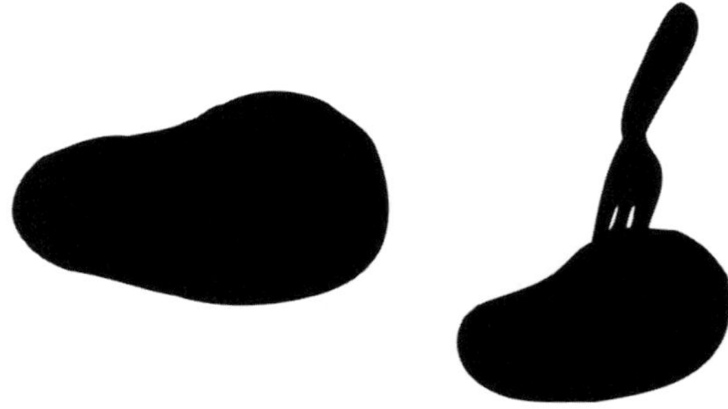

FREMDER: Ich weiß. Wir kochen ein paar Kartoffeln mit. Das macht die Suppe mild.

FRAU: Stimmt. Kartoffeln machen die Suppe mild. Hier, flink geschält, ein paar Kartoffeln.

FREMDER: Oh, weh. Jetzt haben wir wieder einen Fehler gemacht. Jetzt ist die Suppe zu mild.

FRAU: Zu mild?

FREMDER: Dagegen hilft nur ein Bund Lauch. Habt ihr Lauch im Haus?

FRAU: Gewiss. Hier.

FREMDER: Wie schön. Und nun kommt das große Geheimnis der Steinsuppe. Dreimal links rühren, dreimal rechts rühren. Und das Zauberlied *(vom Darsteller selbst gesprochen)*:

Suppenstein, Suppenstein,
ach, wie wird die Suppe fein.
Suppenstein ins Wasser rein,
fertig ist das Süppelein.

FRAU: Wunderbar, einfach wunderbar. Ist die Suppe fertig? Dann wünsche ich guten Appetit. *(Füllt einen Teller für den Fremden.)* Und den Suppenstein, autsch, ist der heiß, den behalte ich!

FREMDER: Hmm, das schmeckt. Und wie das schmeckt!

FRAU: *(Darstellerin selbst spricht, während sie erneut mit der freien Hand magische Bewegungen über dem Stein ausführt.)*

Suppenstein, Suppenstein,
ab heute ist das Steinchen mein.
Suppenstein ins Wasser rein,
fertig ist das Süppelein.

FREMDER: Oh, wie war das gut. Doch jetzt muss ich weiterziehen.

FRAU: Aber der Suppenstein bleibt hier.

FREMDER: *(Seufzt.)*
So war es ja besprochen. Adieu, gute Frau, und wohl be komm's!
(Geht pfeifend ab, kichert und kommt vor den Vorhang.)

Suppenstein, Suppenstein,
ach, wie wird die Suppe fein.
Suppenstein ins Wasser rein,
fertig ist das Süppelein.

HINWEISE ZUR INSZENIERUNG

Beim Schattentheater spielen die Kinder hinter einer Leinwand und vor einer Lichtquelle. Die Zuschauer sehen nur die Schatten der Akteure. Damit diese Schatten klar umrissen und die Bewegungen gut erkennbar sind, gilt es beim Spielen folgendes zu beachten:

- *Möglichst nahe an der Leinwand stehen und gehen.*
- *Keine raumgreifenden, sondern „flache", zweidimensionale Gesten ausführen, das heißt immer mit möglichst viel Körper nah an der Leinwand sein.*
- *Bewegungen „übertrieben": weit ausholen, langsam und deutlich agieren.*
- *Am besten mit flachen Gegenständen spielen und diese dann parallel zur Leinwand führen.*

Die Gegenstände, die zum Kochen gebraucht werden und die in unserer Inszenierung aus Wellpappe ausgeschnitten sind, kann man vor Beginn des Stücks seitlich neben der Leinwand deponieren und dann jeweils herbeiholen.

Damit sich die Akteure ganz auf ihr Schattenspiel konzentrieren können, ist es möglich, die Dialoge von zwei speziellen Sprechern vortragen (vorlesen) zu lassen, die rechts und links neben der Leinwand sitzen. Besonders effektvoll wirkt es, wenn die Zauberformel jedoch von den eigentlichen Darstellern gesprochen wird.

Natürlich ist dieses Stück nicht an die Form eines Schattentheaters gebunden. Genauso gut lässt es sich „normal" aufführen – und zwar mit echtem Gemüse.

1 KULISSEN

Die Zuschauer blicken auf eine Art Leinwand, auf der sich die Schatten eines Herdes und eines Topfes, dann die Schatten der Akteure sowie der Kochrequisiten, mit denen die beiden hantieren, abzeichnen.

1.1 DIE LEINWAND

Die Leinwand kann aus leichtem Mollino, Nessel, Leintuch, halbtransparenten Duschvorhängen, leichtem Papier oder Operafolie (Theaterbedarf) bestehen. Die Höhe richtet sich nach dem Raum, die Breite sollte mindestens 2,80 m betragen. Also wird man wahrscheinlich mehrere Stoff- beziehungsweise Papierbahnen verwenden. (Je weniger Nahtstellen man hat, desto besser ist es natürlich.)

Die Leinwand muss gut gespannt sein, damit sie sich weder bewegt noch Falten wirft. Montieren lässt sie sich folgendermaßen:

❍ Den oberen und unteren Rand säumen oder mit Laschen versehen, so dass man eine Stange (Zeltstange, Latte, Rohr ...) durchschieben kann. Oder die „Leinwand" an die beiden Stangen tackern. Beim Aufhängen die Raumgegebenheiten berücksichtigen: Zum Beispiel an den Enden der oberen Stange Schnüre anbringen und diese an Haken, die in die Decke geschraubt wurden, festbinden.
Die untere Stange dient zum Beschweren.

❍ Im Fotohandel kann man Rahmen ausleihen, die zum Spannen von Projektionsfolien dienen. Um die Leinwand festzubinden und straff zu ziehen, an allen vier Seiten im Abstand von etwa 20 cm Köperbänder anheften. Papier eventuell stattdessen mit Klebeband fixieren.

1.2 DIE KULISSENTEILE

Den Herd bildet eine Styroporplatte, die direkt an der Rückseite der Leinwand steht und hinten durch eine Schachtel gestützt wird. Auf dem Herd und ebenfalls direkt an der Leinwand befindet sich ein Topf aus einer Pappscheibe.

Die sichtbaren und unsichtbaren Kulissenteile dürfen nicht zu tief sein, da sie sonst keine klare Silhouette ergeben.

Auf der Rückseite des Topfes oder des Herdes kann eventuell eine Tüte befestigt sein, die das Gemüse, das nacheinander in den Topf wandert, aufnimmt.

1.3 DAS LICHT

Das Licht, das die Schatten der Kulissenteile und der Akteure von hinten auf die Leinwand wirft, muss gleichmäßig strahlen. Ein diffuses Licht erzeugt unscharfe Schatten. Folglich sind Lampen mit Schirmen, die das Licht reflektieren und breit fächern ungeeignet.

Optimal ausleuchten lässt sich eine Projektionsfläche mit einem Bühnenscheinwerfer (etwa 500 Watt; in Geschäften für Theater- oder Diskobedarf oder bei Beleuchtungsfirmen zu mieten). Hier kann man die Linse verstellen und somit den Lichtkegel entsprechend dem Abstand zur Leinwand vergrößern oder verkleinern.

Verwendet man eine gewöhnliche Lampe, sollte man auf eine möglichst hohe Wattzahl (100 oder 150 Watt) achten. Als günstig erweist sich eine schwarze Blende aus Karton, die verhindert, dass Strahlen oder Reflexe außerhalb der Leinwand auftreffen.

Mit Farbfiltern (Scheinwerferfolien oder bei schwächeren Lampen Transparentpapier), die vor dem Licht montiert werden, oder mit farbigen Lampen kann man zusätzlich eindrucksvolle Stimmungen erzeugen (siehe Seite 27 und 130/131).

Der Beleuchtungskörper wird zentral hinter der Leinwand auf den Boden gestellt oder in halber Höhe installiert. Grundsätzlich gilt: Je größer der Lichtkegel ist, desto näher kann die Lampe an die Leinwand gerückt werden. Der Mindestabstand sollte jedoch etwa 2 m betragen.

Beim Einrichten ist außerdem darauf zu achten, dass die direkte Lichtquelle durch Kulissenteile abgeschirmt wird. Sonst ist sie durch die Leinwand hindurch zu sehen. In unserer Inszenierung geschieht dies durch den „Herd".

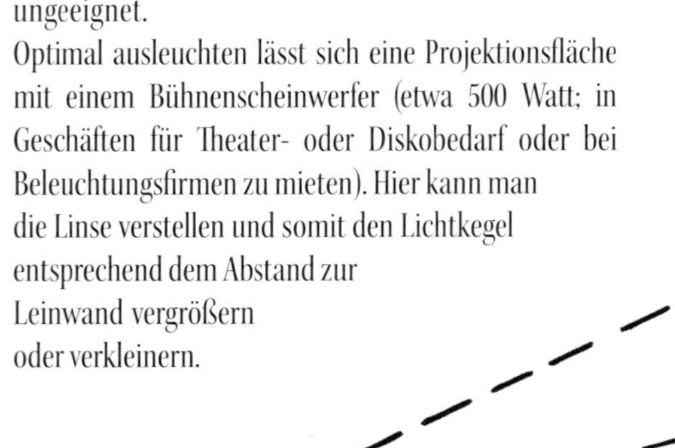

Scheinwerfer mit optimaler Ausleuchtung, der einen klaren Schattenwurf ergibt

Der Zuschauerraum muss beim Schattentheater dunkel sein.
Wenn dann die Kinder, die den Dialogpart vorlesen, nicht genügend Licht haben, kann man kleine Tischlampen aufstellen; eventuell muss man diese zusätzlich abblenden, damit kein weiteres Licht auf die Leinwand fällt.

ungeeignete Beleuchtung

2 KOSTÜME UND REQUISITEN

Bei der Wahl der Kostüme ist allein die Wirkung der Silhouette ausschlaggebend. In unserer Inszenierung sind es vor allem eine Schirmmütze, ein Kopftuch, ein Rock, die effektvolle Schatten werfen und die Personen kennzeichnen. Soll sich der Rock besonders klar abheben, kann man ihn aus einer Pappscheibe zuschneiden und umbinden (am oberen Rand ein Band durchziehen). Das Mädchen bewegt sich dann so, dass der Rock mit seiner gesamten Fläche immer möglichst nahe an der Leinwand ist: Das heißt, beim hin und her gehen dreht sich das Mädchen am besten nicht um, sondern geht stattdessen nur rückwärts und vorwärts.
Für die Requisiten gilt das gleiche wie für die Kostüme: Anstelle dreidimensionaler Gegenstände nimmt man flache. Kochbesteck und Gemüse lassen sich leicht und schnell aus Pappe zuschneiden. Dabei auf charakteristische Formen achten und – wie auch bei der Größe – ruhig etwas übertreiben (Formen siehe Seite 85 und 86).

Der kleine Fuchs auf dem Thron

Eine Verwechslungsgeschichte mit Tieren und Masken

INHALT

Der kleine Fuchs fällt in einen Topf mit goldener Farbe. Die anderen Tiere halten ihn für den vom Himmel gesandten neuen König, und entsprechend hofieren sie ihn – gegen seinen Willen. Erst die Ankunft von Mama Fuchs klärt den peinlichen Irrtum auf.

BESONDERHEITEN

Ein Sprach-, Klang- und Bewegungsspiel mit Tieren und Masken nach den Motiven eines japanischen Volksmärchens. Je nach dem Alter der Kinder wird die Rolle des Erzählers eingeschränkt oder ausgebaut. Eine Aufführung macht auch ohne Publikum Spaß.

SCHWERPUNKTE IM SPIEL

Sprechgesang, Rhythmik und Bewegung und die Darstellung von Tieren.

SCHWERPUNKTE BEI DER VORBEBEITUNG

Zum einen: singendes Sprechen. Zum andern: das Basteln von Tiermasken aus Papiermaché.

MITSPIELER

Mindestens sechs, lieber aber mehr Akteure und ein Erzähler.

Stille Post
Im Kreis sitzen, eingeflüsterte Informationen aufnehmen, flüsternd weitergeben und abwarten, was am Ende dabei herauskommt.

Kofferpacken
Ein Kind beginnt: „Ich packe in den Koffer meine Socken." Das nächste: „Ich packe in den Koffer mein Hemd." Das nächste: „Ich packe in den Koffer mein ..."
Bei kleineren Kindern können dazu wirkliche Dinge (Schuh, Mütze, Schuh) gezeigt und in eine Kiste gepackt werden. Die Serie möglichst lang in Gang halten. In einem zweiten Schritt beim Kofferpacken in einen litaneiartigen Sprechgesang übergehen (Formulierung wie zuvor).
Schließlich das Kofferpacken „aufteilen": Alle rezitieren: „Ich packe in den Koffer meine Socken und mein Hemd ..." Das Kind, das an der Reihe ist, ergänzt: „... und meinen Schuh."

Welches Tier?
In einfachen selbsterfundenen Rollenspielen Tierstimmen und Tiergebärden (ohne Masken) einsetzen und schließlich erraten lassen.

Das falsche Tier
Sobald Masken zur Verfügung stehen, das Spiel mit falschen Rollen spielen: Der Elefant soll wie eine Ente watscheln, der Affe wie ein Tiger schleichen usw.
Der Kontrast zwischen falscher und richtiger Rolle vermittelt den Kindern ein starkes Gefühl für die Bewegungen und Gebärden verschiedener Tiere.

Tierpantomime
Gemeinsam den „Schwerpunkt" eines Tieres feststellen, typische Bewegungen entdecken, aber auch über Eigenschaften nachdenken. Dann den Tagesablauf eines Tieres spielen, ohne zwischendurch aus der Rolle „auszusteigen".

VORBEREITENDE SPIELE

Geschichten „weiterspinnen"
Gemeinsam eine Geschichte erfinden: Ein Kind macht den Anfang (vielleicht nach einem Einleitungssatz: „Abends, am Rande eines großen, dunklen Waldes, treffen sich Fuchs und Hase ..."). Auf ein Zeichen erzählt das nächste Kind weiter ... Dem jeweiligen „Erzähler" am besten einen Gegenstand in die Hand geben, damit alle sehen, wer an der Reihe ist und keiner dazwischenredet.
Oft kommen bei diesem Spiel phantastische Geschichten heraus, die durchaus den Stoff für ein eigenes Theaterstück liefern können.

Maskenlauf
Zwei Kinder mit Tiermasken gehen langsam aufeinander zu und aneinander vorbei: Anschließend erzählen sie, was sie dabei gespürt haben.

Begrüßen
Üben, wie verschiedene Personen einander begrüßen; dabei unterschiedliche Standesebenen berücksichtigen: zwei oder mehrere Kumpels – ein Chef und ein Angestellter – ein König und ein Klempner – ein König und ein König – ein Klempner und ein Klempner usw.

HINWEISE ZUM STÜCK

❍ *Stoff: In der japanischen Originalversion erzählt „Der Fuchs auf dem Thron" die Geschichte eines Fuchses (eines in der japanischen Mythologie verachtenswerten Tieres), der in einen Farbtopf fällt und sich dank seiner Goldfarbe auf betrügerische Weise zum Herrscher über die Tiere aufschwingt. Schließlich wird er jedoch – durch einen unfreiwilligen Hinweis seiner Mutter – als Schwindler entlarvt und davongejagt.*

In unserer Version haben wir andere Schwerpunkte gesetzt: Der Fuchs wird auch vergoldet, aber er ist beileibe kein Betrüger: Er sagt ja die ganze Zeit nichts; er stottert auf die Frage, wer er sei, nur „Fu-, Fu-, Fu- ..." . Alles Übrige kommt von den anderen Tieren, die sich gegenseitig in immer höheren Huldigungen an den „prächtigen Fu" davon überzeugen, dass hier nun ihr König sei, dem man dienen müsse. Wie in der Originalversion wird das Missverständnis durch die Mutter des kleinen Fuchses geklärt.

❍ *Schauplatz: ein Wald; hier durch Papierbahnen mit appliziertem Blattwerk angedeutet.*

❍ *Personen: kleiner Fuchs – Mutter Fuchs – Elefant – Affe – Wolf – Tiger – Bär – Ente – eventuell ein Musiker (oder auch mehrere), der die Lobpreisungen der Tiere rhythmisch begleitet; außerdem ein Erzähler, der die Geschichte vorträgt; je kleiner und unerfahrener die Kinder sind, desto stärker tritt er in Erscheinung; etwas ältere Kinder können auch ohne Erzähler auskommen.*

❍ *Kostüme: Tiermasken; im Übrigen sind die Kostüme auf farblich passende Trikots beschränkt*

❍ *Instrumente: eventuell ein einfaches Rhythmusinstrument (Trommel, Tamburin), das zur Unterstützung des Lobgesangs auf den kleinen Fuchs eingesetzt wird.*

Das Stück im Ablauf

(Der Erzähler bewegt sich frei im Raum – auf der Bühne, hinter den Kulissen, im Publikum. Er trägt neutrale, eventuell schwarze Kleidüng, um sich von den Akteuren abzuheben.
Ein kleiner Fuchs mit rotem Fell läuft über die Bühne, schnüffelt in allen Ecken, beschnüffelt die Zuschauer.)

DER ERZÄHLER BEGINNT:
Es war einmal ein Fuchs, der schlich hier herum und der schlich da herum. Denn er war hungrig und konnte nichts zu fressen finden. Und kein Tier gab ihm etwas ab. Er war ja bloß ein kleiner Fuchs. Da nahm er all seinen Mut zusammen und lief in das Dorf der Menschen.
(Der Fuchs verschwindet hinter den Kulissen.)
Ängstlich strich er durch die engen Gassen. Dort stand der Malermeister auf seiner Leiter und malte das Ladenschild des Schusters mit goldener Farbe an. Und dann geschah es. Der Fuchs stieß an die Leiter – und, rrrrums, fiel der Farbtopf herunter.
(Krach und Gepolter hinter den Kulissen.)
Die ganze goldene Farbe floss über den kleinen Fuchs, und der lief aus dem Dorf der Menschen, so schnell er nur konnte. Schaut, da kommt er wieder! Ganz in Gold!
(Der Fuchs taucht auf– mit einem goldenen Fellkostüm)

Der FUCHS sagte:

„War das ein Schreck! Zum Glück hat mich niemand erwischt. Aber hungrig bin ich immer noch. Na, vielleicht kann ich einen Fisch im Teich fangen!
(Guckt in den Teich – z. B. ein blaues Tuch am Rand der Bühne.)
Ach herrje, was ist denn das? Ein goldener Fuchs im Teich? Nein, das bin ja ich! Fast hätte ich mich selbst nicht erkannt!"

Auch die anderen Tiere des Urwalds erkannten den Fuchs nicht wieder. Nicht einmal der große, gescheite Elefant, der eben seines Weges kam.
(Elefant trötet, stapft laut im Hintergrund herum, tritt auf.)
Der ELEFANT erblickte den kleinen Fuchs *(stapft um ihn herum)* und sagte:

„Oh, ah, prächtiger Fremder, so klein und schon ganz in Gold gekleidet. Wer bist du?"

Der Fuchs aber erschrak. So höflich hatte ihn noch kein Tier des Urwalds angesprochen. Und deshalb wusste der FUCHS gar nicht, was er sagen sollte und stotterte:

„Ich? Ich bin der Fu-, der Fu-, der Fu- ..."

Da dachte der ELEFANT eine Weile nach. Dann verbeugte er sich feierlich und sagte:

„Ich verstehe. Du bist der prächtige Fu."

Und der Elefant trompetete laut *(geht feierlich, sich immerfort verbeugend, um den kleinen Fuchs herum)*, und sein Trompetenstoß rief die anderen Tiere zusammen.
Und da kamen sie schon angerannt, zuallererst der freche AFFE. *(Läuft nach Affenart um den kleinen Fuchs.)*

„Was'n los? Wer's'n das?"

Der ELEFANT sagte:

„Sei nicht so frech. Das ist der prächtige Fu! Der war plötzlich da! Wie wenn er vom Himmel gefallen wäre! Das ist der prächtige Fu.
Den hat der Himmel geschickt!"

Da hörte der freche AFFE auf herumzuspringen und herum zu schnattern. Er murmelte:

„Der ist bestimmt unser neuer König!"

Der ELEFANT und der AFFE verbeugten sich gemeinsam und riefen:

ALLE: **„Das ist der prächtige Fu."**
ELEFANT: **„Den hat der Himmel geschickt!"**
ALLE: **„Das ist der prächtige Fu."**
AFFE: **„Das ist unser neuer König!"**

(Affe und Elefant umkreisen unter feierlichen Verbeugungen den kleinen Fuchs, der sich ängstlich mitdreht.)

Dieses Rufen hatte nun der Wolf gehört. Und schon kam er angelaufen. Er machte neugierig einen Kreis um den kleinen Fuchs, der in den Farbtopf gefallen war. Dem kleinen Fuchs wurde angst und bange.

Der AFFE und der ELEFANT aber wiederholten:

ALLE: **„Das ist der prächtige Fu."**
...: **...**
AFFE: **„Das ist unser neuer König!"**

Da wurde der WOLF starr vor Staunen. Er sagte:

„Wir wollen einen Thron für den prächtigen Fu bauen, und dann wollen wir ihm dienen!"

ALLE: **„Das ist der prächtige Fu."**
ELEFANT: **„Den hat der Himmel geschickt!"**
ALLE: **„Das ist der prächtige Fu."**
AFFE: **„Das ist unser neuer König!"**
ALLE: **„Das ist der prächtige Fu."**
WOLF: **„Dem müssen wir dienen!"**

(Sie laufen unter demütigen Verbeugungen um den kleinen Fuchs.)

Der Fuchs wusste gar nicht, was er sagen sollte. Er überlegte: Sollte er erzählen, dass er bloß ein kleiner Fuchs war und dass ihm der Maler im Dorf den Farbtopf über das Fell geschüttet hatte? Aber dann würden sie ihn sicher fortjagen, wenn nicht gar verprügeln. Also sagte er nichts. Der Elefant, der Affe und der Wolf aber rollten einen Baumstumpf herbei, und darauf legten sie ein grünes Kissen aus Moos.

(Der kleine Fuchs klettert auf den Thron.)

Nun kam der TIGER angerannt. Er fragte:

„Oh, ihr seid ja schon alle da. Bin ich zu spät gekommen?"

Dann wandte er sich dem kleinen Fuchs zu, schlich neugierig eine Runde und fragte drohend:

„Und wer ist dieser kleine Kerl da? Und warum sagt er nichts?"

Der WOLF aber antwortete:

„Dummkopf, psssst, nicht so laut."
ALLE: **„Das ist der prächtige Fu."**
...: **...**
WOLF: **„Dem müssen wir dienen!"**

Der TIGER war plötzlich sehr kleinlaut. Er schnurrte:

„Jetzt verstehe ich, warum der prächtige Fu nichts sagt. Der prächtige Fu redet nicht mit jedem!"
ALLE: **„Das ist der prächtige Fu."**
ELEFANT: **„Den hat der Himmel geschickt!"**
ALLE: **„Das ist der prächtige Fu."**
AFFE: **„Das ist unser neuer König!"**
ALLE: **„Das ist der prächtige Fu."**
WOLF: **„Dem müssen wir dienen!"**
ALLE: **„Das ist der prächtige Fu."**
TIGER: **„Der redet nicht mit jedem!"**

(Sie laufen unter demütigen Verbeugungen um den kleinen Fuchs.)

Der kleine Fuchs kam aus dem Staunen nicht mehr heraus. Er schüttelte den Kopf. Da hörte er ein mächtiges Brummen. Was war das?

Es war der BÄR. Er kam an getapst, trottete um den kleinen Fuchs herum und sagte:

„Was ist denn das für ein komischer Kerl? Und was singt ihr da für ein komisches Lied?“

Der TIGER knurrte:

Jetzt red nicht so ein Zeug!“

ALLE: **„Das ist der prächtige Fu.“**
…: **…**
TIGER: **„Der redet nicht mit jedem!“**

Da blieb der BÄR stehen. Er guckte den kleinen Fuchs an, und dann sagte er:

„Ich glaube, der prächtige Fu hat Hunger! Hört ihr nicht, wie sein edler Magen knurrt?“

ALLE: **„Das ist der prächtige Fu.“**
ELEFANT: **„Den hat der Himmel geschickt!“**
ALLE: **„Das ist der prächtige Fu.“**
AFFE: **„Das ist unser neuer König!“**
ALLE: **„Das ist der prächtige Fu.“**
WOLF: **„Dem müssen wir dienen!“**
ALLE: **„Das ist der prächtige Fu.“**
TIGER: **„Der redet nicht mit jedem!“**
ALLE: **„Das ist der prächtige Fu.“**
BÄR: **„Dem bereiten wir ein Mahl!“**

(Sie laufen unter demütigen Verbeugungen um den kleinen Fuchs.)

Und das taten sie auch. Der Tiger suchte den Boden nach Pilzen ab. Der Affe turnte in den Bäumen herum und hielt Ausschau nach Beeren. Der Wolf trug feinste Gräser herbei, um dem kleinen Fuchs ein duftendes Lager zu bereiten. Und der Elefant wedelte mit einem großen Blatt die Fliegen fort. Ach, wie gut gefiel das dem kleinen Fuchs!
Nun kam die ENTE angewackelt. Neugierig, aber vorsichtig spähte sie aus dem Gebüsch und watschelte rund um den kleinen goldenen Fuchs herum. Sie quakte in einem fort:

„Was'n das für einer? Was'n das für einer?“

Der BÄR brummte:

„Rede keinen Quak. Das ist der prächtige Fu!“

ALLE: **„Das ist der prächtige Fu.“**
…: **…**
BÄR: **„Dem bereiten wir ein Mahl!“**

Da verbeugte sich die ENTE tief und ehrfürchtig. Sie sagte:

„Wir sollten ein wenig Musik machen für den prächtigen Fu. Dann schmeckt ihm das Essen noch besser!“

ALLE: **„Das ist der prächtige Fu.“**
ELEFANT: **„Den hat der Himmel geschickt!“**
ALLE: **„Das ist der prächtige Fu.“**
AFFE: **„Das ist unser neuer König!“**
ALLE: **„Das ist der prächtige Fu.“**
WOLF: **„Dem müssen wir dienen!“**
ALLE: **„Das ist der prächtige Fu.“**
TIGER: **„Der redet nicht mit jedem!“**
ALLE: **„Das ist der prächtige Fu.“**
BÄR: **„Dem bereiten wir ein Mahl!“**
ALLE: **„Das ist der prächtige Fu.“**
ENTE: **„Der will Musik hören!“**

(Sie laufen unter demütigen Verbeugungen um den kleinen Fuchs.)

Nun schlug der Affe seine Trommel, und auch die anderen Tiere machten Musik: Der Elefant trompetete, der Wolf heulte, der Tiger knurrte, der Bär brummte, und die Ente quakte. Und das Lied, das sie spielten, klang so *(sie singen nacheinander ihre typischen Laute)*:

„Wir machen Musik für den prächtigen Fu:
tüüt, ouuu, knurr, brumm, quak,
tüüt, ouuu, knurr, brumm, quak.
Wir machen Musik für den prächtigen Fu:
tüüt, ouuu, knurr, brumm, quak,
tüüt, ouuu, knurr, brumm, quak.“

Im ganzen Urwald schallte und hallte es.

Da lief MAMMI FUCHS herbei und rief:

„Was soll denn dieser verrückte Lärm? Ich suche meinen kleinen Fuchs, und wenn ihr einen solchen Radau macht, dann höre ich ihn nie und nimmer!"

„Verrückter Lärm?"

riefen der ELEFANT, der AFFE, der WOLF, der BÄR, der TIGER und die ENTE durcheinander.

„Das ist kein verrückter Lärm! Wir machen Musik für den prächtigen Fu.

Wir machen Musik für den prächtigen Fu:
tüüt, ouuu, knurr, brumm, quak,
tüüt, ouuu, knurr, brumm, quak.
Wir machen Musik für den prächtigen Fu:
tüüt, ouuu, knurr, brumm, quak,
tüüt, ouuu, knurr, brumm, quak."

„Seid endlich still!"

schrie MAMMI FUCHS.

Dann war es still. Und in die Siilk hinein sagte der kleine FUCHS:

„Mammi! Mammi!"

Da lief MAMMI FUCHS zum kleinen Fuchs. Sie rief:

„Ach, mein kleiner Fuchs, wie siehst du denn aus? Wo hast du dich bloß herumgetrieben? Und was haben sie mit dir gemacht? Komm, wir gehen nach Hause!"

Die Tiere des Urwalds sagten kein Wort. Sie blickten einander verwirrt an. Der ELEFANT rief:

„Hör mal, das kannst du doch nicht machen!"

ALLE: **„Das ist der prächtige Fu."**

...: **...**

ENTE: **„Der will Musik hören!"**

MAMMI FUCHS aber lachte und sagte:

„Unsinn! Das ist nicht der prächtige König Fu. Das ist mein kleiner Fuchs. Bist du etwa in einen Farbtopf gefallen, mein Sohn? Na, dann komm, wir gehen zum Teich und waschen die Farbe ab. Und dass du mir nicht mehr davonläufst!"

Der kleine Fuchs sprang auf und lief mit seiner Mutter zum Teich. Die Tiere des Urwalds aber standen beschämt herum. Der ELEFANT räusperte sich und sagte:

„Also, ich möchte bloß wissen, wer angefangen hat mit diesem König Fu."

Und da begannen sie ALLE durcheinanderzurufen:

„Du tüüt, du ouuu, du knurr, du brumm, du quak,
Du tüüt, du ouuu, du knurr, du brumm, du quak ..."

(Sie laufen einander rund um den leeren Thron nach. Immer schneller laufen und rufen sie und verschwinden endlich im Hintergrund.)

Und wenn sie nicht gestorben sind, dann streiten sie sich immer noch.

HINWEISE ZUR INSZENIERUNG

Die Lobpreisung, die jedes neu hinzukommende Tier noch erweitert, bildet den Kern des Stücks; es endet mit gegenseitigen Beschuldigungen der Tiere, die den sprachlich-rhythmischen Duktus der vorangegangenen Huldigungen aufnehmen, sich dann aber im Tierstimmengezänk auflösen.

Diese Huldigungen werden in einem rhythmischen, litaneiartigen Sprechgesang vorgetragen, den möglichst einfache, trommelartige Instrumente (z. B. Tamburin) begleiten.
Neben dem sprachlich-klanglichen ist auch der choreographische Aspekt wichtig: Zunächst, beim Rundgang um den kleinen Fuchs, bewegen sich die Tiere noch „natürlich". Der Elefant stapft, der Affe hüpft, der Wolf läuft, der Tiger schleicht, der Bär geht im Passgang, und die Ente watschelt. Sobald sie aber „wissen" dass hier der prächtige Fu auf dem Thron sitzt, tanzen sie unter Verbeugungen einen feierlich-komischen Huldigungsreigen.
All dies löst sich wieder auf, sobald der kleine Fuchs enttarnt ist.

Die Ausstattung

1 KULISSEN

Da bei diesem Stück relativ viele Kinder gleichzeitig auf der Bühne sind, ist es wichtig, dort ausreichend Raum für Bewegung zu lassen. Deshalb wird die Bühne bei unserer Inszenierung lediglich durch einige Papierbahnen begrenzt. Die Art der Anordnung schafft zusätzliche Spielmöglichkeiten. Die Tiere können aus den Kulissen heraus auftauchen und hinter ihnen verschwinden.

WÄNDE

Material

Braunes und weißes Packpapier, auf Rollen in verschiedenen Breiten erhältlich (Meterware); Krepp- und Tonpapier in mehreren Farben (Gelb, Orange, Rot, Hell- und Dunkelbraun, Blau); Alleskleber

Ausführung

Braune Packpapierbahnen (etwa 2 m hoch, 1 bis 2 m breit) mit schmaleren weißen Papierbahnen der gleichen Länge bekleben, um eine gewisse Tiefenwirkung zu erzeugen.
Aus Krepp- und Tonpapier phantasievolle Urwaldmotive (hohe Baumstämme, großflächige Blätter, Blüten und Früchte) ausschneiden und die Bahnen damit ausgestalten – eine Arbeit, die in der Gruppe besonders viel Spaß macht.

Es gibt nun verschiedene Möglichkeiten, die Bahnen zu installieren:

❍ Ist an der Decke eine Befestigungsmöglichkeit vorhanden, kann man das Papier dort mit Schnur anbinden. Am besten zuvor am oberen und unteren Rand der Bahnen eine Leiste befestigen (Alleskleber oder Tacker). Für die Schnur oben zwei Nägel einschlagen.
Diese Variante wurde bei unserer Inszenierung realisiert.

❍ Verzichtet man auf die Leisten, sind die Bahnen leichter (sie lassen sich allerdings auch nicht mehr straffen). Man kann dann am oberen Rand Schnur anbringen und diese mit Klebeband an der Decke befestigen.
Oder man spannt eine Schnur durch den Raum und hängt die Bahnen daran mit Wäscheklammern auf.

❍ Wenn die Bahnen aufgestellt werden sollen, auf eine beidseitig beschichtete Wellpappe kleben (Alleskleber). Mit einer Stütze aus Holz oder aus Pappe versehen.

Pappstütze (Skizze rechts oben): Ein rechtwinkliges Dreieck aus Wellpappe ausschneiden. Es sollte etwa die halbe Höhe der Pappwand haben und mindestens 30 cm tief sein (Standfläche). Einen entsprechend langen Pappstreifen (ca. 15 cm breit) rechtwinklig knicken und das Dreieck aus Wellpappe dort einfügen. Mit kleinen Kartonstreifen und Alleskleber befestigen.
Solche Stützen sind schnell und leicht herzustellen. Ihr Nachteil: Sie können nicht umgeklappt werden, das heißt, die Wände sind nicht stapelbar. Holzstütze (Skizze rechts unten): Drei Holzlatten (ca. 4 cm stark, Länge wie bei Pappstütze) zusammenbauen (mit Nägeln oder Leim) – zwei im rechten Winkel, die dritte schräg.

Steckschaniere an das Langholz schrauben und mit Kontaktkleber an der Wand befestigen.
Diese Stütze kann zur Seite geklappt werden und nimmt dann nur wenig Raum ein.
Papp- und Holzstützen kann man im Übrigen beschweren, falls die Wände nicht fest genug stehen sollten.

Weitere Alternativen

❍ Kreppbahnen kreuz und quer im Raum aufspannen: mit Klebestreifen an Decke und Boden befestigen.
❍ Stoffbahnen mit Farbe und Pinsel bemalen. Eine Schnur spannen und den Stoff darüber hängen oder mit Wäscheklammern befestigen.
❍ Eine Würfelkulisse (siehe „Kalif Storch", Seite 134 ff.) mit Urwaldmotiven bemalen.

BAUMSTUMPF

Material

Plastikeimer o. ä.; Wellpappe; Krepppapier in verschiedenen Brauntönen; Kleister

Ausführung

Einen Plastikeimer oder ähnliches mit mehreren Lagen Wellpappe umwickeln, bis die gewünschte Dicke erreicht ist. Einen Deckel aus Wellpappe aufkleben. Die Wurzeln ebenso aus Wellpappe zurechtschneiden und befestigen (siehe Seite 37). Den Baumstumpf mit Hilfe von Kreppapier und Kleister kaschieren: Mit einem dicken Pinsel einen Teil des Stammes einkleistern, dann Kreppstreifen in verschiedenen Brauntönen bestreichen, aufkleben und nun noch einmal mit Kleister darüber gehen. Falten ergeben Rindenstrukturen.

2 KOSTÜME UND MASKEN

Hinter Masken kann man sich verstecken. Oft fällt es dann – nicht nur Kindern – leichter, in eine Rolle zu schlüpfen und sich zu verwandeln.
Wir schlagen hier am Beispiel von Tiermasken ein Grundmodell vor, das vielerlei Variationsmöglichkeiten bietet. Der dafür ausgewählte Maskentyp lässt die untere Gesichtshälfte frei. Somit wird die Artikulation nicht – wie es bei Vollmasken der Fall ist – erschwert; außerdem bleibt die Mimik sichtbar, was einen lebendigen Eindruck hervorruft.
Die Masken sind aus Papiermaché; sie können gut von Kindern gebastelt und phantasievoll gestaltet werden.
Wenn man wie bei unserer Inszenierung mit Masken spielt, braucht man keine speziellen Kostüme mehr. Strumpfhosen und Hemden in entsprechenden Farben reichen völlig aus. Eventuell kann man auch noch auf typische Attribute – Pelze, Federn ... – zurückgreifen.

MASKEN: GRUNDMODELL

Material und Hilfsmittel
Luftballon und Halterung (Topf o. ä.); Zeitungspapier; Kleister; Wellpappe; weißer Acryllack (wasserlöslich); Schuldeckfarben und wasserlöslicher Klarlack oder Volltonfarben auf Dispersionsbasis; Stoffband; Alleskleber

Ausführung
Einen Luftballon auf Kinderkopfgröße aufblasen und in eine Halterung (Topf) klemmen.
Kleister dick anrühren und damit Streifen aus Zeitungspapier einstreichen. Diese in möglichst glatten Schichten auf den oberen Teil des Ballons legen. Je zahlreicher die Schichten sind, desto fester wird der Maskenkörper.
Etwas trocknen lassen.
Formen wie Ohren, Nase, Schnabel oder Rüssel aus einseitig beschichteter Wellpappe zurechtschneiden (siehe Seite 100 ff.). Mit bekleisterten Papierstreifen auf dem Maskenkörper fixieren.
Kleinere plastische Formen wie Augenbrauen oder eine kurze Nase aus zerknülltem, ebenfalls bekleistertem Papier direkt auf das Gesicht modellieren.
Anschlussstellen mit Hilfe von Papierstreifen glätten. Trocknen lassen (am besten mit Heizlüfter).
Dann mit wasserlöslichem Acryllack grundieren. Dies verleiht der Maske zusätzliche Festigkeit und sorgt für einen einheitlichen Untergrund.
Die Masken schließlich mit Schuldeckfarben bemalen (Seite 100 ff.), darüber wasserlöslichen Klarlack auftragen. Oder aber Volltonfarben auf Dispersionsbasis (wasserlöslich, nach dem Trocknen wasserabstoßend) nehmen.
Den Luftballon entfernen. Die Ränder der Maske mit einer Schere glattschneiden und – je nach Maskentyp – Augenlöcher ausschneiden.
Seitlich Stoffbänder ankleben, die man unter dem Kinn zusammenbinden kann.

Großer Fuchs

Eine Kappe, wie beschrieben, formen. Ohren und Schnauze dann aus Wellpappe herstellen. Dieses Material eignet sich hierfür besonders gut, da es flexibel ist und mit den Fingern leicht geformt werden kann.
Die Ohren aus quadratischen Stücken (12 x 12 cm) zurechtschneiden. Gemäß der Skizze unten einschlitzen, die rechte und linke Hälfte dann leicht verschränken, um eine Wölbung zu erzielen.
Entweder bereits beim Ausschneiden Laschen mitberücksichtigen, an denen die Ohren festgeklebt werden können; also entsprechend viel Material zugeben. Oder kleine Pappstreifen als Laschen anbringen.
Beim Aufkleben der Ohren jeweils eine Lasche nach vorne und eine nach hinten klappen. Die Ansätze mit Papierstreifen kaschieren.
Die Schnauze aus einem Rechteck von 12 x 8 cm anfertigen. Wie in der Skizze angegeben, ausschneiden und falzen. Mittels Laschen an der Vorderseite der Maske festkleben. Die Öffnung der Schnauze mit Papierstreifen schließen. Eventuell den Rand der Kappe unter der Schnauze mit einer Schere zurückschneiden.
Die Maske rot und weiß grundieren. Mit schwarzer Farbe das Gesicht aufmalen.

Kleiner Fuchs

Wie beim großen Fuchs vorgehen. Die Schnauze wird allerdings schmäler und kürzer (8 x 6 cm), auch die Ohren werden kleiner (10 x 10 cm).
An den Ohren mit roter und weißer Farbe Fellstrukturen andeuten. Augen und Brauen etwas feiner als beim großen Fuchs aufzeichnen.
Das goldene Fell des kleinen Fuchses aus einem rechteckigen Stück Stoff von 30 x 60 cm anfertigen. In der Mitte einen 15 cm langen Querschlitz als Kopföffnung anbringen. Die unteren Ränder tropfenartig zuschneiden.

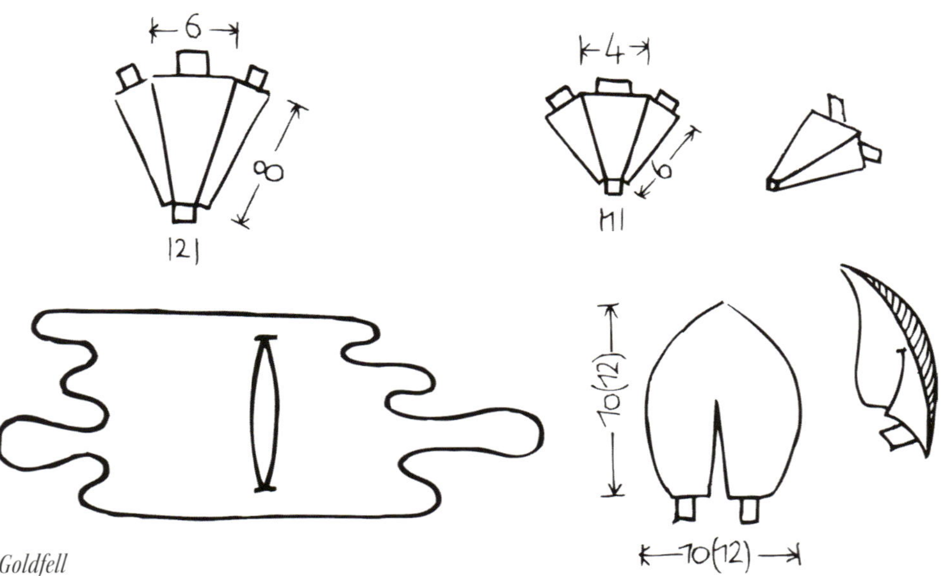

Goldfell

Wolf

Eine flache Kappe herstellen und dabei bereits Augenbrauen anlegen.

Die Ohren aus Wellpappstreifen von 6 x 10 cm arbeiten. Dabei am Ansatz eine Lasche mit ausschneiden. Diese rechtwinklig umknicken und dann auf der Kappe fixieren. Die Ohren, die jetzt abstehen, mit den Fingern möglichst rund formen.

Die Schnauze aus einem Pappquadrat (10 x 10 cm) zurechtschneiden und zweimal der Länge nach falten. Laschen mit ausschneiden oder nachträglich anbringen, um die Schnauze am Kopf zu befestigen. Sämtliche „Nahtstellen" mit Papierstreifen ausgleichen. Bei den Ohren darauf achten, dass sie gut stehen können.

Den Kopf grau und braun bemalen. Mit schwarzer Farbe die Augen auftragen, die Fellzeichnung andeuten und die Schnauze abdunkeln.

Bär

Eine Kappe formen.

Aus Wellpappe runde Ohren (5 cm Durchmesser) ausschneiden, schlitzen und mittels Laschen hoch am Kopf mit Kleister befestigen. Die Laschen dabei im rechten Winkel umklappen, damit die Ohren abstehen. Die Nase aus einem Rechteck (6 x 5 cm) zuschneiden. Dabei Laschen zusätzlich mit ausschneiden oder gesondert ankleben. Die Nase falten, mit Kleister an der Kappe befestigen und die Unebenheiten mit Papierstreifen beseitigen.

Die Augenbrauen mit Wülsten aus Papierstreifen andeuten.

Mit verschiedenen Brauntönen und mit Schwarz bemalen

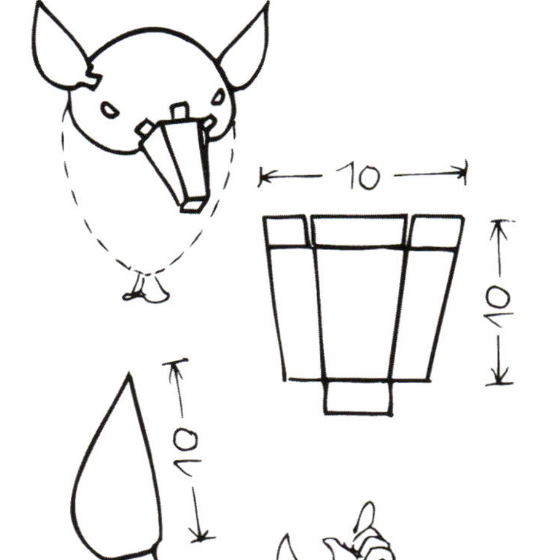

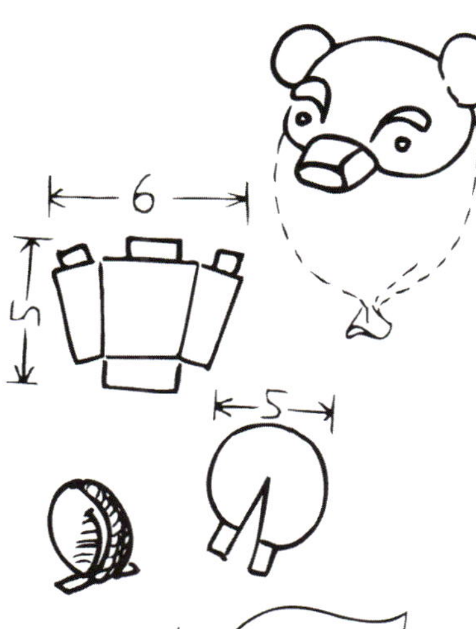

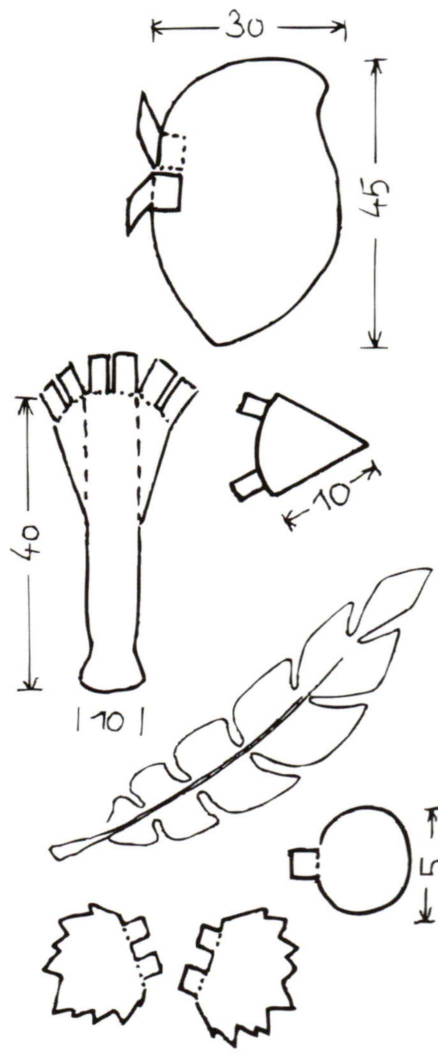

Elefant

Eine Kappe formen

Ohren aus Wellpappe von 30 x 45 cm Größe zurechtschneiden. Am inneren Rand zwei Pappstreifen befestigen, den einen nach hinten, den anderen nach vorne klappen und so an der Kappe festkleben. Den Ansatz mit mehreren Streifen Papier kaschieren und zugleich fixieren.

Weitere Papierstreifen mit Kleister an den inneren Ohrrändern aufsetzen.

Den Rüssel aus einem 10 cm breiten und 40 cm langen Wellpappstreifen arbeiten. Oben Laschen mit ausschneiden oder gesondert ansetzen und den Rüssel damit an der Kappe anbringen. Die Übergänge wiederum mit eingekleisterten Papierstreifen glätten.

Trichterförmige Kreisausschnitte von 10 cm Länge (obere Breite ebenfalls 10 cm) zu Stoßzähnen drehen und zusammenkleben. Mit Laschen neben dem Rüssel befestigen. Die Ansätze einebnen.

Grau grundieren. Mit abgedunkelter beziehungsweise aufgehellter Farbe Falten auf den Rüssel, die Ohren und um die Augen aufmalen.

Tiger

Eine Kappe anfertigen, dabei bereits Augenwülste und die Nase formen.

Feinen Karton (ca. 5 x 8 cm) an drei Seiten Zacken einschneiden, ähnlich wie Backenhaare. An einer Längskante Laschen mit ausschneiden oder gesondert anbringen; die Backenhaare damit an der Kappe befestigen, so dass sie seitlich nach außen stehen, und gut mit Pappstreifen und Kleister verkleben.

Runde Ohren mit einem Durchmesser von 5 cm ausschneiden. Außerdem Laschen mitberücksichtigen. Die Ohren leicht mit den Fingern höhlen, an der Kappe befestigen und den Ansatz mit Papierstreifen kaschieren.

Mit Orangenrot grundieren. Die Backen und Augen mit Weiß ausarbeiten, die typischen Tigerstreifen mit Schwarz.

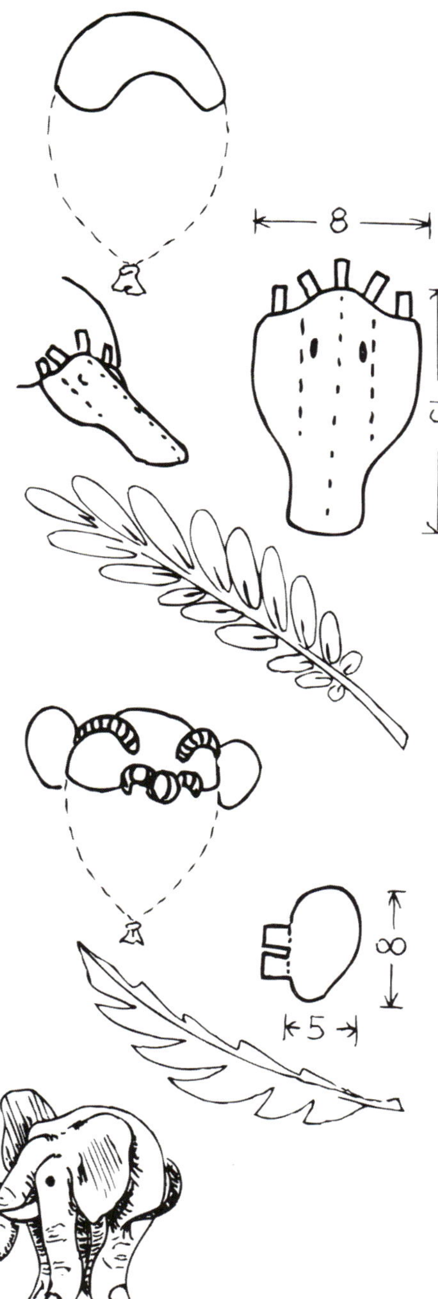

Ente

Mittels Papierstreifen und Kleister eine Kappe formen, die schön gerundet ist.
Aus einem Streifen Wellpappe von 8 x 15 cm einen Schnabel zurechtschneiden; an den Seiten leicht nach unten biegen, in der Mitte wölben. Bereits beim Ausschneiden oben Laschen stehenlassen oder gesondert anbringen, um den Schnabel an der Kappe festzukleben. Die Laschen mit Hilfe von Papierstreifen und Kleister kaschieren.
Die Kappe unterhalb des Schnabels mit einer Schere abschneiden.
Den Kopf blaugrün grundieren, den Schnabel orange. Dunkle Augen aufmalen.

Affe

Beim Anfertigen der Kappe bereits die Augenwülste, die Nase und die Nasenflügel formen.
Die Ohren aus Wellpappe (5 x 8 cm) zurechtschneiden und mit den Fingern leicht wölben; an der Seite Laschen zum Befestigen anbringen. Diese im rechten Winkel umklappen, so sind die Ohren abgewinkelt.
Mit dunklem und hellerem Braun bemalen; dabei die Augenpartie und die Ohren heller als den restlichen Schädel gestalten.

Alternativen

❍ Zusätzlich zu den Masken das Charakteristische der Tiere durch grobe, alte Stoffe wie Jute, Wolldecken, Kartoffelsäcke, Flokati ... zum Ausdruck bringen.
Beispiele: Fuchs – netzartiges rotes Gewebe; Wolf – Jute; Bär – alte Decke; Tiger – Decke oder Stoff mit Tigermuster; Affe – Innenfell eines Mantels; Elefant – putzlappenartiges Gewebe; Ente – Regenfolie.
❍ Statt Masken aufzusetzen, die Gesichter schminken.
❍ Eventuell ohne Maske und ohne Schminke spielen, stattdessen nur charakteristische Kleidungsstücke wählen.
Beispiele: Fuchs – roter Kapuzenmantel; Wolf – Staubmantel; Bär – langer, weiter, gepolsterter Pullover; Tiger – getigertes Tuch; Affe – kurze Lederhose; Elefant – große, weite, ausgestopfte Hose mit Hosenträgern; Ente – bunte Sommershorts und Regenschirm oder Schwimmring.

104

Die verzauberte Statue

Ein Spiel mit Geräuschen, Klängen und Musik

INHALT

Regungslos erduldet eine Statue im Park Sturm und Regen, Sommer und Winter, Tag und Nacht. Doch als die Kinder mit Liedern und Tänzen kommen, verlässt sie ihren Sockel und macht mit. Klänge, Rhythmen, Gesang und Tanz haben sie zum Leben erweckt.

BESONDERHEITEN

Viele Möglichkeiten für musikalische und szenische Improvisationen. Ein Spiel für drinnen und draußen, mit und ohne Publikum.

SCHWERPUNKTE IM SPIEL

Klangmalereien, Schallspiele und Stimmspiele, Lieder und Tänze sollen die leblose Statue zum Mitmachen animieren. Dabei wird die Bedeutung der klanglichen Dimension für das theatralische Geschehen überhaupt deutlich.

SCHWERPUNKTE BEI BER VORBEREITUNG

Sensibilisierung für Klänge und Geräusche. Herstellung und Einsatz einfacher Instrumente.

MITSPIELER

Möglichst viele Kinder, mindestens sechs, und eventuell ein Erzähler.

Die Umwelt hören
Einfache Hörerfahrungen machen und die verschiedensten Arten von Geräuschen und Klängen der akustischen Umwelt in Stimm- und Klangspielen wiedergeben. Wie klingen zum Beispiel Wind und Regen, Auto und Eisenbahn, menschliche Schritte und Pferdegetrappel, Hunde und Bienen, das Klopfen an der Tür und an der Wand? Kann man einen Unterschied zwischen Geräuschen und Klängen hören? In einfachen Ratespielen herausfinden, welche Geräusche und Klänge was bedeuten (ausgehend vom Spielleiter oder Kinder untereinander ...).

Klänge und Bewegung
Rhythmus, Lautstärke, Tonhöhe und die emotionalen Qualitäten (Farbe) von Klängen im freien improvisatorischen Spiel in Bewegungen umsetzen, um herauszufinden, wie stark und wie natürlich klangliche Qualitäten auf die eigenen Bewegungen wirken.

Rasselbande
Größere und kleinere Blechdosen mit verschiedenem Inhalt (Nägel, Knöpfe, Reis, Walnüsse ...) in einem großen Kreis auf Boden, Fensterbänken oder Stühlen aufstellen. Die Kinder wandern, ohne zu sprechen und möglichst langsam, von Station zu Station, ergreifen die dortige Rassel, schütteln sie, stellen sie wieder ab und wandern weiter. Vor dem Hintergrund eines sich ständig verändernden Gesamtklangs – jeder rasselt auf seine eigene Art – erlebt jedes Kind die besondere Klangfarbe seiner jeweiligen Rassel.

Musikgruppen
Kleine Musikgruppen bilden, von denen jede einen bestimmten „Sound" hat: eine rasselt, eine pfeift, eine trommelt, eine quietscht ... Die Gruppen verteilen sich im Raum; jede hat eine Markierung vor sich (Reifen, Kreidekreis ...). Einige Kinder bewegen sich frei im Raum; berührt eines von ihnen eine Markierung,

VORBEREITENDE SPIELE

❍ Zum Ticken der Uhr oder zum Bim-Bam der Glocke, das der Spielleiter vorgibt, pendeln die Kinder hin und her, bei Rasseln „schütteln" sie sich, schwebende Klänge verlangsamen die Gehbewegungen, schauriges (über Flaschen geblasenes) Heulen erzeugt Vorsicht, heitere Tonfolgen aus Melodieinstrumenten lassen sie fröhlich hüpfen.

❍ Mit Kontrastpaaren spielen, dabei die Klänge motorisch nachgestalten. Hoch – tief: auf die Zehenspitzen stehen und in die Hocke gehen; laut – leise: stapfen und schleichen; lang – kurz: Riesenschritte und Zwergenschritte machen.

❍ Vorstellungen zu Klängen äußern und in theatralische Bilder umsetzen: „Bummm! Bummmm! Ich bin der Riese! – Bimbimbim, ich bin der Zwerg ...

fängt die dortige Gruppe an zu tönen. Die Kinder, die umhergehen, erforschen die Qualitäten der einzelnen Gruppen und des sich ständig verändernden Gesamtklangs im Raum.

Als Varianten:

❍ Nicht die Markierung, die sich direkt vor der jeweiligen Gruppe befindet, ist bei Berührung der Auslöser, sondern irgendein zuvor festgelegter anderer Kreis.

❍ Helfer führen Kinder, denen die Augen verbunden werden, durch den Raum.

Die Musikfabrik
Erfinden, Herstellen und Ausprobieren von Klangkörpern aus alltäglichen Gegenständen wie Flaschen, Dosen, Röhren ... (Siehe auch Seite 112/113.)

HINWEISE ZUM STÜCK

❍ *Schauplatz: ein Park; hier nur durch eine Stoffbahn mit Wolken angedeutet.*
❍ *Personen: Tag – Nacht – Sommer – Winter – Sturm – Regen – Blitz, jeweils von einem oder besser von mehreren dargestellt und instrumental begleitet; außerdem Statue – Kinder – eventuell Hund und Katze;*
eventuell ein Erzähler.
❍ *Kostüme und Requisiten: Alltagskleidung, den Rollen angemessen, und entsprechende selbstgemachte Symbole (Sonne, Mond, Windrad, Schirm, Blitz ...).*
❍ *Instrumente: beliebige Klangkörper, sowohl „echte" als auch selbstgemachte Instrumente oder nur klingendes Material.*

Das Stück im Ablauf

(Der Erzähler erzählt die Geschichte in eigenen Worten; die Kinder spielen dazu.)

Irgendwo im Park steht eine Statue. Was muss sie nicht alles erdulden: Hitze und Kälte, Regen und Schnee. Und nie darf sie sich rühren oder gar sprechen. Sie ist nämlich verzaubert. Vor Jahr und Tag hat sie der Zauberer mit einem Bann belegt. Und so steht sie Tag und Nacht, sommers wie winters auf ihrem Sockel.

Da braust der Sturm heran. Hu, hu, heult er, und er wirbelt die Blätter im Park durch die Luft. Doch die Statue bleibt starr auf ihrem Platz.

(Sturmdarsteller: Heulende, klagende Töne: Spiralschlauch, Flasche, Kamm, Knarrholz, Quietschballon ...; Blätter oder braune, rote, gelbe Papierschnitzel: Rascheln: gefüllte Papiertüte.)

Ein Gewitter zieht an. Es donnert. Blitze zucken. Und jetzt prasselt der Regen auf die Statue. Doch sie bleibt still und starr stehen.

(Wolken- bzw. Regen- und Blitzdarsteller. Donner: Donnerblech; Regen: Regentrommel, Röhrenrassel.)

Es schneit. Dicke Flocken tanzen um die Statue, und es wird kalt. Auch die Statue fröstelt. Doch sie muss auf ihrem Platz bleiben.

(Winterdarsteller. Weißes Konfetti aus einem Locher. Stille.)

Es wird Nacht und Tag und Nacht und Tag.

(Abwechselnd Mond- und Sonnendarsteller. Nacht: Sandpapierbretter, Schritte, Flüstern, Papiergeraschel ...; Tag: Flöte, Flötenkopf, Pfeife, Schwirrdose, Schwirrholz, helle Rassel, Schlauchtrompete, Windspiel ...)

Dann wird es wieder Sommer. Es ist heiß, und auch die Statue beginnt zu schwitzen. Sie möchte in den Schatten gehen, doch sie darf nicht.

(Sommerdarsteller: Geräusche und Klänge weitgehend wie zuvor, aber dynamischer ...)

Vögel zwitschern, Hunde bellen, Katzen miauen – rundherum alles Leben und Freude. Doch die Statue bleibt.

(Vögel: Flöte, Schwirrdose, Pfeife; Hunde und Katzen, eventuell mit Tiermasken – siehe Seite 96 ff.: nachgeahmte Tierlaute.)

Da kommen Kinder in den Park. Sie singen ein Lied *(zur Melodie von „Ein Männlein steht im Walde“)*:

Da steht ein Mann im Park
und ist ganz aus Stein.
Er ist so stumm und starr
und ist ganz allein.
Steig herunter, armer Mann,
fang mit uns zu tanzen an
im Sonnenschein.“

Doch die Statue kann sich noch immer nicht rühren.

Nun packen die Kinder ihre Musikinstrumente aus und beginnen zu spielen: Trommeln und Pauken und alles, was sie haben. Sie singen dazu *(musikalische Begleitung: Flöte, Triangel, Tamburin, Becken, Rassel ...)*:

„Da steht ein Mann im Park
und ist ganz aus Stein.
Er ist so stumm und starr
und ist ganz allein.
Steig herunter, armer Mann,
fang mit uns zu tanzen an
im Sonnenschein.“

Die Statue beginnt mit dem Fuß zu wippen.

Jetzt tanzen die Kinder Ringelreihen um die Statue und singen, und, siehe da, plötzlich: Die Statue kann nicht mehr anders. Sie steigt vom Sockel, und gemeinsam mit den Kindern singt sie und tanzt sie. Der Zauber ist gebrochen, und alles ist gut.

Da kommt der Abend *(Stille)*, die Kinder gehen nach Hause, und die Statue steigt wieder auf ihren Platz.

HINWEISE ZUR INSZENIERUNG

Der Statue steht eine beliebige Zahl von „Tonträgern“ gegenüber, die versuchen, die Figur aus ihrer tauben Starrheit zu lösen, sie zu entzaubern und ins wirkliche Leben hineinzuziehen.
Die Mitspieler erzeugen mit klanglichen Mitteln eine möglichst dichte Atmosphäre (der Kälte, des Gewitters, des fröhlichen Tanzens ...): Ein oder mehrere Darsteller verkörpern die jeweilige „Situation“ dieselben oder andere Kinder untermalen dies mit Instrumenten (eventuell „unsichtbar“). Dabei sind durchaus auch improvisierte Monologe der Mitspieler möglich, die sich an die Statue wenden und sie zum Mitmachen bewegen. (Eine interessante Variante, diese für die Statue provozierenden Auftritte zu inszenieren, wäre zum Beispiel auch eine Art Prozession.) Immer stärker wird sie in den Bann der Geräusche, Klänge und Gesten gezogen: Schließlich siegt die Macht von Musik und Tanz.
Das Stück kann aus einfachsten Musikspielen heraus entwickelt und einer beliebig großen Anzahl von Akteuren auf den Leib geschneidert werden. Eventuell tritt der Erzähler völlig aus dem Stück zurück oder kommt erst bei den erlösenden Liedern und Tänzen hinzu. – Die Fassung, die wir hier vorschlagen, stellt lediglich ein Handlungsgerüst dar, das inhaltlich gefüllt werden sollte.
Die Rollen können außerdem getauscht werden: So erfahren die einzelnen Kinder als Statue, wie es sich anfühlt, in einer akustisch bunten Welt (wenigstens eine Zeitlang) starr bleiben zu müssen und ausgeschlossen zu sein – und dann endlich wieder am Gruppenleben teilnehmen zu dürfen. Umgekehrt empfinden die anderen Mitspieler in ihrem Bemühen, die Statue in ihre sinnlichen Wahrnehmungen einzubeziehen, genau diese Wahrnehmungen womöglich deutlicher als sonst.
Dank der großen bunten „Symbole“ eignet sich dieses Stück auch sehr gut als „Straßentheater“, wo es auf eine starke optische Wirkung ankommt. Man könnte es tatsächlich auf der Straße spielen oder in einem Park, einem Garten, einem Hof. Unter freiem Himmel wird sich eine überraschend neue Atmosphäre entwickeln.

1 KULISSEN

Mit einer senkrechten blauen Stoffbahn, auf die weiße Watte- oder Vlieswölkchen geheftet sind, deuten wir an, dass dieses Stück im Freien spielt. Natürlich könnte man auch mit entsprechend dekorierten Papierbahnen oder -wänden (siehe „Der kleine Fuchs auf dem Thron", Seite 96/97) einen Außenraum andeuten.
Eine genauere Ortsbestimmung ist für das Verständnis nicht notwendig. Schließlich haben die einzelnen Gruppen, die Tag und Nacht oder Hitze und Kälte verkörpern, bühnenbildnerische Bedeutung – allen voran die Kinder, die auf einer Stange das Symbol der jeweiligen Szene trägen, also Sonne, Mond, Windrad, Wolkenschirm oder Blitz.
Auch die Statue nimmt innerhalb der Kulisse eine nicht unwesentliche Rolle ein: Bis kurz vor Ende des Stücks steht sie unbeweglich im Zentrum der Bühne. Ein Sockel (Holzkiste, über der eventuell ein Tuch liegt) „erhöht" die Statue gegenüber den anderen Akteuren, so dass sie auch für das Publikum immer gut sichtbar ist, und betont gleichzeitig ihr Entrücktsein vom Geschehen. Dann erwacht sie zum Leben und löst sich damit aus der Kulisse. Das Stück hat seinen Höhepunkt erreicht.
Etwas aufwendiger als unser Inszenierungsvorschlag, dafür aber unter dramaturgischen Gesichtspunkten besonders reizvoll sind folgende Alternativen der Kulissengestaltung:

❍ Auf der Bühne mehrere Seile hintereinander spannen und jeweils einen Vorhang davor aufhängen (Seite 26/27). Die Vorhänge sind den Szenen gemäß mit Winter- und Sommer-, Tag- oder Nachtmotiven dekoriert.
Die Darsteller (Stangenträger) ziehen bei ihrem Auftritt den entsprechenden Vorhang von der Seite in die Mitte der Bühne. Bei ihrem Abgehen streifen sie ihn wieder bis an den Rand zurück.

❍ An der Wand mehrere Papierbahnen hintereinander aufhängen. Zu Beginn einer neuen Szene bemalt ein Darsteller die vorderste Bahn mit passenden Motiven. Am Ende der Szene reißen die von der Bühne gehenden Darsteller das Papier ab.

2 KOSTÜME UND REQUISITEN

Der Wechsel von Tag und Nacht, von Sommer und Winter, von schönem und schlechtem Wetter wird durch das Verhalten und die Kleidung der Akteure und durch deren Requisiten – einer Sonne, einem Mond, einem Windrad, einem Wolkenschirm, einem Blitz – veranschaulicht.
Spezielle Kostüme werden nicht benötigt, die Kinder tragen ihrer Rolle entsprechend Alltagskleider: dicke Wintersachen, Wind- und Regenschutz, leichte Sommerbekleidung ..., und der Blitz kommt ganz in Rot daher. Lediglich die Statue unterscheidet sich auch hierbei von den anderen: Sie ist in ein togaähnliches Gewand aus Stoffbahnen gehüllt.

MOND

Material

starker Karton oder Wellpappe (oder Sperrholz), Durchmesser 65 cm; blaue, gelbe und rote Volltonfarbe; Stab, 3 bis 4 cm dick; bunte Stoffbänder; Alleskleber; evtl. Nagel

Ausführung

Mit einem Tafelzirkel oder einem Schnurzirkel einen Kreis von 65 cm Durchmesser auf eine dicke Pappe zeichnen. Den Kreis ausschneiden.

Am rechten Rand einen zweiten, kleineren Kreis mit einem Durchmesser von 30 cm anlegen und diesen dann aus dem großen „Vollmond" ausschneiden; dabei entsteht eine Sichel.

Den Mond blau grundieren. Wenn die Farbe getrocknet ist, kleine Sternchen aufmalen.

Entweder oben in den Stab einen Spalt sägen, die Mondscheibe hineinstecken und festkleben. Oder das Stabende an einer Seite abflachen und den Mond daran festnageln.

Mit bunten Stoffbändern, die oben am Stiel befestigt werden, verzieren.

WINDRAD

Material

gelber Fotokarton, 70 x 70 cm; Reste aus buntem Papier; Schraube (40 mm) mit Distanzscheiben; Stab, 3 cm dick; Alleskleber

Ausführung

Aus gelbem Fotokarton ein Quadrat zuschneiden; mit Bleistift Diagonalen einzeichnen; die Verbindungslinien zwischen Ecken und Mittelpunkt jeweils bis zur Hälfte einschneiden.

Mit Dreiecken aus buntem Papier dekorieren.

Jede zweite Ecke umlegen, so dass sie ein wenig über den Mittelpunkt hinausragt, und festkleben.

Die Mitte (einschließlich der Ecken) durchstechen; eine Schraube hindurchführen, die auf beiden Seiten mit Distanzscheiben versehen ist, und in den Stab drehen.

BASSLAUTE

Seite 112/113

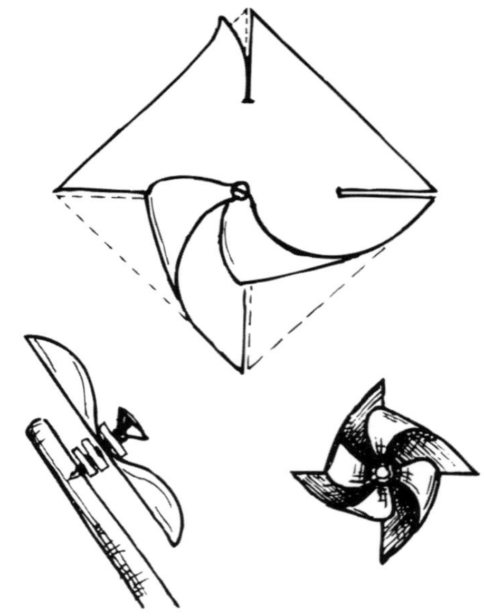

BLITZ

Material

starker gelber Karton, 30 x 20 cm; silberfarbene Stoffstreifen; Stab, 3 bis 4 cm dick; Nagel; Alleskleber oder Heftklammern

Ausführung

Aus gelbem Karton die Form eines Blitzes zuschneiden.

Den Stab oben an einer Seite abflachen. Den Blitz annageln. Dann silberne Stoffstreifen an den Rand kleben oder heften.

WOLKENSCHIRM

Material

alter Regenschirm oder Papierschirm; Wattevlies, Fläche etwas größer als die des Schirmes; blaue Sprühfarbe; Alleskleber

Ausführung

Mit Alleskleber Wattevlies auf den geöffneten Schirm kleben. Mit Sprühfarbe blaue Wölkchen andeuten.

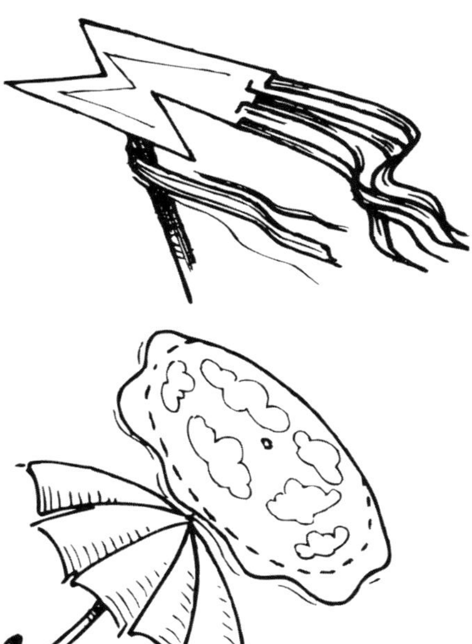

SONNE

Material

starker Karton oder Wellpappe (oder Sperrholz), einen Kreis von 50 cm Durchmesser, je 4 Streifen von 10 x 25 und 7 x 15 cm; gelbe und rote Volltonfarbe; Stab, 3 bis 4 cm dick; gelbe Stoffstreifen; Alleskleber; evtl. Nagel

Ausführung

Aus Karton eine 50 cm große Kreisscheibe ausschneiden und auf der Rückseite acht strahlenförmige Streifen festkleben: abwechselnd einen längeren (10 x 25 cm) und einen kürzeren (7 x 15 cm).

Die Sonne gelb grundieren, dann hier und da leicht mit Rot abschattieren. Oben in den Stab einen Schlitz sägen und die Sonnenscheibe hineinstecken oder den Stab an einer Seite abflachen und dann die Sonne dort festnageln.

Den Ansatz unter gelben Stoffbändern verbergen.

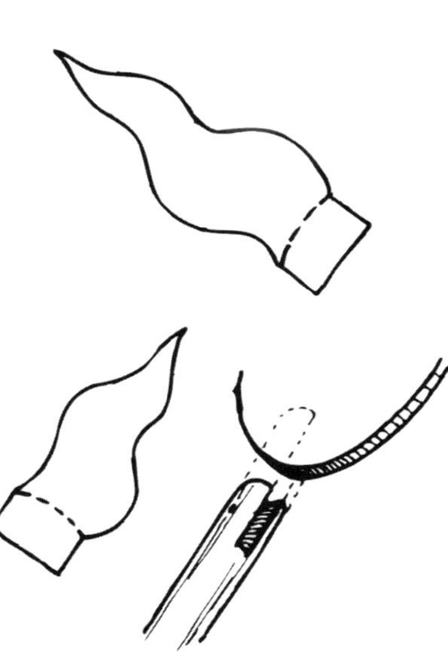

Alternative

❍ Die Stangen durch entsprechend bemalte und applizierte Tücher ersetzen, die dann geschwungen werden.

3 KLANGKÖRPER

3.1 ALLGEMEINES

Für alle theatralischen Aspekte gilt, dass Kinder mit umso mehr Eifer und Selbstdisziplin bei der Sache sind, je stärker sie an der Erarbeitung des Stücks und ihrer Rolle beteiligt waren. Deshalb sollten die Kinder bei der Vorbereitung eines Spiels wie diesem die Möglichkeit haben, mit Geräuschen und Klängen ausgiebig zu experimentieren. Wie klingt der Tag? Wie die Nacht? Wie kann man Hitze zum Ausdruck bringen? Und wie Kälte? Wie lässt sich ein Gewitter nachahmen? Wie hört es sich an, wenn es schneit? In diesem Zusammenhang entdecken die Kinder verschiedene Arten der Klangerzeugung: Natürlich kann man mit Musikinstrumenten spielen. Doch ebenso lassen sich vielen Gegenständen des alltäglichen Umfelds Töne entlocken. Manchmal braucht es auch nur einige Handgriffe, und schon werden aus scheinbar uninteressanten Dingen originelle Krachmacher und Klangkörper. Und bei all dem dürfen natürlich die Stimme, Mund, Hände und Füße nicht vergessen werden, die vielerlei Geräusche und Töne produzieren können.

Die Klänge, Instrumente und musikalischen Rollen, die ein Kind während der Vorbereitung eines Stücks für sich entdeckt und geübt hat, sollte es auch im Theaterspiel behalten dürfen. Seine Aufmerksamkeit wird ganz auf diese Aufgabe konzentriert sein. Selbst wenn es in der Gruppe musiziert und den Gesamtklang wahrnimmt, so „kennt" es doch zumeist nur seinen eigenen Klang. Kinder erfassen oft nicht, wie und was die anderen spielen. Ein nicht von der Sache her motivierter Wechsel der Instrumente und somit der Aufgaben und Rollen im Zusammenspiel kann sie überfordern.

Klangkörper entdecken

Viele Dinge des täglichen Gebrauchs lassen sich leicht für Schallspiele und Klangmalereien zweckentfremden: Kuchenbleche und Töpfe werden zu Trommeln, Topfdeckel zu Becken, Röhren klingen wie Glocken. Gläser, die teils mit mehr, teils mit weniger Wasser gefüllt sind, klingen, wenn man sie mit einem Bleistift anschlägt, hell oder dunkel und werden so zu einem reizvollen Glockenspiel. Streicht man mit einem nassen Finger über den Rand der Gläser, entstehen harfenähnliche Klänge. Im Kontrast dazu: das haarsträubende Quietschen, das eine nasse Kreide auf einer Tafel hervorruft.

Instrumente selbst basteln

Wo immer möglich, sollten gemeinsam mit den Kindern Klangkörper gebaut werden. Instrumente aus Recycling- und Umweltmaterialien anzufertigen ist ein spannendes Bastelspiel und wirkt sich auch förderlich auf die musikalischen Spielsituationen aus. Kinder begreifen anhand selbstgebauter Instrumente, wie Klänge und Geräusche überhaupt entstehen. Und sie entwickeln eine enge Vertrautheit mit ihren „persönlichen" Instrumenten.

Hier einige Beispiele: Röhren und Dosen, die mit Erbsen, Knöpfen, Steinen gefüllt sind, werden zu Rasseln. Spannt man ein Papier über die Öffnung eines Bechers oder einer Dose, erhält man eine Trommel. Eine hölzerne Kiste, über die mehrere Gummibänder gezogen sind, wird eine Art Zither. Kinder kommen hier auf die besten Ideen …

Instrumente vom Flohmarkt

Tolle und theatralische Effekte sind auch mit echten, aber für „erwachsene" Musik untauglich gewordenen Instrumenten zu erzielen. Beispielsweise ergibt ein alter Kontrabass mit gesprungenem Holz und nur noch einer Saite, auf den Boden gelegt und heftig gestrichen, einen optisch wie akustisch faszinierenden Klangkörper.

Alte Instrumente lassen sich auf Flohmärkten, durch Aushang und durch Kleinanzeigen in der Regel unschwer beschaffen.

Orff

Schließlich stehen vielen die klassischen Musikinstrumente zum Beispiel des Orffschen Schlagwerks für Schallspiele und Klangmalereien zur Verfügung: Xylophon, Metallophon, Glockenspiel, Fingerzymbeln, Becken, Rassel, Schellenkranz, Schellentrommel, Flötenkopf, Klanghölzer, Handtrommel, Pauken …

Selber tönen

Eine Schallquelle ist außerdem die menschliche Stimme: Nicht nur beim Lied, beim Summen oder Trällern eines Refrains, nicht nur beim „Huuuuui" des Windes und „Wauwau" des Hundes, sondern (im Zusammenspiel mit entsprechender Gestik) auch als Ersatz für Sprache. Vor allem kleinere Kinder können viele Empfindungen stimmlich musikalisch besser und intensiver ausdrücken als verbal.

Zahlreiche Geräusche und Klänge lassen sich mit dem Mund, mit Händen und Füßen erzeugen. Mit der Zunge und den Fingern kann man schnalzen, mit Stimme, Mund und Hand kann man wie ein Indianer heulen, man kann summen und sich dabei auf die Brust klopfen, man kann in die Hände klatschen, mit den Fingern trommeln, mit den Füßen stampfen, trampeln, scharren …

3.2 KLANGKÖRPER FÜR DIESES STÜCK

Einsaitige Baßlaute

Einen Blechtopf oder eine Dose an einen Holzstab schrauben. Am oberen Ende des Stiels einen Spannwinkel montieren, am unteren Ende eine Schraube. Die Saite befestigen, dabei über die Dose führen. Am besten eignen sich Cello- und Kontrabaßsaiten; ansonsten Draht oder Schnur verwenden.

Zwischen den Topf und die Saite ein Dreikantholz klemmen (oder kleben), die Saite gut spannen. Indem man den Keil verschiebt, kann man das Instrument stimmen. Die Saite wird dann gezupft oder mit einem Bogen gestrichen. Zuletzt die Laute noch mit Glöckchen oder einer Schlüsselrassel und mit bunten Bändern verzieren.

Sturm und Gewitter

❍ Spiralschlauch (z. B. Waschmaschinenschlauch aus dem Elektrohandel): Durch die Luft wirbeln. Heulende Töne (je nach Schlauchstärke und -länge).

❍ Flaschen: Über die Öffnung leerer oder wenig gefüllter Flaschen blasen. Wie heulender Wind.

❍ Kamm: Butterbrotpapier darüberlegen. Den Mund dagegenhalten und summen. Wie singender Wind.

❍ Knarrholz: Ein Loch in ein dickeres Holzbrett bohren; einen (angefeuchteten) Holzstab hineinstecken. Knarrend drehen.

❍ Luftballon: Aufblasen und die Öffnung auseinanderziehen, so dass die Luft quietschend und pfeifend entweicht.

❍ Rascheltüte: Papiertüte mit trockenen Blättern oder Styropor füllen; zusammenknüllen.

❍ Röhrenrassel: Eine Pappröhre mit Knöpfen, Schrauben, Kugeln, Bohnen o. ä. füllen. An den Enden mit Papier und Gummiband verschließen und schütteln. Wie Sturmböen.

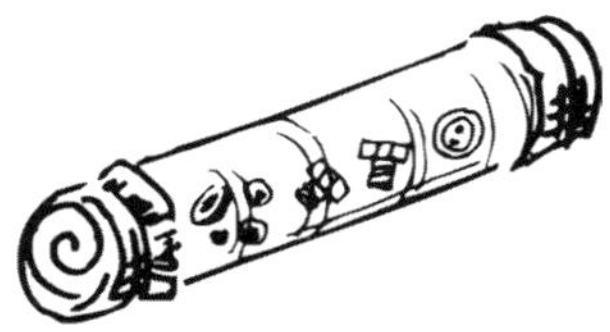

❍ Regentrommel: Eine Schachtel mit Erbsen füllen; schaukeln und schütteln. Wie Regentropfen.

❍ Donnerblech: Ein dünnes Blech (Blechnerei, Metallwarenhandel) schütteln.

Nacht

❍ Sandpapierbretter: Holzbrettchen einseitig mit Sandpapier bekleben und aneinander reiben. Leises Scharren.

❍ Papier: Papier knüllen und rascheln.

Tag

❍ Schwirrdose: Den Boden einer Filmdose durchstechen, eine Schnur durch das Loch ziehen, innen knoten. In die Seitenwand einen 2 mm breiten Schlitz schneiden. Die Dose im Kreis herumwirbeln. Wie Vogelgezwitscher.

❍ Pfeife, Flöte, Flötenkopf: Blasen, dabei eventuell das Schallloch mit den Händen zu- und aufdecken.

❍ Schwirrholz: Verschieden geformte Holzbrettchen an den Rändern dünn schleifen. (Mit den Formen experimentieren.) Eine Schnur durchziehen und das Holz im Kreis herumschleudern.

❍ Helle Rassel: Auf eine Drahtschlinge Schlüssel, Blechstückchen, Schellen aufreihen; schütteln.

❍ Windspiel: Metallplättchen oder Schlüssel an eine Holzleiste binden. Heller Klang beim Aneinanderstoßen.

❍ Schlauchtrompete: Auf die Enden eines Schlauches das Mundstück einer Trompete und einen Trichter stecken. Wie eine Trompete blasen.

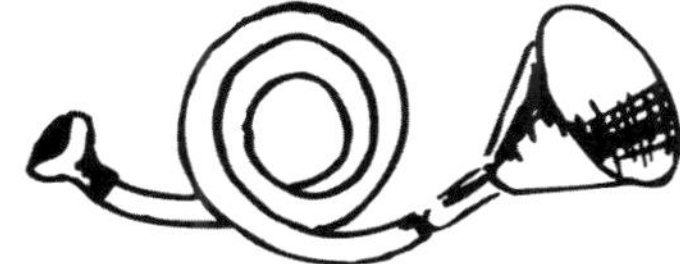

Im Geisterschloss

Ein lautes

und lustiges Stück
mit gespenstischen
Zeitungskostümen

INHALT

In einem alten Spukhaus begegnen sich Wanderer und Gespenster – und fürchten sich alle voreinander. Beim Spielen mit Geräuschen und Rhythmen schwindet und verschwindet ihre Angst; und sie finden zueinander.

BESONDERHEITEN

Die Zuschauer werden zum Mitmachen angeregt.

SCHWERPUNKTE IM SPIEL

Unheimliche Geräusche und Rhythmen. Dialoge. Gemeinsames Agieren von Schauspielern und Publikum.

SCHWERPUNKTE BEI DER VORBEBEITUNG

Suchen und Basteln "unheimlicher" Klangkörper: Anfertigung einfacher Kostüme und Masken aus Zeitungspapier.

MITSPIELER

Mindestens sechs Akteure; eventuell Musiker und ein Spielleiter, der das Publikum zum Mitmachen animiert.

Tanz der Gespenster
Die Wirkung von Masken ausprobieren: Zwei Gruppen bilden, die schweigend (und zunächst unmaskiert) aufeinander zu- und aneinander vorbeigehen. Das gleiche mit Kostümen und Masken wiederholen. Dann paarweise gehen, während die anderen Kinder „gespenstische" Instrumente (Rasseln, Schepperblech, Flaschengeheul ...) spielen und verschiedene Rhythmen vorgeben. Anschließend erzählen, was man dabei gespürt hat.

Wer hat Angst vorm Schwarzen Mann?
Gemeinsam spielen: „Habt ihr Angst vorm Schwarzen Mann?" – „Nein, nein, nein!" – „Und wenn er aber kommt?" – „Dann laufen wir davon ..."

Geisterbahn
Einem Kind werden die Augen verbunden. Die anderen spielen eine Geisterbahn: Sie stehen bewegungslos da und produzieren mit ihrer Stimme unheimliche Laute.
Das Kind mit den verbundenen Augen muss nun, ohne die anderen zu berühren, durch den Raum gehen.

Auf Entdeckung
Der Spielleiter und einige Helfer gestalten den Raum mit Stühlen, Kisten, Kissen, Tüchern und allem Möglichen aus. Außerdem halten sie verschiedene Geräusch- und Klanginstrumente bereit: Rasseln, Ketten, Pfeifen ...

VORBEREITENDE SPIELE

Die Maschine
Gemeinsam eine Maschine bilden: Jeder ist mit einem anderen verbunden, hat sich zum Beispiel bei ihm eingehängt oder hält ihn an der Hand. Ein Kind beginnt mit einem typischen Maschinengeräusch und macht dabei gleichförmige Bewegungen (hebt und senkt den Arm des anderen o.ä). Das nächste Kind steigt ein ...
Ein umfassender Rhythmus entsteht.

Im Echogebirge
Gemeinsam ein Gebirge darstellen. Ein Kind versucht dann, das Echo herauszufordern; die anderen antworten. („Wie heißt der Bürgermeister von Wesel?"– „Esel!" ...)

Dann den Raum abdunkeln oder den Kindern die Augen verbinden. Sie haben die Aufgabe, einen bestimmten Gegenstand, zum Beispiel einen Schlüssel, zu suchen. Dabei erzeugen der Spielleiter und seine Assistenten möglichst unheimliche Geräusche.
Wer den Gegenstand findet, erhält eine Belohnung (so kann der Schlüssel zu einer Schatulle passen, in der sich ein „Schatz" befindet).

Improvisationen
Als Thema einen Entdeckungsgang auf dem Dachboden, in einem Schloss, in einer Höhle vorgeben und dieses von den Kindern in freiem Spiel entwickeln lassen, ohne einzugreifen.
(Improvisationen siehe auch Seite 75.)

HINWEISE ZUM STÜCK

❍ *Schauplatz: vor und in einem alten Schloss; den Innenraum kann man durch Kisten und Stühle, die mit Leintüchern bedeckt sind, andeuten.*

❍ *Personen: drei Gespenster – drei Wanderer; möglichst „Musiker" im Hintergrund, die für Geräusche zuständig sind; eventuell ein „Animateur" (im allgemeinen der Spielleiter), der das Publikum zum Mitmachen anregt.*

❍ *Kostüme: Zeitungskostüme für die Gespenster; Alltagskleidung für die Wanderer.*
❍ *Instrumente: Klangkörper, um einerseits die Geräusche eines alten Hauses zu imitieren und um andererseits eine gespenstische Stimmung zu erzeugen.*

DAS STÜCK IM ABLAUF

INHALT DER ERSTEN SZENE

Drei müde Wanderer kommen nachts zu einem alten Schloss und suchen dort Unterschlupf. Das Schloss wird von Gespenstern bewohnt. Diese fürchten sich vor den nahenden Eindringlingen, die mitten im Gesicht zwei Augen und eine Nase haben. Schauerlich sieht das aus! Eilig verschließen die Gespenster das Tor mit der magischen Formel: „Huhu huhu ..."
Die Wanderer probieren alle Zaubersprüche, die sie kennen, aus, um in das Schloss zu gelangen. Umsonst. Da bibbert einer voller Angst: „Huhu huhu ..."; und die Tür fällt krachend um.

***

GESPENSTER: *(Singen gemeinsam nach der Melodie von „Old MacDonald had a Farm ...":)*
Im Geisterhaus, da hausen wir,
hihi, hehe, huhu,
und keiner kommt herein zur Tür,
hihi, hehe, huhu.
Wir machen klirr,
wir machen klang,
wir machen alle Leute bang.
Im Geisterhaus, da hausen wir,
hihi, hehe, huhu.

GESPENST: Horcht, da kommen Wanderer! Hoffentlich gehen sie weiter und lassen uns zufrieden!

WANDERER: *(Auch sie singen – für das Publikum zunächst noch unsichtbar.)*
Wir sind hungrig, wir sind müd,
uff, oh, weh, oh, weh,
und singen unser Wanderlied,
brrr, uff uff, oh, weh.
Wir wollen, ach,
wir wollen, ach,
wir wollen überm Kopf ein Dach.
Die Nacht ist finster, wir sind müd,
brr, uff uff, oh, weh.

GESPENST: *(Zum Publikum gewandt:)*
Uuuu, sie kommen immer näher. Uuuu, die sehen ja grässlich aus. Der eine hat einen Kopf auf! Der andere hat eine Nase im Gesicht! Pfui! Der andere hat zwei Augen! Wie schrecklich. Das sind ja fürchterliche Gestalten! Schnell, wir müssen die Tür verzaubern! Mit unserem Zauberspruch. Huhu huhu – die Tür bleibt zu!

(Die Wanderer kommen ins Bild.)

1. WANDERER: Ich will nicht mehr wandern! Mir tun die Füße weh!

2. WANDERER: Ich kann nicht mehr wandern. Ich bin so müde!

3. WANDERER: Ich trau' mich nicht mehr zu wandern. Ich fürchte mich so im dunklen Wald. Aber da vorne ist ein Haus. Das sieht vielleicht komisch aus. Ich fürchte mich schon wieder!

1. WANDERER: Da gehen wir hinein!

2. WANDERER: Da wohnt niemand.

3. WANDERER: Doch, ich habe was gehört. Ich fürchte mich so!

1. WANDERER: Keine Bange. Wir gehen hinein. Aber – die Tür ist verschlossen!

3. WANDERER: Die Tür ist sicher verzaubert. Ich fürchte mich so!

1. WANDERER: Dann versuchen wir es mit einem Zauberspruch! Simsalabim!

GESPENSTER: Huhu huhu –
die Tür bleibt zu!

2. WANDERER: Abrakadabra!

GESPENSTER: Huhu huhu –
die Tür bleibt zu!

1. WANDERER: Sesam öffne dich!

GESPENSTER: Huhu, huhu – die Tür bleibt zu! *(Zum Publikum:)* Die kommen nie rein!

3. WANDERER: Ich fürchte mich so! Huhu, huhu, die Tür bleibt zu!
Huhu huhu!

(Er klopft an die Tür: sie fällt krachend und staubend um. Und die Wanderer fallen mit der Tür ins Haus. Sie husten. Die Gespenster sind hinter den Kulissen verschwunden und verhalten sich mucksmäuschenstill.)

* * *

INHALT DER ZWEITEN SZENE

Die Wanderer vernehmen unheimliche Geräusche in dem alten Schloss: eine Uhr tickt, Türen knarren, ein Fenster schlägt zu, im Kamin heult der Wind ... Sie wollen das Schloss durchsuchen, schrecken aber immer wieder davor zurück. Sie fürchten sich genauso wie die Gespenster ...

Und dann kommt die Geisterstunde mit zwölf Schlägen. Jetzt fühlen sich die Gespenster stark. Mit einem schaurigen Lied wollen sie die Menschen vertreiben. Diese kriegen zwar tatsächlich furchtbare Angst. Aber die verscheuchen sie mit einem Lied. Die Gespenster sind ratlos.

* * *

1. WANDERER: Wo sind wir da?

2. WANDERER: Ob das ein Geisterhaus ist?

3. WANDERER: Ich fürcht' mich so!

(Sie beginnen, sich umzusehen. Die Gespenster oder die Musikanten hinter der Bühne machen unheimliche Geräusche: Eine Uhr tickt – Metronom; eine Tür quietscht – Styropor oder nasse Kreide auf einer Tafel; ein Fenster schlägt zu – Hölzer oder Bretter; der Wind heult – Flasche und Schwirrschlauch. Dann sind Schritte zu hören – zwei halbe Kokosnussschalen ... Die Wanderer erkunden das Gebäude, kehren aber immer wieder erschrocken zurück, nachdem sie ein neues Geräusch gehört haben.)

3. WANDERER: Ich fürchte mich so!

GESPENSTER: *(Hinter den Kulissen, flüsternd, durcheinander, zum Publikum, gewandt:)*
Wir fürchten uns so. Was sollen wir tun? Hoffentlich ist bald Geisterstunde! Dann werden wir es ihnen zeigen.

1. WANDERER: Wie spät ist es denn?

2. WANDERER: Gleich Mitternacht. Dann kommt die Geisterstunde.

3. WANDERER: G-G-Geisterstunde? Ich f-f-fürchte mich so!

1. WANDERER: Hört ihr das?

(12 Schläge der Uhr – auf ein Metallrohr oder einen Gong: Gespenster, Wanderer, Publikum zählen mit.)

GESPENSTER: Juhu huhuuuuuuuu.

(Sie singen sehr langsam und unheimlich im Rhythmus von Rasseln:)
Im Geisterhaus, da hausen wir
(rhythmische Geräusche),
und keinen Menschen fürchten wir
(rhythmische Geräusche).
Wir machen klirr,
wir machen klang,
wir machen alle Leute bang.
Im Geisterhaus, da hausen wir
(rhythmische Geräusche).

(Zum Publikum:) Hoffentlich haben wir die Wanderer jetzt erschreckt. Helft ihr beim Mitsingen?

GESPENSTER, PUPLIKUM: Im Geisterhaus, da hausen wir ...

1. WANDERER: Puh, ist das unheimlich.

2. WANDERER: Das hat geklungen wie Gespenster! Aber jetzt ist es wieder still.

3. WANDERER: So still! Ich fürchte mich, wenn es so still ist. Singen wir doch etwas! Singen ist immer gut, wenn man sich fürchtet!

WANDERER: *(Singen, ängstlich verhalten.)*
Im Geisterhaus ist Geisterstund,
halli hallo, na und?
Im Geisterhaus, da geht es zu,
halli hallo und buh!
Da macht es kling,
da macht es klang,
aber uns macht niemand bang.
Im Geisterhaus ist Geisterstund,
halli hallo, na und?

(Zum Publikum:) Wir sind zu leise. Singt ihr mit?

GESPENSTER: Habt ihr gehört? So geht es nicht. Die haben keine Angst. Wir müssen uns etwas Anderes einfallen lassen.

INHALT DER DRITTEN SZENE

Nun versucht ein Gespenst nach dem anderen, die Eindringlinge zu erschrecken und zu verjagen. Die unheimlichsten Geräusche lassen sie sich einfallen. Doch sobald ein Gespenst auf einen Wanderer trifft, verliert es den Mut. Schließlich sind auch die Laute der Menschen ganz schön furchterregend. Und so prallen Gespenster wie Wanderer immer wieder entsetzt voreinander zurück. Aus dem ängstlichen Rasseln, Heulen, Sprechen und Singen aller wird dann aber langsam ein gemeinsames Lied. Gespenster und Menschen kommen sich näher ...
Da schlägt es ein Uhr. Und der Spuk ist vorbei.

* * *

(Ein Wechselspiel zwischen Gespenstern und Wanderern beginnt. Die folgenden Szenen nach Belieben ausspielen.)

GESPENST: *(Schaut zwischen den Kulissen hindurch in das Zimmer.)*
Huuuuuuuuuui!

WANDERER: Mammi!

GESPENST: *(Prallt entsetzt zurück. Zu den anderen Gespenstern gewandt:)*
Der Kerl hat „Mammi!" gerufen. Was bedeutet „Mammi?"

GESPENSTER: *(Beratschlagen flüsternd.)*
Das ist bestimmt ein schreckliches Zauberwort!

GESPENST: Jetzt versuche ich es!
(Lugt zwischen den Kulissen hervor.) Klirr! Rassel!

WANDERER: Hu hu!

(Gespenster und Wanderer erschrecken voreinander und fahren zurück. Stille.)

GESPENST: *(Schaut wieder hervor.)*
Klang!

WANDERER: Uff.

(Beide prallen zurück, verschwinden. Stille.)

GESPENST: Huuuuuuu!

WANDERER: Iiiiii!

(Beide schrecken zurück. Stille. Und so weiter. Der folgende Dialog wird von gespenstischen Rhythmusinstrumenten – Rasseln, Ketten, Schepperblech, Hölzer, Steine ... – begleitet und geht in Sprechgesang über. Wanderer und Gespenster kommen einander zögernd näher.)

GESPENSTER: Ich fürcht' mich so, hoho hoho.

WANDERER: Ich fürcht' mich so, hoho hoho.

GESPENSTER: Lass uns in Ruh, huhu huhu.

WANDERER: Lass uns in Ruh, huhu huhu.

GESPENSTER: Du in Ruh, huhu huhu.

WANDERER: Du in Ruh, huhu huhu.

GESPENSTER: Dudu huhu.

WANDERER: Dudu huhu.

(Gespenster und Wanderer fassen einander an den Händen, sie tanzen zum Rhythmus von Rasseln und singen.)

GESPENSTER, WANDERER: Im Geisterhaus ist Geisterstund,
halli hallo, na und?
Im Geisterhaus, da geht es zu,
halli hallo huhu!
Da macht es kling,
da macht es klang,
aber uns macht niemand bang.
Im Geisterhaus ist Geisterstund,
halli hallo, na und?

(Sie singen nun gemeinsam mit dem Publikum. Dann, in die Stille hinein, schlägt die Glocke einmal.)

WANDERER, GESPENSTER: Die Geisterstunde ist zu Ende,
und wir reichen uns die Hände,
schließen unsre Augen
zu und rufen nochmals kräftig:
Huuuuuuuuu ...

HINWEISE ZUR INSZENIERUNG

Bei diesem Stück kommt es sehr auf das Zusammenspiel innerhalb der verschiedenen Gruppen – Gespenster, Wanderer, „Musikanten" im Hintergrund, Zuschauer –, aber auch auf das Miteinander dieser Gruppen an. Jede Inszenierung wird zu eigenen Lösungen kommen.

Die Gespenster werden beim „Krachmachen" von „Musikanten" unterstützt, die sich, für die Zuschauer unsichtbar, im Hintergrund aufhalten (z. B. hinter Paravents). Die „Musikanten" sind außerdem für die Geräusche des Hauses – eine tickende Uhr, Tür- und Fensterschlagen ... – zuständig.
Zumindest bei kleineren Kindern bietet es sich an, dass ein erwachsener Spielleiter als „Obergespenst" (Zeitungskostüm, aber ohne Maske) das Stück von innen herausführt; er gibt den Takt an, stellt die Verbindung zwischen den Gruppen her und animiert das Publikum zum Mitmachen. Dabei bewegt er sich sowohl auf der Bühne wie im Zuschauerraum. (Siehe auch Seite 120: „Geräusche und Klänge".)

Die Ausstattung

1 KULISSEN

Dieses Stück kann in nahezu jedem Raum aufgeführt werden. Auch Gruppen- und Klassenzimmer sind bestens geeignet. Eine Raumbühne hat den Vorteil, dass es keine starre Grenze zwischen Bühne und Publikum gibt und die Zuschauer recht nahe am Geschehen sind; das heißt, sie lassen sich leichter miteinbeziehen.

Mit Leintüchern, weißen oder grauen Stoffbahnen, die über einige Kisten, Stühle, Tische geworfen werden, hat man schnell den Innenraum eines Schlosses angedeutet.

Als Alternative sind auch Leintücher oder Stoffbahnen denkbar, die von den Kindern mit Schlossmobiliar bemalt sind und aufgehängt oder aufgespannt werden (siehe dazu Seite 96/97).

Verhangene Wände tragen dazu bei, eine unheimliche Atmosphäre zu schaffen.

Die Tür, die den Wanderern den Weg in das Schloss freigibt, nachdem sie krachend und staubend umgefallen ist, kann eine Pappwand sein, die hinten eine Stütze aufweist (ebenfalls Seite 96). Damit die Tür auch wirklich Staub aufwirbelt, bedeckt man sie auf der Rückseite mit Mehl.

Die gespenstische Stimmung lässt sich durch eine entsprechende Beleuchtung intensivieren: Ein Scheinwerfer (siehe Seite 96), der auf dem Boden steht und somit nicht wie üblich von oben nach unten, sondern von unten nach oben strahlt, sorgt für ungewöhnliche Schatten auf den Gesichtern und auf den Kulissen. Das Licht sollte außerdem möglichst schummrig sein. Grüne und blaue Glühlampen (eventuell entsprechend bemalt) bewirken ein Übriges.

2 GERÄUSCHE UND KLÄNGE

2.1 DIE KLANGLICHE KULISSE

Auf dramaturgisch interessante Weise kann man bei diesem Stück stille und laute Szenen herausarbeiten und in eindrucksvollen Kontrast zueinander setzen. Stille prägt das anfängliche Geschehen. In die Stille hinein dringen verhaltene Stimmen und seltsame Geräusche, wie sie ein altes Haus eben hervorbringt. Doch zwischendurch kommt immer wieder eine unheimliche Ruhe auf.

Dann entsteht als Gegenpol hierzu ein turbulenter Dialog aus Sprache, Geräuschen und Klängen. Gespenster und Wanderer schaukeln sich gegenseitig hoch in ihrer Angst und versuchen, diese zu verdrängen, indem sie immer lauter werden. An dem Sprach-, Geräusch- und Klangspiel, das sich unter der behutsamen Führung eines Obergespenstes (Spielleiter) entwickelt, nehmen auch die Zuschauer teil, indem sie für die Wanderer oder für die Gespenster Partei ergreifen und sie geräuschvoll unterstützen.

Die beiden Gruppen – Gespenster und Wanderer –, die zunächst getrennt voneinander agiert haben, finden letztlich zusammen. Das lärmende Chaos mündet in Harmonie. Die Angst ist verschwunden. Ein gemeinsames Lied verbindet Gespenster, Wanderer und Publikum ...

Wie bereits erwähnt, wird die klangliche Kulisse entscheidend von Musikern mitgetragen, die sich – für die Zuschauer möglichst unsichtbar – im Hintergrund aufhalten, das Geschehen aber im Blick haben. Mit Hilfe des Spielleiters geben sie den Rhythmus vor und sorgen dafür, dass er auch gehalten wird.

Die Geräusche des alten Schlosses

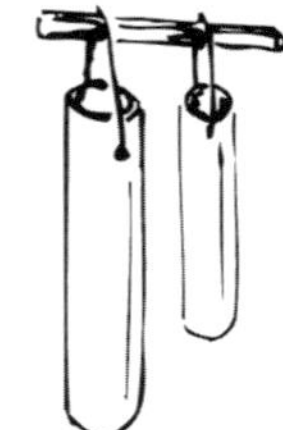

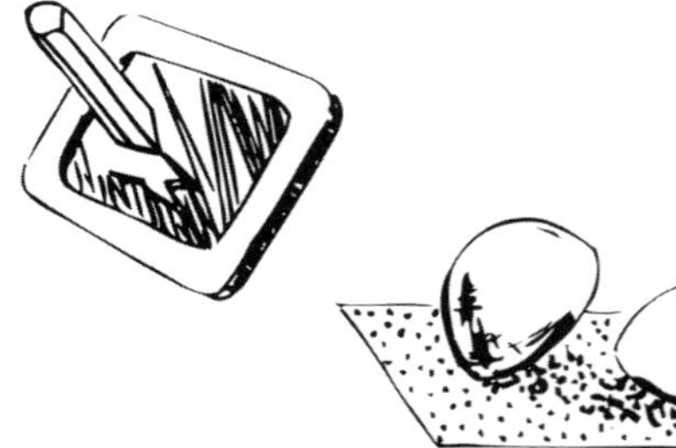

„Gespenstische" Lärm- und Rhythmusinstrumente

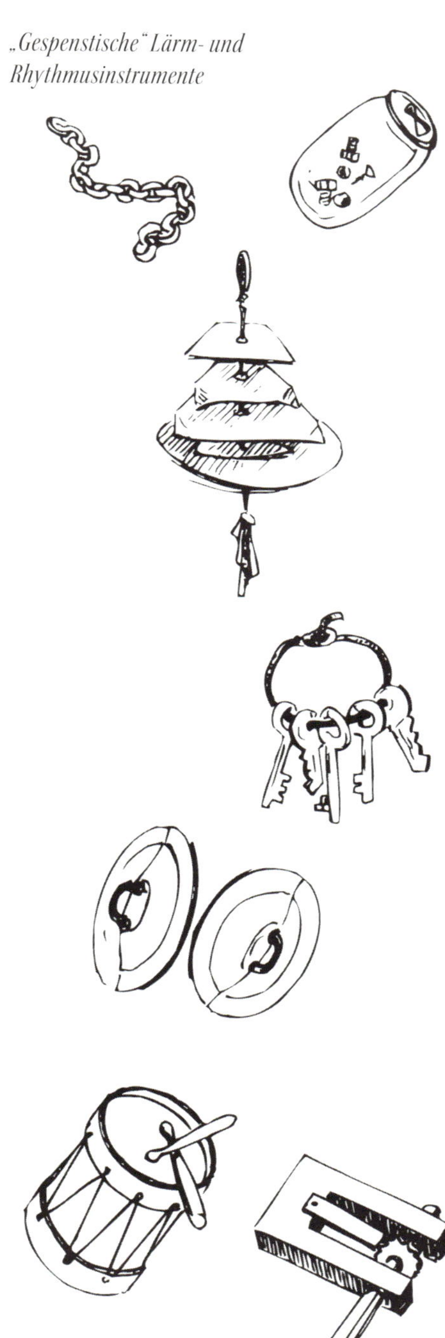

2.2 KLANGKÖRPER

Wie kann man die Geräusche eines alten Hauses nachahmen und mit „gespenstischen" Instrumenten eine unheimliche Stimmung erzeugen?
Wir schlagen im folgenden einige Beispiele vor, die jedoch beliebig auszubauen sind. Es ist wichtig, dass die Kinder auch hier einen breiten Handlungsspielraum bekommen, um geeignete Klangkörper zu entdecken und zu erfinden. (Weiteres zu Geräuschen, Klängen und Musik Seite 18/19 und Seite 112/113.)

Die Geräusche des alten Schlosses

❍ Eine Uhr tickt: Metronom.
❍ Ein Uhrwerk schlägt: Mit einem Schlegel o. ä. auf einen Gong oder ein Metallrohr schlagen.
❍ Ein Fenster schlägt zu: Hölzer oder Bretter aneinanderschlagen.
❍ Eine Tür quietscht: Mit nasser Kreide auf eine Tafel schreiben oder Styropor aneinander reiben.
❍ Der Wind heult: Einen Schwirrschlauch durch die Luft wirbeln (Seite 113). Über die Öffnung einer leeren oder nur wenig gefüllten Flasche blasen.
❍ Schritte: Mit zwei halben Kokosnussschalen (Öffnung nach unten) auf den Boden klopfen. Schleifende Schritte: Auf Sandpapier drehen.

„Gespenstische" Lärm- und Rhythmusinstrumente

❍ Kettenrassel: Eine Kette schütteln.
❍ Dosenrassel: Eine Blechdose mit Steinen, Schrauben, Glöckchen füllen und schütteln.
❍ Schepperblech: Verschiedene Bleche in der Mitte durchbohren. Auf eine Schnur aufreihen. Über und unter jedem Blech einen Knoten anbringen. Schütteln.
❍ Schlüsselrassel: Schlüssel auf eine Drahtschlaufe aufreihen, schütteln.
❍ Klapperhölzer: Hartholzstäbe (Klanghölzer) rhythmisch aneinanderschlagen.
❍ Steine: Rhythmisch aneinanderschlagen.
❍ Topfdeckel: Wie Becken/Tschinelle betätigen.
❍ Ratsche: Kinder- und Fastnachtsratsche drehen.
❍ Orffsche Instrumente: Rhythmusinstrumente wie Tamburin, Trommel einsetzen.

3 KOSTÜME

Einfach und schnell anzufertigen und äußerst preisgünstig sind die Zeitungskostüme, die wir hier als Verkleidung für die Gespenster vorstellen. Außerdem sind sie originell und vielseitig einsetzbar – und das nicht nur bei Proben. Natürlich lassen sich zumindest die Gewänder nicht sonderlich strapazieren – doch im Handumdrehen hat man auch wieder etwas Neues gefaltet und geklebt. Dabei wird man auf viele weitere Ideen kommen ...
Zeitungskostüme haben in unserem Stück übrigens nicht nur die Gespenster an, auch der Spielleiter trägt eines, allerdings ohne Maske.
Die Wanderer ziehen normale Wanderbekleidung mit möglichst großen, schweren Stiefeln an und haben einen Rucksack, eventuell auch einen Stock dabei. Größere Kinder können außerdem eine Laterne in der Hand halten, mit der sie die dunklen Ecken des Gebäudes ausleuchten. Das flackernde Licht zaubert interessante und unheimliche Schattenspiele hervor. Kleinere Kinder sollten sich mit einer Taschenlampe begnügen.

GEWÄNDER
Einen Bogen Zeitungspapier Zusammenlegen (wenn ein großes Gewand gewünscht wird, zwei Bögen aneinanderkleben) und dann oben, an der gefalteten Kante, ein Dreieck als Kopföffnung herausschneiden.
Eventuell die unteren Ränder mit unregelmäßigen Zacken versehen.

MALERMÜTZE MIT MASKE
Einen zusammengefalteten Bogen Zeitungspapier der Breite nach vor sich legen. Die oberen Ecken nach unten zur Mitte schlagen, falten.
Die dabei freigebliebenen unteren Ränder jeweils nach oben klappen. Die äußeren Ecken zusammenkleben.
Ein Blatt Zeitungspapier an der Stirnseite befestigen. Augen, Nase und ein Schreckensmaul hineinschneiden.

SPITZHUT
Einen zusammengefalteten Bogen Zeitungspapier vor sich legen. Von einer Ecke ausgehend, zu einer Tüte rollen und zusammenkleben.
Auch hier wieder eine Zeitungsseite als Maske anbringen und eine Fratze ausschneiden.

DOPPELSPITZ
Wie zuvor beschrieben, zwei Tüten drehen und jeweils kleben.
Dann beide Tüten flach streichen.
Auf die untere Hälfte der einen Tüte bogenförmig Klebstoff auftragen. Die andere Tüte darauflegen und ankleben.
Das Papier innerhalb des Bogens, der beide Tüten zusammenhält, ausschneiden.
Die Tüten auseinanderfalten und vorne erneut ein Zeitungsblatt ankleben, in das nun noch ein Gespenstergesicht geschnitten wird.

Alternativen
❍ Entsprechende Kostüme aus anderem Papier, zum Beispiel Packpapier, falten und kleben. Mit Deckfarben ein Skelett aufmalen.
❍ Mit Kostümen aus Leintüchern spielen, die lediglich über den Kopf gezogen und mit Augenschlitzen versehen werden.

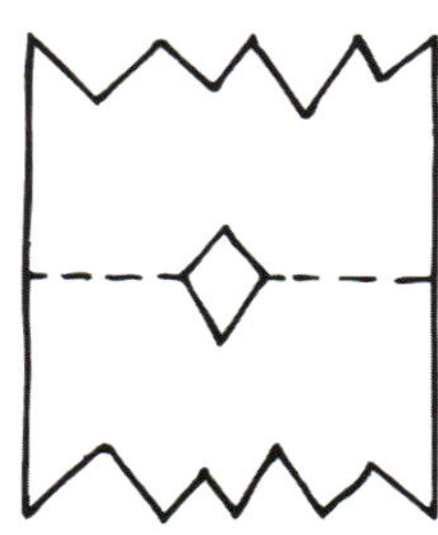

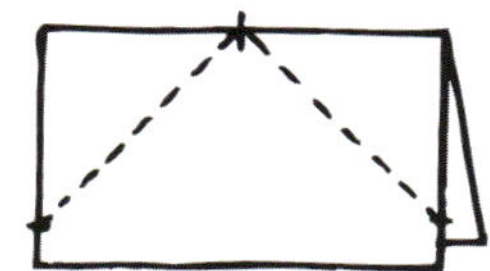

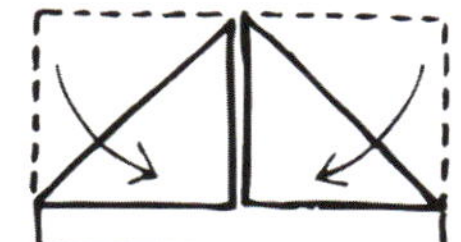

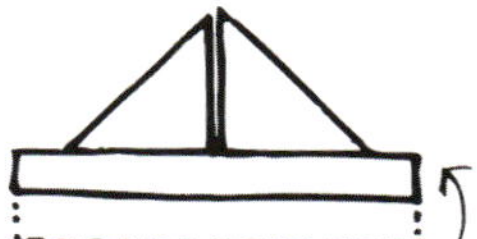

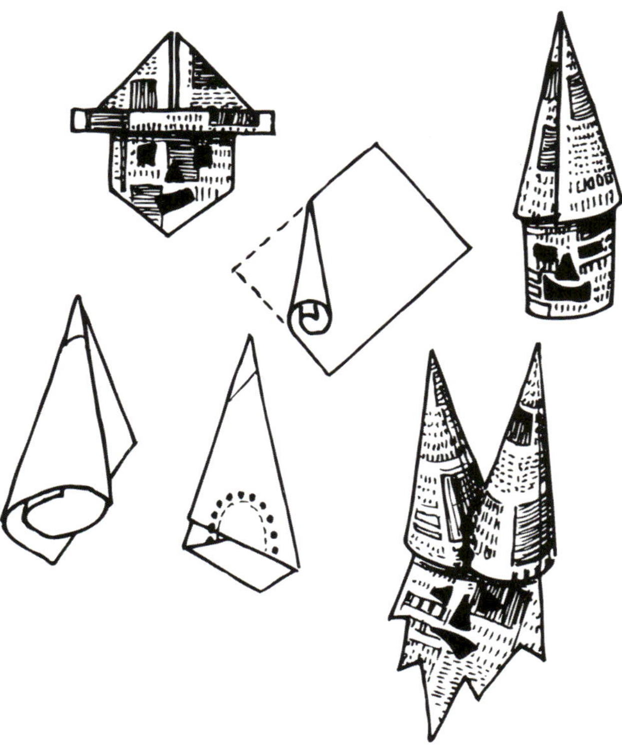

Der Regenmacher

Ein Stück über und unter Wasser, mit und ohne Technik

INHALT

Der Regenmacher zaubert Regen über dürstendes Land; doch das Wasser steigt und überflutet alles. Unter Wasser begegnet er geheimnisvollen Wesen und findet dank ihnen heraus, wie er die Fluten wieder abfließen lassen kann.

BESONDERHEITEN

Mit einfachen technischen Mitteln ausbaubar zur „Multimedia-Performance" mit Licht- und Klangeffekten. Aber auch möglich als Spiel ohne Technik.

SCHWERPUNKTE IM SPIEL

Bildhaftes Bewegungstheater mit wenig Sprache. Assoziationen und Impressionen.

SCHWERPUNKTE BEI DER VORBEREITUNG

Freie assoziative Spiele. Verknüpfung von Klängen und Bewegung. Herstellung phantastischer Kostüme aus Stoff oder ganz einfacher Kostüme aus bemalten Leintüchern. Für ein größeres Projekt: Bühnentechnik.

MITSPIELER

In der einfachsten Version mindestens vier Akteure. Sonst zusätzlich etwa sechs Kinder als „Bühnentechniker".

Begegnung über und unter Wasser
Eine Begrüßungsszene spielen:
❍ Zwei Kinder treffen sich nach den Ferien wieder.
❍ Zwei ehemalige Freunde, die mittlerweile an verschiedenen Orten wohnen und sich lange nicht gesehen haben, begegnen sich völlig unerwartet. Zunächst „normal" spielen; anschließend die gleiche Situation „unter Wasser" wiederholen.

Unterwasserbotschaften
Gemeinsam eine Situation überlegen, die dann eines der Kinder einem anderen, nicht eingeweihten Kind unter Wasser übermitteln soll:
❍ Ich habe Hunger.
❍ Ein Krokodil ist in der Nähe.
❍ Ein Schiff ist gesunken.
❍ Ich habe eine Schatztruhe gefunden.

❍ Stellt euch vor, ihr seid ein Teich ... ein Tropfen verdunstet ... steigt zum Himmel ... bildet zusammen mit anderen eine Wolke ...
❍ Ihr seid die Flamme einer Kerze ... die Kerze fällt um ... und entfacht ein Feuer ... das sich ausbreitet ... bis es von der Feuerwehr gelöscht wird ...
❍ Ihr seid ein Luftballon ... der einem Kind entkommen ist ... und in die Welt fliegt ... wo er Berge und Täler sieht ... Wüsten und Meere ... und wo er Kälte und Wärme erfährt ... einen Sturm und ein Gewitter ... (dabei auch zeigen, was der Luftballon sieht und erlebt ...)

Schlammtheater ...
Mit den Elementen spielen, sie erfühlen und sich gleichzeitig vorstellen, das jeweilige Element zu sein:
❍ An der Sandkiste, an einem Teich oder am Strand mit Schlamm spielen. Und während die Kinder den

Vorbereitende Spiele

Der Schatz im Meer
Zwei Gruppen spielen unter Wasser: Die eine versteckt einen Schatz, die andere sucht ihn.

Imaginationsspiele
Die Kinder zu Imaginationen anregen, bei denen die vier Elemente im Mittelpunkt stehen. Die Imaginationsspiele je nach Gruppe ausbauen oder verkürzen. Dabei kommt es nicht darauf an, wie die Darstellung der Kinder nach außen wirkt: In erster Linie sollen sie die Vorstellung intensiv empfinden und eine innere Welt aufbauen.
❍ Stellt euch das Leben eines Baumes vor – von Anfang an: das Samenkorn, das keimt ... der junge Trieb, der sich zur Sonne reckt ... die Blätter und Blüten ... der massive Baumriese ... der Baum, der gefällt wird ... der in eine Fabrik kommt ... und aus dem dann ein Musikinstrument gebaut wird ...

Schlamm, also die Erde, erfühlen, stellen sie sich vor, sie wären Erde ...
❍ Mit Schnee spielen, ihn intensiv spüren und selbst zu Schnee (oder zum Winter) werden ...
❍ Entsprechend mit Wasser spielen – und spielen, man sei Wasser ...
❍ Die Sonne sinnlich wahrnehmen und einen Sonnenstrahl spielen ...

Feuer, Wasser, Luft und Erde
Zu Musik Bewegungen und Tänze improvisieren, nacheinander Feuer, Wasser, Luft und Erde darstellen.

Tanzen
Verschiedene Musikstücke vom Band Vorspielen, zu denen die Kinder sich frei tanzend bewegen. Bei der Zusammenstellung auf starke rhythmische und stilistische Unterschiede achten.

HINWEISE ZUM STÜCK

❍ *Stoff: ein Handlungsrahmen, der, ausgehend von Improvisationen, ausgefüllt werden soll. Schauplatz: über und unter Wasser; angedeutet durch Klarsichtfolien und Licht oder durch Tücher, die jeweils hin und her bewegt werden.*

❍ *Personen: Volk (mindestens drei Kinder) – Regenmacher – Unterwasserwesen (mindestens drei Kinder); bei einer technisch ausgearbeiteten Inszenierung außerdem etwa sechs „Techniker" bzw. Helfer.*

❍ *Kostüme: Alltagskleidung für das Volk und den Regenmacher; phantasievolle Kostüme aus Stoff oder bemalten Tüchern für die Unterwasserwesen.*

❍ *Technische Ausstattung: CD-Player oder MP3-Player für Klänge und Musik; bei einer aufwendigeren Inszenierung außerdem vor allem Overheadprojektor und bemalte Folien (oder Diaprojektor/Episkop/Beamer).*

Das Stück im Ablauf

(Leere Bühne. Das Volk – in Alltagskleidung – tanzt den Regentanz. Durch Klatschen und Stampfen wird der Rhythmus für den Sprechgesang erzeugt.)

VOLK: Sieben Jahre ohne Regen,
sieben Jahre bittre Not,
sieben Jahre schlimme Dürre,
sieben Jahre Not und Tod.

Himmel,
bring Wolke,
Wolke,
bring Regen,
Regen,
bring Segen,
Segen,
bring Leben.

Sieben Jahre ohne Regen,
sieben Jahre bittre Not,
sieben Jahre schlimme Dürre,
sieben Jahre Not und Tod.

(Immer müder und schleppender.)

Himmel,
bring Wolke,
Wolke,
bring Regen,
Regen,
bring Segen,
Segen,
bring Leben.

(Der Regenmacher tritt auf. Das Volk starrt ihn müde an.)

REGENMACHER: Ihr wollt Regen? Nichts einfacher als das!

VOLK: Wer bist du, dass du so etwas sagst?

REGENMACHER: Ich bin ein Regenmacher aus einem fernen Land. Ich kann euch sagen, was ihr tun müsst, damit es regnet. Ihr müsst nur das Wort aussprechen. Und das Wort lautet: POTS-NE-GER-POTS!

VOLK: POTS-NE-GER-POTS?

REGENMACHER: POTS-NE-GER-POTS, POTS-NE-GER-POTS, POTS-NE-GER-POTS

VOLK: *(Nimmt den Ton und den Sprechgesang wieder schleppend auf.)*

Himmel,
bring Wolke,
Wolke,
bring Regen,
Regen,
bring Segen,
Segen,
bring Leben.
POTS-NE-GER-POTS!
POTS-NE-GER-POTS!
POTS-NE-GER-POTS!

Die Sonne verdunkelt sich. Schwarze Wolken ziehen auf. Donner rollt, Blitze zucken über den Himmel, und es beginnt zu regnen.

(Ein Overheadprojektor zeigt nacheinander eine gelbe Sonne, dann graue, dann schwarze Wolken. Aufnahmen von Regenklang und Donner ertönen. Aus einer Leuchtstofflampe zucken Blitze.)

Immer neue Gewitter rollen heran, die Fluten steigen, das Volk flieht.

(Wolken, Blitze, tosender Regenklang.)

Der Regenmacher bleibt tapfer stehen.

REGENMACHER: Geh zurück, Wasser, halt ein, Wasser, geh zurück, Wasser!

Doch das Wasser steigt und steigt.

(Der Regenmacher weicht in den Hintergrund zurück. Klarsichtfolien oder Stoffbahnen werden über die Bühne gezogen und wellenartig bewegt.)

Jetzt reicht das Wasser dem Regenmacher schon bis zu den Knien, bis zum Bauch, bis zum Hals.

(Die Folien oder Bahnen werden immer höher gehalten. Im Hintergrund wird eine weitere Folie aufgezogen. Dazwischen steht der Regenmacher. Blitz, prasselnder Regen. Der Projektor leuchtet die Folien von unten her an.)

Das Wasser steigt weiter.

(Der Regenmacher steht jetzt unter Wasser. Die Beleuchtung ändert sich plötzlich: Die Blitze hören auf, stattdessen setzt blaue Unterwasserprojektion ein.
Der Regen verstummt. Melodiöse Unterwassermusik I ertönt. Die Folien werden weiterhin wellenförmig bewegt.)

Doch seltsam: Anstatt zu ertrinken, kann sich der Regenmacher unter Wasser frei bewegen. Da entdeckt er wundersame Wasserwesen.

Sie treiben auf ihn zu, wenden, umkreisen ihn und wiegen sich in der Strömung. Doch sobald der Regenmacher sich ihnen nähern will, weichen sie zurück. Dann umkreisen die Wesen ihn wieder, bleiben aber auf Distanz. Plötzlich sind sie verschwunden.

(Dramatische Unterwassermusik II setzt ein.)

Der Regenmacher ist allein. Ein anderes Wesen schwimmt drohend auf ihn zu. Mit unbeholfenen Bewegungen will nun auch der Regenmacher fliehen. Doch er kommt nicht so schnell voran. In seiner Not stößt er in der stillen Welt einen Schrei aus.

(Seifenblasen als Luftblasen.)

Das Wesen, das so etwas noch nie gehört hat, flieht entsetzt.

(Unterwassermusik III beginnt.)

Die anderen Wasserwesen kommen zögernd zurück. Sie sind dem Regenmacher dankbar und tanzen zur Musik.

Jetzt nehmen sie ihn in ihren Reigen auf. Zuerst unbeholfen, dann immer leichtfüßiger tanzt er mit. Der Tanz endet, eins nach dem anderen schwimmen die Wesen davon. Zuletzt kriecht ein krebsartiges Wesen fort.

(Die Musik hört auf.)

Das Wesen kriecht rückwärts. Das ist seltsam. Der Regenmacher denkt nach. Da fällt ihm etwas ein. Er stellt sich auf die Zehenspitzen und reckt den Kopf aus dem Wasser.

REGENMACHER: Dieser Krebs hat es mir gesagt. Er kriecht rückwärts. Ich muss das Wort POTS-NE-GER-POTS rückwärts aussprechen. Dann fließt das Wasser rückwärts ab! STOP-RE-GEN-STOP! STOP-RE-GEN-STOP! STOP-RE-GEN-STOP!

(Unterwassermusik IV. Die Wasseroberfläche senkt sich immer weiter, bis auf den Boden.)

Voller Freude kommen die Menschen herbeigelaufen. Sie tanzen ausgelassen um den Regenmacher herum und nehmen ihn in ihren Kreis auf ...

HINWEISE ZUR INSZENIERUNG

Aus den vorgegebenen Situationen, die lediglich ein Handlungsgerüst bilden, werden in freien assoziativen Bewegungsspielen Bilder entwickelt. Dabei sollte man den Kindern nur so wenig Vorgaben wie nötig machen. Für die Aufführung (vor oder auch ohne Publikum) wählt man dann verschiedene der Bilderszenen gemeinsam aus ...

Beim Spiel mit kleineren Kindern oder als reines Bewegungstheater kann die Technik weggelassen werden. Erforderlich sind lediglich Kostüme und eventuell Klänge aus der Tonkonserve; es ist schwierig, eine akustische Unterwasseratmosphäre mit Instrumenten zu zaubern, die von den Kindern selbst gespielt werden. Allenfalls würden sich dafür Xylophon und ähnliche Instrumente anbieten.
(Weiteres wird auf den nächsten Seiten im Zusammenhang mit der Ausstattung erläutert.)

1 KULISSEN

Wir werden im Folgenden, wie bereits erwähnt, zwei Ausstattungsvarianten vorschlagen:

❍ eine „Multimedia-Performance", bei der mit einfachen technischen Mitteln eindrucksvolle akustische und visuelle Effekte erzielt werden;

❍ eine reduzierte Version, die mit weniger Kulissen, Kostümen und Klängen auskommt.

1.1 DIE „MULTIMEDIA-PERFORMANCE"

DIE WASSERFLÄCHE

Der Wasserspiegel kann durch eine dünne Abdeckfolie dargestellt werden, wie sie beispielsweise Anstreicher verwenden. Den Charakter von Wasser gewinnt sie allerdings erst durch den Lichteinfall.

Die Folie muss mindestens so groß sein, dass sich mit ihr der ganze Bühnenboden bedecken lässt. Sie wird in breite Streifen geschnitten. Auf einer Seite befestigt man an den Ecken der Streifen Schnüre, die zu Beginn der Aufführung quer über der Bühne liegen. Von der Folie ist dann noch nichts zu sehen. Sie wird erst später der Länge nach an den Schnüren über die Bühne gezogen. Wenn das Wasser steigt, heben die „Techniker" – die links und rechts der Bühne stehen (möglichst hinter Paravents) – die Streifen allmählich an und lassen dabei genug Spielraum für wellenförmige Bewegungen. Die extreme Leichtigkeit bewirkt, dass die Folie über den Köpfen der Akteure schwebt. (Eventuell können die vorderen Streifen auch tiefer gehalten werden als die hinteren.) Sobald die Folie diese Höhe erreicht hat, wird sie von einem Projektor schräg von unten angeleuchtet. Dadurch ergibt sich ein fließendes Blau; und das Publikum hat den Eindruck, als blicke es von unten auf den Wasserspiegel.

Zusätzliche Effekte entstehen, wenn an der Unterseite der Folie Luftballons mit dünnen, etwa halbmeterlangen Fäden befestigt werden. Die Ballons können wie Unterwasserwesen bemalt werden.

Im Bühnenhintergrund wird mit dem Steigen des Wassers synchron eine senkrechte Abdeckfolie aufgezogen. Zu Beginn des Stücks liegt sie längs zusammengefaltet am Boden. An den hinteren Ecken sind zwei Schnüre befestigt, die durch Ringe an der Rückwand oder Decke und von da aus weiter zum rechten oder linken Rand der Bühne führen. Ein „Techniker" zieht die Folie dann hoch. – Eine andere Möglichkeit: An den oberen Ecken sind Stangen befestigt, die zu gegebener Zeit hochgehalten werden.

DAS LICHT

Overheadprojektor

Der Projektor steht am besten auf dem Boden, damit er nicht im Blickfeld der Zuschauer ist, und strahlt von schräg unten auf die Bühne (Skizze). Er projiziert Farben und Farbeffekte auf einen neutralen, möglichst dunklen Bühnenhintergrund und später dann auf die Wasserfläche. Die Overheadfolie wird mit Overheadmarker, Glasfarben oder farbiger Tinte beziehungsweise Tusche transparent bemalt.

Falls eine Rollvorrichtung vorhanden ist, kann die Folie über den Projektor gezogen werden. Durch Hin- und Herrollen entstehen lebendige Licht- und Welleneffekte. Ansonsten wird bei Szenenwechsel eine neue, entsprechend vorbereitete Folie aufgelegt. Der Overheadprojektor ist die wichtigste und eventuell auch einzige Beleuchtungsquelle. Er ist während des ganzen Stückes im Einsatz.

❍ Zu Beginn der Aufführung kann er eine Art Vorspann (Titel, Mitwirkende) bringen. Dazu wird die Overheadfolie entsprechend beschriftet.

❍ Während der Trockenzeit: gelbe Bemalung mit orangefarbener Sonne.

❍ Während der Regenzeit: schwarzgraue Wolken, eventuell Strichregen.

❍ Unter Wasser: tiefblaue Wellenstruktur.

❍ Am Schluss: einheitlich hellblau.

Blitzlicht

Mit Leuchtstoffröhren, die man nur kurz ein- und auszuschalten braucht, kann man auf einfache Weise „Blitze" aufzucken lassen.

Alternativen

❍ Diaprojektor: Dias mit Glasfarben, Tusche oder Tinte bemalen. Nachteilig ist die Statik der Lichteffekte. Außerdem muss der Raum stärker abgedunkelt werden.

❍ Episkop: Entsprechende Fotos einlegen. Den Raum gut abdunkeln.

❍ Reflektierende Folie: Scheinwerfer (Seite 26) auf Metallic- oder Spiegelfolie richten. Die Folie so installieren, dass sie das Licht in interessanten Reflexen auf die Bühne lenkt. (Einfallswinkel = Ausfallswinkel; Skizze.)

❍ Farbiges Licht: Lichtstimmungen mit Scheinwerfern, die vor die Folien geklemmt sind (Skizze), oder mit bemalten Glühlampen (Blaugrün für das Wasser; Gelb für das Licht) erzeugen (Seite 26).

❍ UV-Licht: Kostüme und Dekorationen mit fluoreszierenden UV-Farben bemalen.

1.2 EINFACHE VERSION OHNE TECHNIK

Auch ohne Lichtprojektion kann man mittels Abdeckfolien oder blauen Stoffbahnen, die von den Kindern bewegt werden, den Eindruck von Wasser und Wellen hervorrufen.

Grundriss der Bühne, Position des Overheadprojektors

Scheinwerfer mit Farbfolie

Scheinwerfer, reflektierende Folie, Horizont

In beiden Fällen lässt sich die Wasserkulisse natürlich auch wieder durch „schwimmende" Luftballons ausgestalten.
Farbige Glühlampen (siehe Seite 26) verdeutlichen den Unterschied zwischen Sonne und Regen, zwischen der Welt über und unter Wasser. Der Zuschauerraum sollte dabei möglichst dunkel sein.

2 KLÄNGE

Klangquelle ist im einfachsten Fall ein CD-/MP3-Player. Abnehmbare Boxen können getrennt voneinander in den hinteren Ecken der Bühne aufgestellt werden. Falls mit Lichteffekten gearbeitet wird, steht das Gerät am besten beim Lichttechniker und wird von diesem bedient.
In der Probe sollten die Klangeinheiten je nach Szene einzeln abgespielt werden. Der Ablauf wird dann nicht durch die Länge der Klangeinheiten bestimmt, die Akteure können die Szenen nach Belieben ausspielen. Erst wenn die Dauer der einzelnen Szenen feststeht, werden die Sequenzen in der entsprechenden Länge und Reihenfolge auf eine einzige CD oder Datei übertragen.

Hier nun unsere „Klangvorschläge":

❍ Der Rhythmus des Regentanzes entsteht im Idealfall „live" auf der Bühne; er kann aber auch vorproduziert und abgespielt werden.

❍ Manche der Klänge können der Natur abgelauscht oder für das Stück „künstlich" produziert werden: Zikaden (für die Hitze) – ferner, rollender Donner, fallende Tropfen; Regen – Donner; strömender, tosender Regen – anrollende Brandung.

❍ Dafür ist ein Smartphone ausreichend. Die Suche von Geräuschen kann man als spannendes Aktionsspiel gestalten.
Oder man hilft sich mit Klang-CDs, die im Handel erhältlich sind.

❍ Als Musikbeispiele bieten sich unter anderem an: Unterwassermusik I: „Mantra" (Somei Satoh); „Are Descent" (David Hykes).
Unterwassermusik II: „Space Quest", Romantic Warrior; „Aldebaran", Enya.
Unterwassermusik III: „Voice of Autumn", Blonker; „Shikara", Leny McDowell.
Unterwassermusik IV: „Wale"; „Sanctus, Osanna in Excelsis" und „Benedictus", Paul Winter.
Jedes der ausgewählten Klangstücke wird die Atmosphäre, damit die Choreographie und womöglich auch den Handlungsablauf entscheidend beeinflussen. Andere Musik wird neue Ideen auftauchen lassen. Es lohnt sich daher, die Auswahl gemeinsam mit den Akteuren als wichtigen Punkt in der Vorbereitung des Stücks einzuplanen.
(Die hier vorgeschlagenen Beispiele sind übrigens auf folgenden CDs zu finden: „Mantra", „Are Descent" und „Wale" auf: „Chöre der Welt" – „Stimmen! Stimmen! Der riesige Ruf", Hg. Joachim- Ernst Berendt [Zweitausendeins].
Alle anderen Stücke auf: „European New Instrumental Music.")
Fundgruben für die musikalische Untermalung sind außerdem: „Der Zauberlehrling", Paul Dukas; „Der Karneval der Tiere", Camille Saint-Saens; „Peer Gint", Edvard Grieg; „Die Moldau", „Nymphenreigen", Friedrich Smetana; „La Mer", Claude Debussy; „Le Sacre du Printemps", Igor Strawinsky; „In C", Terry Riley (Minimal Music); „Salome", Kronos Quartet Plays Terry Riley (Minimal Music); „Erdenklang", Hubert Bognermayr (elektronische Musik); „Aura", Peter Michael Hamei; „Dolmen Music", Meredith Monk; „Caravanserai", Carlos Santana; „Eskimo", The Residents; „Codona", Codona; „Brave New World", Laury Anderson; „Megadrums", Werner Flatischler.

3 KOSTÜME

Für die aufwendigere Inszenierung haben wir phantasievolle Kostüme aus Futterstoff entworfen, die nicht nur im Rahmen dieses Stückes einsetzbar sind. Eine besonders einfache und schnelle Alternative sind Kostüme aus Leintüchern, auf die man mit Textil- oder Deckfarben Wasserwesen malen kann. Mit Augenschlitzen versehen, werden diese Tücher dann über den Kopf geworfen und um den Hals gebunden (siehe unten).

Das Volk trägt sommerliche Alltagskleider, der Regenmacher entsprechende Regenbekleidung (Gummistiefel, Cape, Schirm ...).

VIER UNTERWASSERWESEN

Material

Futterstoff in unterschiedlichen Blautönen für die Grundteile, jeweils 140 x 140 cm; Futterstoff in verschiedenen Farben für die Ausgestaltung der Gewänder; Schaumstoffflocken (Polsterfüllung) bzw. Styroporkugeln als Füllmaterial; Faden; Knöpfe; Heftklammern

Ausführung (von links nach rechts)

❍ Das Tuch säumen.

Den Stoff doppelt legen. Streifen von 15 bis 20 cm Breite und 20 bis 40 cm Länge unregelmäßig gewellt zuschneiden; dabei von hinten nach vorne zuspitzen. An den Seiten zusammennähen, mit Schaumstoffflocken füllen und auf dem Gewand befestigen. Nun Augenlöcher einschneiden und säumen.

Damit das Tuch nicht rutscht, ein Band um den Hals schlingen.

❍ Das gesäumte Tuch doppelt legen und in der Mitte der gefalteten Kante einen Halbkreis mit einem Durchmesser von 19 cm als Kopföffnung ausschneiden. Zwei Bogenformen von 30 cm Breite und 40 cm Höhe zu einer Kapuze zusammennähen und an der Kopföffnung anbringen. Auch hier wieder Augenschlitze einschneiden und säumen.

Styroporkugeln von 5 bis 12 cm Durchmesser in ein Stoffquadrat wickeln, zusammenheften und auf das Gewand nähen.

❍ Wiederum eine Kopföffnung ausschneiden, diesmal mit einem Durchmesser von 12 cm; am hinteren Rand zusätzlich schlitzen. Die Schnittkanten des Tuches säumen. Um den Schlitz später schließen zu können, oben einen Knopf annähen. Mehrere Streifen von 100 bis 120 cm Länge und einer Breite von 20 bis 30 cm ausschneiden; an den Längskanten zusammennähen und mit Schaumstoffflocken füllen. Die Enden schließen. Dann die Schläuche kreuz und quer auf dem Gewand befestigen.

Ein Tuch von etwa 60 x 60 cm über den Kopf legen, mit Gucklöchern versehen und umbinden.

❍ Einen Kopfausschnitt von 19 cm Durchmesser in das gesäumte Tuch schneiden. Ein gleichschenkliges Dreieck (Schenkel 45 cm, Grundseite 60 cm) zu einer Tüte zusammennähen und als Kapuze anbringen. Sehschlitze anfertigen.

Weitere Dreiecke unterschiedlicher Größe (Schenkel 25 bis 35 cm, Grundseite 20 bis 40 cm) wie zuvor zusammennähen, mit Schaumstoffflocken ausstopfen und auf dem Gewand befestigen.

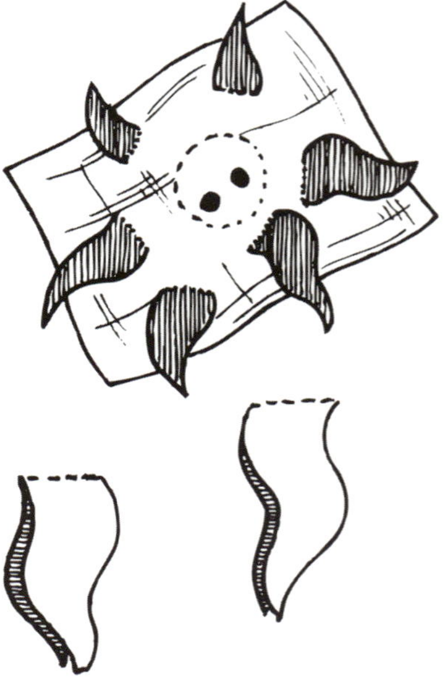

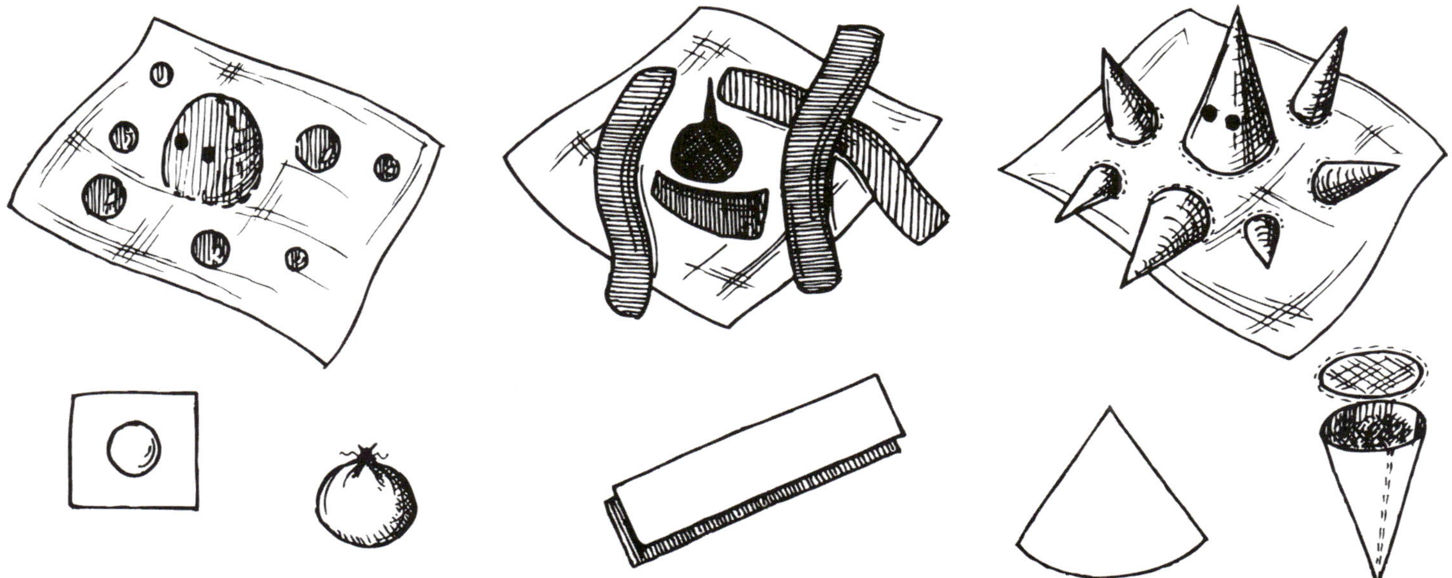

Kalif Storch

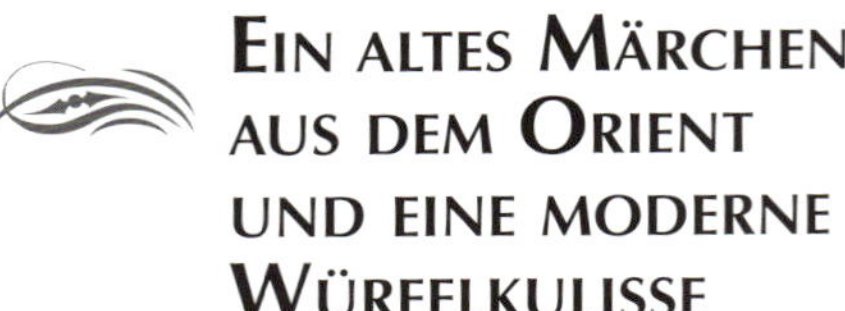

Ein altes Märchen aus dem Orient und eine moderne Würfelkulisse

INHALT

Der Kalif von Bagdad und sein Großwesir gehen einem machthungrigen Zauberer auf den Leim: Sie verwandeln sich aus Neugier in Störche und müssen dann so lachen, dass sie das Zauberwort vergessen, das sie in Menschen zurückverwandeln würde. Der Zauberer wird Kalif. Doch mit Hilfe einer „Eule" finden die beiden wieder zu ihrer Menschengestalt zurück.

BESONDERHEITEN

Ein schönes und lustiges Märchenstück mit orientalischen Motiven. Es bietet sich für eine eher aufwendige Inszenierung zum Beispiel im Rahmen von Projekttagen an.

SCHWERPUNKTE IM SPIEL

Ausstattungstheater mit orientalischem Ambiente. Verwandlungsszenen und Dialoge.

SCHWERPUNKTE BEI BER VORBEREITUNG

Gestaltung einer variablen und einfachen, jedoch eindrucksvollen Bühnenlandschaft aus großen Würfeln. Herstellung von Stoffkostümen.

MITSPIELER

Mindestens acht Akteure und ein Erzähler.

VORBEREITENDE SPIELE

Zauberei
Ein Kind spielt den Zauberer und verwandelt die anderen zuerst in Störche, dann in Eulen oder in Kamele, Schlangen, Kalifen, Bauchtänzerinnen, Diebe ... Diese bewegen sich der neuen Rolle gemäß, bis sie entzaubert werden.

Lasst uns fliegen
Alle zusammen bilden einen großen Vogel oder ein Flugzeug oder einen Drachen mit einem langen, lustigen Schwanz (oder auch einen feuerspeienden Drachen) und fliegen ...

Armer weißer Storch
In Abwandlung von „Armer schwarzer Kater" spielen. Im Kreis sitzen. Der arme weiße Storch geht umher, wählt sich eines der Kinder aus und stellt oder kauert sich davor. Dann klappert und guckt er herzerweichend und reibt vielleicht auch seinen Schnabel an dem Kind. Dieses muss dem Storch, wenn er mit dem Schnabel geklappert hat, über den Kopf streichen und „armer weißer Storch" sagen. Dabei darf es nicht lachen. Dies wird noch zweimal wiederholt. Gelingt es dem Kind, ernst zu bleiben, muss der Storch weiterfliegen. Lacht es, wird es selbst zu einem Storch und löst den anderen ab.

Zauberwort
Eine Geschichte erzählen: Bereits vorher wurde vereinbart, dass bei einem bestimmten Wort, bestimmte Sachen gemacht werden müssen.
Bei dem Wort Oase, Wüste oder Wüstensand zum Beispiel eine Verbeugung machen, einen Storch oder eine Bauchtänzerin spielen ...

Mit fremden Zungen sprechen
Situationen darstellen, dabei fremde Sprache fingieren. Beispiele für solche Situationen können sein:
❍ In einem Bazar bieten die Händler den Kunden Waren an (Teppiche, Gewürze, Rosenwasser ...).
❍ In einem Caféhaus in Bagdad treffen sich ein Teppichhändler, ein Karawanenführer, ein Mullah, ein Schlangenbeschwörer, ein Geschichtenerzähler, ein Fakir, eine Bauchtänzerin, der Cafébesitzer ...

Wenn Tiere reden könnten ...
Tiere darstellen und dabei reden, und zwar in unserer menschlichen Sprache, aber mit einer dem jeweiligen Tier angepassten Stimme, Betonung, Geschwindigkeit und Ausdrucksweise: Wie würden sich zum Beispiel Störche, Eulen, Kamele, Hunde anhören, wenn sie die Sprache der Menschen sprechen könnten?

Improvisieren
Improvisationsthemen vorgeben und die Kinder frei spielen lassen, ohne lenkend einzugreifen:
❍ Eine Karawane mit vollbeladenen Kamelen zieht bei brütender Hitze durch die Wüste. In einer Oase machen sie Rast. Schließlich setzen sie ihren Weg fort. Da kommt ein Sandsturm ...
❍ Am Kopfende eines großen, langgestreckten Saales sitzt der erhabene Herrscher. Ein Diener (oder Untertan) kommt mit einer guten Nachricht: Der seit vielen Tagen gesuchte Dieb konnte endlich gefasst werden ...
❍ Die Ausgangssituation ist die gleiche wie zuvor. Diesmal hat der Diener aber eine schlechte Nachricht: Der Koch ist in den Brunnen gefallen ... (Improvisationen siehe auch „Der Suppenstein", Seite 83.)

HINWEISE ZUM STÜCK

❍ *Stoff: In dieser dramatisierten Fassung wurde das Originalmärchen in mehreren Punkten verändert und vereinfacht, um Szenen und Schauplatzänderungen, die für den Verlauf der Handlung unwesentlich sind, einzusparen:*
Der Krämer, der die Zauberdose bringt, ist zugleich der Zauberer.
Die Eule (Prinzessin) wird durch das gleiche Zauberwort erlöst wie der Kalif und der Großwesir. Der Zauberer verrät sich selbst.

❍ *Schauplätze:*
1. Akt – im Palast des Kalifen,
2. Akt – draußen vor der Stadt,
3. Akt – auf den Zinnen der Stadt,
4. Akt – wieder im Palast;
in unserer Inszenierung werden die verschiedenen Schauplätze durch eine entsprechende Kulisse aus bemalten Würfeln angedeutet, die zwischen den Akten lediglich umgestellt werden.

❍ *Personen: Kalif – Großwesir – Krämer – Zauberer Mizra – mindestens zwei Störche – Eule/Prinzessin – mindestens zwei Kumpane des Zauberers; außerdem ein Erzähler.*

❍ *Kostüme: orientalisch anmutende Stoffkostüme.*

Das Stück im Ablauf

ERSTER AKT

(Die Würfelkulisse zeigt das Innere des Palastes und gibt gleichzeitig den Blick auf einige Türme der Stadt frei. Im Palast sitzen der Kalif Chasid und sein Großwesir auf hohen Polstern ...)

ERZÄHLER: *(Liest, auf einem großen Kissen sitzend, aus einem dicken Buch vor.)*
Es war einmal, oder es war einmal nicht, ein großer Kalif in der großen Stadt Bagdad. Er saß behaglich auf seinem Diwan und rauchte seine lange Pfeife aus Rosenholz, trank hier und da ein wenig Kaffee und strich sich allemal vergnügt den Bart, wenn es ihm recht geschmeckt hatte. Neben ihm saß sein Großwesir, und je länger sie so saßen und rauchten und Kaffee tranken, desto langweiliger wurde es ihnen an diesem langweiligen Nachmittag.

KALIF: Ist es heute nicht ganz besonders langweilig, lieber Großwesir?

WESIR: Gewiss, Herr Kalif. Sehr langweilig sogar. Vielleicht sollten wir den Märchenerzähler kommen lassen?

KALIF: Ach nein, ich kenne all seine Geschichten schon.

WESIR: Oder sollten wir Schach spielen?

KALIF: Ach nein, du gewinnst doch immer. Sag, wann gibt es Abendessen?

WESIR: Aber es war doch gerade erst Mittag!

KALIF: Schade. Ach, wie gerne möchte ich eine wirklich spannende, lustige Geschichte erleben!

WESIR: Ich auch.

KALIF: Das hat man davon, wenn man Kalif ist. Immer muss man würdig sein. Nie darf man Faxen machen.

WESIR: Nie darf man Faxen machen. Ach ja.

KALIF: Wie gerne würde ich einmal herumhüpfen. Oder einen Purzelbaum schlagen. Und laut lachen. Ach ja.

WESIR: Ach ja. Wie lange haben wir schon nicht mehr laut gelacht. Aber ein Kalif und sein Großwesir müssen immer ernst sein. Ach ja. – Aber was ist das?

KRÄMER: *(Stimme von draußen.)*
Hört, ihr Leute, lasst euch sagen,
wenn euch große Sorgen plagen,
wenn euch Langeweile drückt,
hier ist was, das euch entzückt:
Murmeln, Puppen, Hampelmann,
Stehaufmännchen, Kinderkram,
lustige und bunte Sachen
bringen euch gewiss zum Lachen!

KALIF: Bloß ein Krämer mit Spielsachen. Wie langweilig.

KRÄMER: *(Stimme von draußen.)*
Den besten Zaubertrick der Welt,
den man kaufen kann für Geld ...

WESIR: Zaubertricks. Wie langweilig.

KALIF: Langweilig? Vielleicht zeigt uns der Krämer lustige Zaubertricks! Großwesir, hol den Mann herein!

WESIR: Sehr wohl, Herr Kalif.

(Geht ab, kommt mit dem Krämer zurück.)

KRÄMER: Ich, der unwürdige Krämer Mizra, begrüße den Kalifen, den Herrn über Bagdad und den Erdkreis, Beschützer der Gläubigen, Meister der ...

KALIF: Genug. Zeig mir deine Schätze. Öffne deine Kiste. Was haben wir denn da an Zaubertricks?

KRÄMER: Sehr wohl, Herr Kalif. Diese Puppe hier kann singen und tanzen und ...

WESIR: Das sind Kindereien. Wo sind deine Zaubertricks? Was ist in der Dose mit den geheimnisvollen Schriftzeichen?

KRÄMER: Oh, oh, oh! Gefährlich, gefährlich. Nehmen wir lieber dieses Seifenkistchen. Damit kann man wunderbare Seifenblasen machen. Sehen Sie ...

(Bläst. Seifenblasen steigen auf.)

KALIF: Ach, hör doch auf. Was ist in dieser Dose? Und was steht auf dem Deckel?

KRÄMER: Oh, oh, oh. Gefährlich und rätselhaft. Ein mächtiger, ein gefährlicher Zauber ist das. Oh, hätte ich die Dose doch in den Tiefen des Meeres versenkt oder in der Wüste vergraben oder ...

WESIR: Hör auf zu jammern und lies vor!

KRÄMER: Hier steht ... Soll ich wirklich?

KALIF, WESIR: Lies endlich!

KRÄMER: Hier steht: „Oh, Mensch, der du dieses findest, preise Allah und fürchte ihn! Wer von dem Pulver dieser Dose schnupft und dazu spricht, Mutabor', der kann sich in jedes Tier verwandeln und versteht auch die Sprache der Tiere."

KALIF, WESIR: Ach!

KRÄMER: „Will er wieder in seine menschliche Gestalt zurückkehren, so neige er sich dreimal gegen Osten und spreche wiederum dieses Zauberwort ..."

KALIF: Muttermal.

WESIR: Nein, Butterbrot.

KRÄMER: „Mutabor." Doch, wenn du verwandelt bist, hüte dich zu lachen. Sonst vergisst du das Zauberwort auf immer und ewig, und auf immer und ewig bleibst du ein Tier!" So steht es auf der Dose geschrieben. Oh, oh, oh, gefährlich, gefährlich.

KALIF: Ach was, gefährlich. Ich lache nie und kann mir alles merken. Hier hast du drei Goldstücke für die Dose. Einverstanden?

KRÄMER: Einverstanden.

(Verneigt sich und geht ab.)

KALIF: Das nenne ich gut einkaufen, mein Großwesir. Wie freue ich mich darauf, ein Tier zu sein. Morgen früh kommst du zu mir. Wir gehen dann miteinander auf das Feld und schnupfen ein wenig aus der Dose. Dann belauschen wir die Tiere in der Luft und im Wasser, im Wald und im Feld!

ERZÄHLER: Kaum hatte am anderen Morgen der Kalif gefrühstückt und sich angekleidet, als schon der Großwesir erschien, um ihn, wie befohlen, auf dem Spaziergang zu begleiten. Der Kalif steckte die Dose mit dem Zauberpulver in den Gürtel, und nachdem er seinem Gefolge befohlen hatte zurückzubleiben, machte er sich mit dem Großwesir ganz allein auf den Weg. Sie gingen zuerst durch die weiten Gärten des Kalifen, spähten aber vergebens nach etwas Lebendigem, um ihr Kunststück zu versuchen. Dann, endlich ...

ZWEITER AKT

(Währenddessen erfolgt der Kulissenumbau. Helfer mit neutraler, dunkler Kleidung oder – besser noch – mit einem Kaftan stellen die Würfel so um, dass eine Landschaft mit Dünen und die Türme der Stadt zu sehen sind. Ist der Erzähler schon früher fertig, spazieren Kalif und Großwesir während des restlichen Umbaus im Vordergrund der Bühne auf und ab.).

KALIF: Meine Güte, ist das spannend. Großwesir, siehst du diese Mäuschen? Was die einander wohl zu erzählen haben? Komm, lasse uns Mäuschen spielen!

WESIR: Lieber nicht, Herr Kalif. Was ist, wenn die Katze kommt?

KALIF: Oh, ja, da hast du weise gesprochen. Schau, dort drüben hoppelt Hasen. Wie lustig es doch wäre, wie ein Hase zu hoppeln!

WESIR: Ich weiß nicht, Herr Kalif. Und wenn der Jäger kommt?

KALIF: Oh, ja, da hast du weise gesprochen. Lass uns Füchse sein. Füchse sind schlau, man kann sie nicht so leicht erwischen!

WESIR: Oder sie gehen in die Falle und sterben eines elenden Todes.

KALIF: Oh, ja, da hast du weise gesprochen. Komm, gehen wir rüber zum Teich. Dort sind Frösche. Wäre es nicht schön, die Sprache der Frösche zu verstehen?

WESIR: Nicht, wenn Störche in der Nähe sind. Störche spießen Frösche auf.

KALIF: Oh, ja, da hast du weise gesprochen. Da wäre ich lieber ein Storch als ein Frosch!

WESIR: So lass uns Störche sein! Niemand jagt Störche. Und ... Störche können auch fliegen!

KALIF: Oh, ja, da hast du weise gesprochen. Lass uns Störche sein! Aber vorher wollen wir uns merken, wie das Zauberwort lautet. Damit wir nicht als Störche enden. Ha ha ha.

WESIR: Ha ha ha. Das Wort ist ganz einfach. Es lautet ... Mu-, Bot-, Rum-, äh ...

KALIF: Da auf der Dose steht es ja.

KALIF, WESIR: Mutabor. So einfach!

WESIR: Aber bloß nicht lachen!

KALIF: Natürlich nicht, ha ha ha. Lass uns jetzt schnupfen ... (*Beide schnupfen.*) ... und das Zauberwort rufen!

(Beide lesen es von der Dose ab.)

KALIF, WESIR: Muuuutaaaaaboooor!!!

(Verwandlung der Kostüme: Kalif und Großwesir werden zu Störchen.).

KALIF: Meine Güte, Großwesir, wie siehst du denn aus? So einen langen Schnabel habe ich noch nie gesehen!

WESIR: Und Sie erst, Herr Kalif. Diese dünnen roten Beinchen! Dieser riesige Storchenschnabel! Nein wirklich, zu komisch. Kalif Storch! Ist das nicht lachhaft? *(Bleibt dabei ernst.)*

KALIF: Kalif Storch, was für ein komischer Name. Ach, Großwesir, geh doch einmal eine Runde. Nein, wie lustig du gehst. Zum Totlachen. *(Bleibt dabei auch ernst.)*

WESIR: Bloß nicht lachen. Sonst vergessen wir das Zauberwort!

KALIF: Aber woher denn. Ich lache nie! Komm, gehen wir rüber zu den anderen Störchen. Was die wohl zu erzählen haben?

STORCH 1: Guten Morgen, Frau Langbein, so früh schon auf der Wiese?

STORCH 2: Schönen Dank, lieber Klapperschnabel. Haben Sie bereits gefrühstückt?

KALIF: Der arme Frosch!

STORCH 2: Was sagt der Kerl da? Wie komisch der redet! Also, frühstücken mag ich heute nicht. Ich bin viel zu aufgeregt. Wissen Sie, ich soll heute vor den Gästen meines Vaters tanzen. Und da muss ich noch etwas üben. Sehen Sie!

(Tanzt komische, hüpfende, gespreizte Schritte.)

KALIF: Nein, wie wunderlich. Das nennt sie tanzen! Beim Barte des Propheten, so was Lustiges habe ich mein Leben lang noch nicht gesehen. Ha ha ha ...

WESIR: He he he hi hi hi ..."

STORCH 1: Haltet den Schnabel, ihr ekelhaften Kerle!

STORCH 2: Sonst hole ich meinen Vater!

STORCH 1: Komm, wir fliegen anderswohin!

KALIF: Ha ha ha, selten so gelacht.

WESIR: Beim Barte des Propheten! Jetzt haben wir wirklich gelacht. Und das Zauberwort vergessen. Wie war das bloß? Mu – mu – mu ...

KALIF: Total vergessen. Lieber Himmel! Mu – mu ...

WESIR: Muskatnuss! Falsch. Mu – mu ...

KALIF: Muttersöhnchen! Falsch. Mu – mu ...

WESIR: Mu – mu – mu ... zum Teufel. Wir sind verloren.

KALIF: Ich hab's! Das Wort steht doch auf der Dose. Wo habe ich sie bloß? Ach ja, hier liegt sie. (*Versucht zu lesen.*) Komisch, ich versteh' das nicht. Lies du.

WESIR: Äh ... ich kann es nicht lesen. Ich kann die Menschenschrift nicht mehr lesen. Wir armen Störche!

KALIF: So sind wir also verloren. Kalif Storch und Großwesir Storch. Mu – mu – mu ...

ERZÄHLER: So oft sich der Kalif auch bückte, so sehnlich auch sein Großwesir „Mu – mu – mu ..." dazu rief, jede Erinnerung an das Zauberwort war entschwunden.
Traurig schritten die Verzauberten durch die Felder. Sie wussten gar nicht, was sie in ihrem Elend anfangen sollten. Denn wer hätte von einem Storch geglaubt, dass er der Kalif sei? Sie schlichen also umher und ernährten sich kümmerlich von Feldfrüchten, die sie aber wegen ihrer langen Schnäbel nicht gut verspeisen konnten. Und auf Eidechsen und Frösche hatten sie keinen Appetit.

Sie flogen auf den höchsten Turm der Stadt Bagdad. Doch nicht einmal das Fliegen bereitete ihnen Vergnügen. Für Störche war Fliegen genauso wenig aufregend wie Spazierengehen für Menschen.
So saßen sie schließlich auf dem Turm und schauten bekümmert auf ihre Stadt hinunter.

Am ersten Tag ihres Verschwindens bemerkten sie große Unruhe und Trauer in den Straßen. Am dritten Tag sahen sie einen prächtigen Aufzug. Trommeln und Pfeifen ertönten, ein Mann in einem goldbestickten Purpurmantel saß auf einem geschmückten Pferd, umgeben von glänzenden Dienern.

DRITTER AKT

(Während die Kulissen so umgebaut werden, dass man nun die Zinnen der Stadt sieht, fliegen die Störche umher. Erst wenn der Erzähler fertig gesprochen hat, lassen sie sich auf den Zinnen nieder. Dort sitzt bereits die Eule.)

WESIR: Herr Kalif, Herr Kalif, hören Sie die Menschen rufen? Welch ein Unglück, sie rufen: Heil dem Kalifen Mizra! Heil dem neuen Herrscher von Bagdad!

KALIF: Nein!

WESIR: Doch. Dort unten zieht er in unseren Palast ein!

KALIF: Unglaubliche Frechheit! Da muss ich gleich nach dem Rechten sehen. Den Burschen knöpfe ich mir vor.

WESIR: Aber wie, mein Herr Kalif? Als Kalif Storch?

KALIF: Ach, da hast du weise gesprochen. Wir sind verloren. Sag, wie ist der Name des Schurken?

WESIR: „Mizra! Mizra!" rufen die Leute.

KALIF: Mizra. Aha. Hieß nicht der Krämer so? Der uns das Storchenpulver verkauft hat? Der elende Zauberer! Mit seinem Storchentrick hat er uns aus dem Weg geräumt!

WESIR: Alles aus und verloren!

EULE: Noch nicht!

KALIF: Hast du „noch nicht" gesagt?

WESIR: Wer, ich?

EULE: Nein, ich!

KALIF: Willst du mich verspotten? Wer ich? Nicht ich? Noch nicht?

EULE: Nein, ich! Ich, die Eule. Ich sitze hier in der Nische.

WESIR: So etwas. Eine Eule, die sprechen kann!

EULE: So etwas. Störche, die sprechen können! Sagt, seid ihr wirklich der Kalif von Bagdad und sein Großwesir?

KALIF, WESIR: So ist es. Seid ihr etwa auch verzaubert worden?

EULE: Ja, und auch vom bösen Zauberer Mizra.

KALIF: Dieser Schurke. Doch sprich, wie ist es dir ergangen?

EULE: So hört. Ich bin in Wirklichkeit eine Prinzessin. Mein Vater, der König von Indien, hat den bösen Zauberer Mizra vom Hof verjagt. Aus Rache hat dieser mich in eine Eule verwandelt.

KALIF: Du Arme! Doch sprich weiter!

EULE: Er raubte mich, brachte mich hierher und rief: „Da sollst du bleiben, eine abscheuliche Eule, bis jemand das Zauberwort spricht. Erst dann wirst du wieder zur schönen Prinzessin."

KALIF: Das verflixte Zauberwort, das uns wieder zu Menschen macht!

EULE: Ich weiß nur, es war etwas mit Mu!

WESIR: Mu – mu – mu ...

EULE: Mu – mu – mu ... ich finde es nicht!

KALIF: Mu – mu – mu ...

STIMME: Was ist da los? Sind da Kühe im Turm?

EULE: Pssst. Das ist der Wächter des Turms. Leise, leise. So finden wir das Wort nie.

KALIF: Nie!

WESIR: Vor drei Tagen habe ich es noch gewusst! Und der einzige, der es heute weiß, ist der Schurke Mizra, der falsche Kalif.

KALIF: Und der verrät es uns nie!

EULE: Uns verrät er es nie. Aber womöglich verrät er es seinen Kumpanen? Warum fliegen wir nicht einfach hinüber zum Palast und belauschen den Zauberer Mizra? Vielleicht sitzt er dort mit seinen Kumpanen zusammen und trinkt und prahlt?

KALIF: Gute Idee. Das ist unsere letzte Chance! Kommt! Lasst uns fliegen!

ERZÄHLER: Und so flogen Kalif Storch, sein Großwesir und Prinzessin Eule zum Palast. Sie setzten sich auf die Fensterbank und lauschten. Und da saß tatsächlich der üble Zauberer Mizra im Kreise seiner Kumpane. Er hatte schon das eine oder andere Glas getrunken. Und dann erzählte er, wie er den Kalifen und seinen Großwesir verlockt hatte, sich in Störche zu verwandeln, damit er, Mizra, endlich Kalif von Bagdad werden könne.

VIERTER AKT

(Erneuter Umbau zum Palast. Störche und Eule fliegen umher und landen auf einem Würfel mit Türmen. Vor und auf den anderen Würfeln, die Teppich und Wandmuster zeigen, sitzen der Krämer und zwei Kumpane.)

1. KUMPAN: Ho ho ho, das war ja ein toller Streich! Ein Hoch dem schlauen Kalifen Mizra!

2. KUMPAN: Hoch, hoch, hoch!

MIZRA: Ha ha ha, ich bin schon ein schlauer Teufel. Und niemals werden Kalif Storch und sein Großwesir das Zauberwort erfahren!

1. KUMPAN: Was ist denn da am Fenster? Zwei Störche?

2. KUMPAN: Pssst, sei doch still. Aber sag, Mizra, wie lautet denn nun das Zauberwort?

MIZRA: Ganz einfach. Es lautet Mu ..., Moment, ich will zuerst gucken, ob die Luft rein ist. Niemand unter dem Sofa? Nichts hinter dem Schrank? Gut, so hört, meine Freunde. Das Zauberwort lautet: Mutabor.

KUMPAN: Mutabor!

KALIF, WESIR, EULE: *(Springen vom Fenster in den Thronsaal.)* Muuuutaaaaaboooor!

(Sie verwandeln sich in Menschen zurück.)

1. KUMPAN: Der Ka-, Ka-, Ka- ... Der Kalif ist wieder da!

2. KUMPAN: Der Gro-, Gro-, Gro- ... Großwesir! Gnade, Gnade! Nichts wie weg.

MIZRA: Die Pri-, Pri- ... Prinzessin!

KALIF: *(Zu den Kumpanen gewandt:)* Ihr beiden schert euch zum Teufel. Los, husch husch! Du aber, Mizra, wirst im Kerker landen, wo du keinen Schaden mehr anrichten kannst. Großwesir, kümmere dich um ihn!

WESIR: Ab in den Kerker.

KALIF: Und die Eu-, Eu-, Euer Hochwohlgeboren, du bist ja wirklich eine wunderschöne Prinzessin!

PRINZESSIN: Und du gefällst mir als Kalif auch viel besser!

ERZÄHLER: Und so kam die Geschichte vom Kalif Storch zu einem Ende, das noch viel besser war als ihr Anfang. Die Prinzessin nahm den Kalifen zum Mann, und gemeinsam lebten sie glücklich und zufrieden. Dem bösen Mizra aber befahlen sie, tüchtig vom Zauberpulver zu schnupfen, bis er in einen Storch verwandelt war. Der Kalif ließ ihn in einen eisernen Käfig sperren und diesen in seinem Garten aufstellen. Und langweilig, nein langweilig wurde ihnen nie mehr.

HINWEISE ZUR INSZENIERUNG

Hier bietet es sich an, dem Publikum wie auch den Akteuren ein möglichst umfassendes orientalisches Erlebnis zu verschaffen:

❍ Der Erzähler, der auf einem großen Kissen hockt und aus einem dicken Buch vorliest, nimmt die Funktion des traditionellen morgenländischen Märchenerzählers wahr. Die Szenen treten quasi aus seiner Geschichte heraus.
Mit entsprechender Beleuchtung lässt sich dies noch unterstreichen: Wenn der Erzähler vorliest, ist das Licht auf ihn gerichtet.

❍ Sind die technischen Möglichkeiten vorhanden, kann man außerdem einen Unterschied zwischen Tageslicht und Innenraumbeleuchtung machen. Ersteres lässt sich mit breit streuenden Strahlern erzielen. Eine Innenraumbeleuchtung hingegen ist auf einen kleinen Schauplatz konzentriert.
Durch farbiges Licht ist der jeweilige Eindruck noch zu unterstreichen: Tageslichtlampen (leicht blaustichig), Glühlampen in Blau und kaltem Gelb (eventuell mit Glühlampenlack bemalen) erwecken den Eindruck, dass eine Szene im Freien spielt. Rote und orangefarbene Glühlampen suggerieren die Vorstellung eines Innenraumes; diese Vorstellung wird verstärkt, wenn man mit Glühbirnen, die einen flackernden „Kerzendocht" haben, ein indirektes Licht (hinter einem Würfel) erzeugt.

❍ Zur Einstimmung, zum Szenenwechsel und zum Ausklang kann man einige Takte orientalischer Musik vom Band abspielen.

❍ Räucherkegel oder -Stäbchen runden das sinnliche Erlebnis ab.

❍ Natürlich lässt sich auch die von uns vor-geschlagene Würfelkulisse durch zusätzliche Requisiten ergänzen: durch Polster, Wasser-pfeifen, Obstschalen, Vasen, Mokkageschirr...
Dies ist allerdings nicht nur eine Frage des Geschmacks, sondern auch des Aufwands.

1 KULISSEN

Als Bühnenbild für dieses orientalische Märchen haben wir eine Kulisse aus Würfeln gewählt, die sich von ihrem Grundprinzip her auch für viele andere Stücke eignet. Würfelkulissen bieten sich insbesondere bei Raumbühnen an, wo das Publikum wie in einer Arena im Halbkreis sitzt und damit nicht nur frontal, sondern auch von der Seite zuschaut. Und wenn einige Szenen oben auf die Würfel verlagert werden, hat man selbst von den hinteren „Rängen" noch eine gute Sicht.

Gedanklich sind wir vom Spiel mit Bausteinen ausgegangen, dass es möglich macht, durch alleiniges Umstellen ganz verschiedene Räume zu schaffen. Die Kinder, die mit dem Bausteinspiel vertraut sind, setzen die Würfel auf offener Bühne um und verändern so die Schauplätze auf eine für alle Beteiligten interessante und unterhaltsame Weise. Um einen reibungslosen Ablauf des Umbaus zu garantieren, sollte jedoch eine Art Choreographie festgelegt werden – vor allem wenn die Würfel nicht neutral, sondern mit Motiven bemalt sind.

Eine sandfarbene Stoffbahn, die übereinen der Würfel geworfen wurde, soll im Übrigen eine Wüste andeuten und damit den Außenraum zusätzlich definieren. Eine strahlende Sonne aus bemalter Pappe verstärkt den Eindruck von der Wärme des Orients (siehe Seite 108 ff.). Eine senkrechte blaue Hängebahn grenzt schließlich die Bühne nach hinten ab.

WÜRFEL

Material

große Schachteln (Verpackungen von Fernsehgeräten o. a.), am besten mit Innenversteifung; Klebeband; wasserlöslicher Acryllack zum Grundieren; Dispersionsfarbe in Weiß, Gelb, Rot, Blau und Schwarz

Ausführung

Als Würfel gut geeignet sind Kartons, wie man sie zum Beispiel beim Fernsehhändler bekommt. Wenn die Innenverpackung noch dabei ist (mit Klebeband fixieren), haben die Würfel eine größere Stabilität. Die Schachteln sind schnell präpariert: Die Außenkanten mit Klebeband überziehen, um die Falzstellen zu verdecken. Dann alle Außenwände mit weißem, wasserlöslichem Acryllack grundieren, damit die Farbe später nicht zu stark in die Pappe einzieht. Außerdem wird so die Beschriftung überdeckt.

Da unsere Inszenierung des „Kalif Storch" drei verschiedene Szenenbilder hat – den Palast des Kalifen, die Landschaft vor der Stadt, die Zinnen –, sollten auch drei verschiedene Würfelanordnungen festgelegt werden. Gemeinsam mit den Kindern werden auf spielerische Art und Weise verschiedene Positionen ausprobiert. Hat man sich auf eine Anordnung geeinigt, das gewünschte Bild zunächst auf den Würfeln, so wie sie stehen, vorzeichnen. Dabei allein auf die Gesamtwirkung achten; ein Torbogen kann ruhig über zwei auseinanderstehende Würfel gehen oder eine Palme über Eck gemalt sein. Die Stellung der Würfel in einer Skizze festhalten.

Dann das nächste Szenenbild in gleicher Weise in Angriff nehmen. Beim Ausmalen mit Dispersionsfarben einerseits auf eine einheitliche stilistische und farbliche Gestaltung achten, andererseits die drei Bilder klar voneinander unterscheiden.

Die Skizzen veranschaulichen die Positionen der Würfel in den einzelnen Szenen.

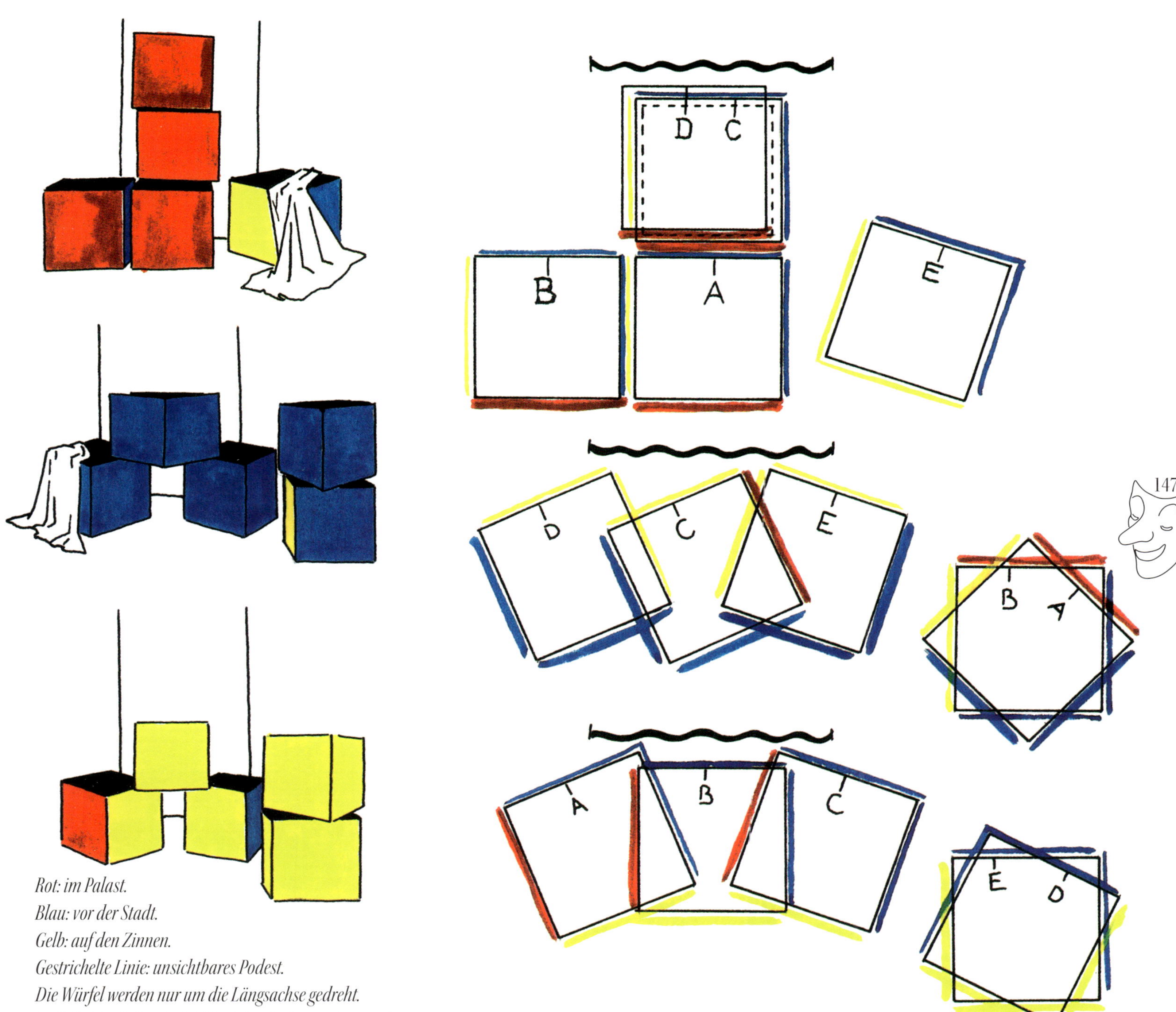

Rot: im Palast.
Blau: vor der Stadt.
Gelb: auf den Zinnen.
Gestrichelte Linie: unsichtbares Podest.
Die Würfel werden nur um die Längsachse gedreht.
Lediglich im Palast ist bei Würfel D die Unterseite zu sehen.

2 KOSTÜME

Da unsere Inszenierung des „Kalif Storch" relativ aufwendig ist, haben wir uns für märchenhaft-orientalische Kostüme entschieden, die aus Stoff angefertigt werden. Die Schnitte sind so einfach wie möglich gehalten und einander weitgehend ähnlich.
Von besonderem Interesse ist die Ausstattung des Kalifen, des Krämers und der Eule: Nicht nur sind diese drei die Hauptpersonen des Stücks - sie müssen auch eine Verwandlung durchmachen, die auf offener Bühne wirksam in Szene gesetzt werden soll.

KALIF

Der Kalif trägt zunächst blaue Pluderhosen, ein langes weißes Hemd, das mit einer roten Bauchbinde gerafft wird, eine gelbe Weste und ein weißes, von einer Kordel gehaltenes „Arabertuch". Am rückwärtigen Teil dieses Tuches ist ein Schnabel befestigt. Bei der Verwandlung zum Storch zieht der Kalif den auf dem Rücken baumelnden Schnabel über den Kopf nach vorne bis auf die Nase. Jetzt braucht er nur noch den am Tuch angebrachten Druckknopf hinter dem Kopf zu schließen. Das Storchenhaupt sitzt nun gut und hält sicher. Des Weiteren streift der Kalif die Hose nach oben, so dass man rote Storchenbeine (Trikot- oder Strumpfhose) sieht.

Weste und Bauchbinde

Material

gelber Filzstoff, 2 Rechtecke von 40 x 35 cm; blaues Stoffband zum Einsäumen, ca. 240 cm; roter Filzstoff, 20 x 100 cm; Sicherheitsnadel; Faden

Ausführung

Aus gelbem Filz ein Rücken- und ein Vorderteil von gleicher Größe (40 x 35 cm) zuschneiden; Armausschnitte runden, Schulterpartien abschrägen. Beim Vorderteil die Halsöffnung etwas tiefer ausschneiden; den Stoff der Länge nach halbieren. Die Seiten- und Schulternähte schließen. Die Säume mit blauem Band einfassen.
Den Stoff für die Bauchbinde um das Hemd wickeln, die Enden übereinanderschlagen, so dass sie seitlich herabhängen, und mit einer Sicherheitsnadel befestigen.

Hemd und Hose

Material

weißer Futterstoff, 2 Rechtecke von 40 x 55 cm, 2 Quadrate von 35 x 35 cm; hellblauer Futterstoff, 4 Streifen von 30 x 80 cm; Gummiband; Faden

Ausführung

Vorder- und Rückenteil des Hemdes jeweils aus einem Rechteck arbeiten. Beim Vorderteil die Halsöffnung etwas tiefer ausschneiden als beim Rücken, außerdem in der Mitte einen zehn cm langen Schlitz anbringen. Armausschnitte anlegen. Die leicht abgeschrägten Schulterpartien und die Längskanten der beiden Teile zusammennähen.
Die Ärmel gemäß der Skizze zuschneiden und zusammennähen. Die Armkugel zunächst an die Armöffnungen heften, dann festnähen.
Die sichtbaren Schnittkanten säumen.
Das Vorderteil der Hose aus zwei Streifen arbeiten: Vom Bund bis zum Schritt jeweils eine leichte Rundung ausschneiden und die beiden Teile hier zusammennähen; entsprechend das rückwärtige Teil (mit einem etwas größeren Ausschnitt) vorbereiten. Dann die Beinröhren schließen.
Den Bund zwei cm umschlagen, nähen und ein Gummiband durchziehen. Ebenso die Hosenbeine mit Gummiband versehen. Wenn sich der Kalif dann in einen Storch verwandelt, zieht er die Hosenbeine nach oben, und eine rote Strumpfhose wird sichtbar.

Tuch mit Schnabel

Material

Dreiecktuch aus weißer Seide oder Baumwolle, Seitenlänge ca. 120 cm; Kordel, 100 cm; roter Fotokarton, 20 x 20 cm; Federflaum; schwarze und weiße Filzreste für die Augen; Druckknopf; Heftklammern; Alleskleber

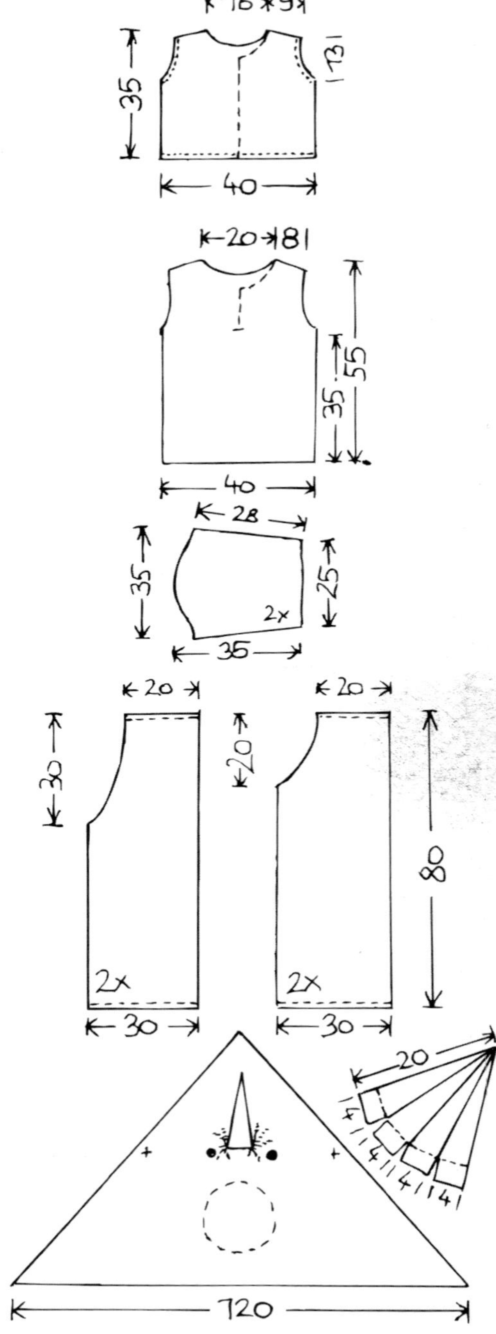

Ausführung
Aus rotem Fotokarton, wie in der Skizze erläutert, einen Schnabel zurechtschneiden und zu vier gleichschenkligen Dreiecken (Schenkel 20 cm, Grundseite 4 cm) falten; die Grundseiten 3 cm tief einschneiden, um Laschen zu erhalten. Den Schnabel an den Längskanten zusammenkleben.

Das Tuch mit der Spitze nach oben vor sich legen. 25 bis 30 cm von der Spitze entfernt vier Schlitze in den Stoff schneiden; die Laschen des Schnabels hindurchstecken und tackern. Die Klammem unter Federflaum verbergen. In der Höhe des Schnabels an den beiden Rändern des Tuches einen Druckknopf annähen (am Kopf des Kindes Maß nehmen).

Kleine Gucklöcher ausschneiden, mit schwarzen und weißen Kreisen aus Filz, die Augenformen andeuten, umranden.
Den Stoff mit der unteren Breitseite nach vorne wie ein Arabertuch aufsetzen und mit einer Kordel um die Stirn binden. Der Schnabel hängt jetzt auf dem Rücken.

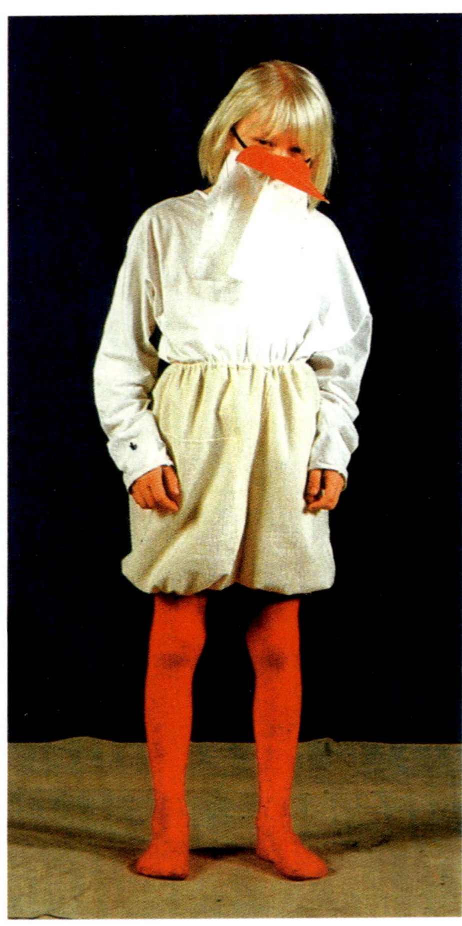

STORCH

Die „echten" Störche haben natürlich einen Schnabel, sie tragen eine kurze, bauschige weiße Hose, dazu ein Hemdchen und rote Strumpfhosen.

Schnabel

Material

roter Fotokarton, 14 x 20 cm; weißer Futterstoff, 20 x 20 cm; Gummiband; Heftklammern

Ausführung

Den Schnabel ähnlich wie den des Kalifen arbeiten; diesmal jedoch nur drei Dreiecke anlegen; außen Laschen stehen lassen und in der Mitte eine kleine Rundung ausschneiden. Den Schnabel nicht zusammenkleben; lediglich an den Laschen ein Gummiband anheften, damit der Schnabel „aufgesetzt" werden kann.

Auf der Rückseite ein Seidentuch befestigen.

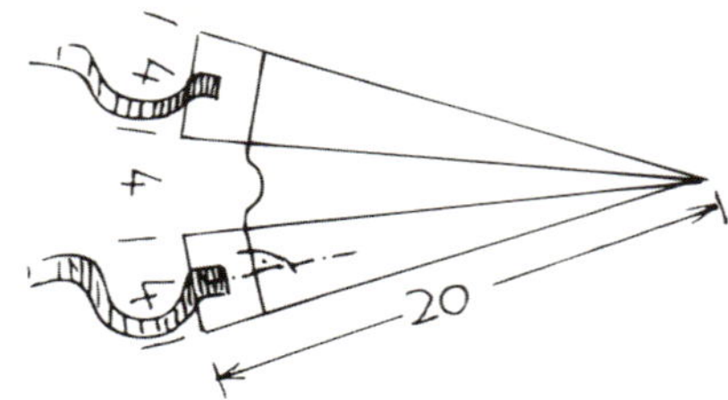

Hose

Material

weißer Wollstoff o. ä., 4 Rechtecke von 40 x 45 cm; Gummiband

Ausführung

Wie bei der Hose des Kalifen vorgehen, die Beine jedoch kürzer (45 cm) machen.

EULE UND PRINZESSIN

Die Eule erkennt der Zuschauer sofort an der Maske. Diese ist auf einem Stoffstreifen befestigt, der über dem Kopf liegt und über die Brust bis fast auf den Boden reicht. Der braune Umhang, in den sich die Eule schmiegt, wirkt wie ein Federkleid.

Wenn die Eule zur Prinzessin wird, fällt der Umhang. Das Mädchen trägt dann ein langes Kleid. Außerdem zieht es den Stoffstreifen, auf dem die Maske befestigt ist, über den Kopf weiter nach hinten: Nun hat es nicht mehr die Eulenmaske vor dem Gesicht, sondern einen schleierartig wirkenden Stoff, der so geschlitzt ist, dass er die Augen und die Stirn freilässt.

Kleid und Umhang

Material

türkisfarbener Futterstoff für das Kleid: Vorder- und Rückenteil ca. 60 x 100 cm, Ärmel 35 x 35 cm; braunes Tuch (evtl. Futterstoff) als Umhang, ca. 130 x 130 cm; Faden

Ausführung

Das Kleid wie das Hemd des Kalifen arbeiten. Lediglich die Seiten zur Taille hin leicht abrunden und unten Schlitze offenlassen.

Eventuell mit Seiden- oder Stoffmalfarbe prachtvoll ausgestalten.

Eulenmaske und Schleier

Material

leichter Karton, ca. 20 x 15 cm; Filz in Grau, Braun und Beige; Stoffstreifen in Goldbraun, 30 x 50 cm; Seide (oder Futterstoff) in Weiß, 30 x 50 cm; Gummiband; Alleskleber; Faden

Ausführung

Für die Eulenmaske einen leichten Karton als Grundlage nehmen. Die Einzelteile des Gesichts zunächst am besten im Verhältnis 1:1 auf Papier zeichnen, ausschneiden und auf Filz übertragen. Die ausgeschnittenen Formen aus Filz dann auf den Karton kleben; die überstehenden Ränder glattschneiden.

Einen goldfarbenen Stoffstreifen mit der Schmalseite vor sich legen und die Maske etwa in der Mitte aufkleben. Oben muss der Stoff so lang sein, dass er den Kopf bedecken kann; unten muss er mindestens über das Kinn und den Hals reichen.

In die Maske und den darunterliegenden Stoff kleine Löcher zum Durchschauen stechen.

Am unteren Rand des goldenen Stoffstreifens leichte Bögen einschneiden. An den Ecken einen Seidenschleier der gleichen Breite befestigen. Der Spalt, der hierbei offenbleibt, wird nach der Verwandlung zum Augenschlitz.

Nun noch an beide Seiten der Maske ein Gummiband heften, das dann um den Kopf gelegt werden kann.

WESIR

Der Großwesir trägt zunächst einen Kaftan, um den eine lange Bauchbinde geschlungen ist, darunter rötliche Trikothosen. Auf dem Kopf hat er ein Tuch, das von einem Stirnband gehalten wird. Seitlich ist es geknotet; die Enden hängen lose herab und verdecken den Schnabel, der hier provisorisch befestigt ist.

Bei der Verwandlung zum Storch wird der Schnabel aus den Falten des Kopftuches hervorgeholt und mit Hilfe eines Gummibandes auf die Nase gesetzt. Außerdem wird ein Ende der Bauchbinde zwischen den Beinen durchgeführt und am Rücken unter die Bauchbinde gesteckt, so dass der Kaftan gerafft ist.

Kaftan und Bauchbinde

Material

weißer oder naturfarbener Baumwollstoff: Vorder- und Rückenteil ca. 50 x 80 cm, Ärmel 35 x 37 cm; blauer Futterstoff für die Bauchbinde, 20 x 100 cm; Faden

Ausführung

Den Kaftan gemäß den Angaben der Skizze zuschneiden und wie das Hemd des Kalifen arbeiten. Die Bauchbinde um den Körper führen und seitlich knüpfen. Eines der Enden sollte möglichst lang sein. Dieses zunächst lose ins Band stecken. Später wird es zum Hochbinden des Kaftans dienen.

Kopftuch, Stirnband und Schnabel

Material

gelbes Kopftuch (Seide oder Futterstoff), 50 x 50 cm; entsprechendes Stirnband, 10 x 80 cm; roter Fotokarton, 14 x 23; Gummiband; Faden

Ausführung

Kopftuch und Stirnband säumen. Das Tuch über den Kopf legen, das Stirnband herumschlingen und seitlich knoten.

Den Schnabel wie den des Storches anfertigen, allerdings etwas länger machen.

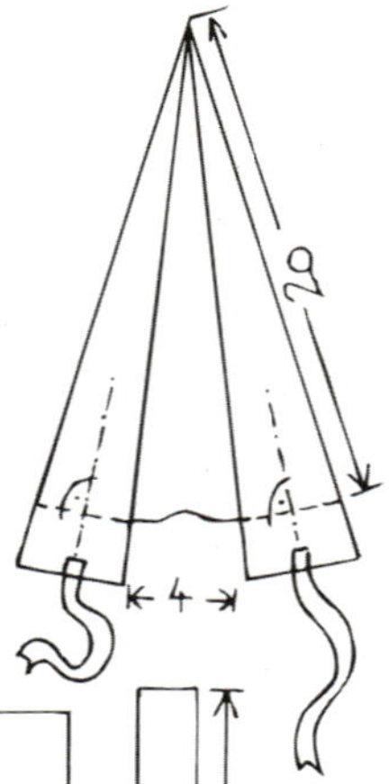

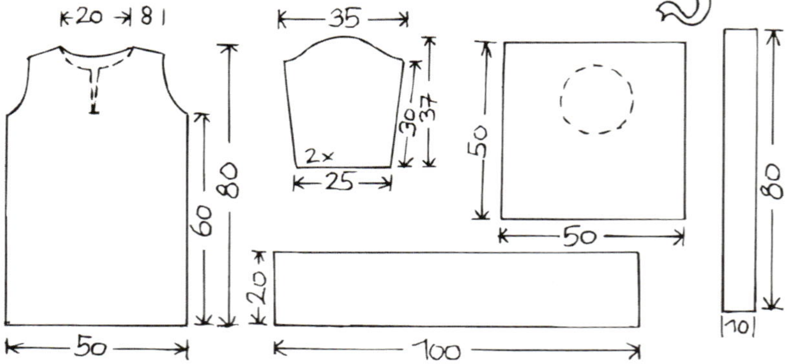

KRÄMER (MIZRA) UND KUMPAN

Der Krämer beziehungsweise der Zauberer und sein Kumpan sind im Unterschied zu den anderen dunkel gekleidet.

Als Krämer führt Mizra einen Bauchladen mit sich. Dieser besteht aus einer Schachtel mit einem Deckel, der sich vorne aufklappen lässt. Er ist mit Lack und Volltonfarben geheimnisvoll bemalt. Mit Hilfe eines Bandes, dass an den oberen hinteren Ecken angeheftet ist, lässt sich der Bauchladen um den Hals hängen. Solange Mizra als Krämer verkleidet ist, bedeckt er sein Gesicht bis unter die Augen mit einem Schal. Später, wenn er den Kalifen „spielt", löst er diesen Schal.

Kaftan und Haube des Krämers

Material

schwarzer Baumwollstoff: Vorder- und Rückenteil ca. 50 x 110 cm, Ärmel ca. 35 x 35 cm, Schal ca. 10 x 80 cm; roter Filz für die Haube, 2 Quadrate von 28 x 28 cm (oder gestrickte Mütze); Gardine als. Umhang; Faden

Ausführung

Den Kaftan wie das Hemd des Kalifen arbeiten.

Die Haube aus rotem Filz anfertigen: Zwei Quadrate von 28 cm zu Halbkreisen schneiden und die Rundungen zusammennähen. Aufsetzen, am Rand entlang einen schwarzen Schal umbinden und diesen weiter nach unten führen, so dass er die Mund- und Nasenpartie des Krämers bedeckt.

Kleidung des Kumpans

Material und Ausführung

Hemd und Hose aus schwarzem Baumwollstoff arbeiten. Maße und Ausführung entsprechen der Kleidung des Kalifen; bei der Hose des Kumpans lediglich den Gummizug an den Beinen weglassen. Um den Kopf ein schwarzes Tuch (Futterstoff), ca. 50 x 50 cm, legen, das mit einem entsprechenden Stirnband, ca. 10 x 80 cm, gehalten wird (siehe Wesir).

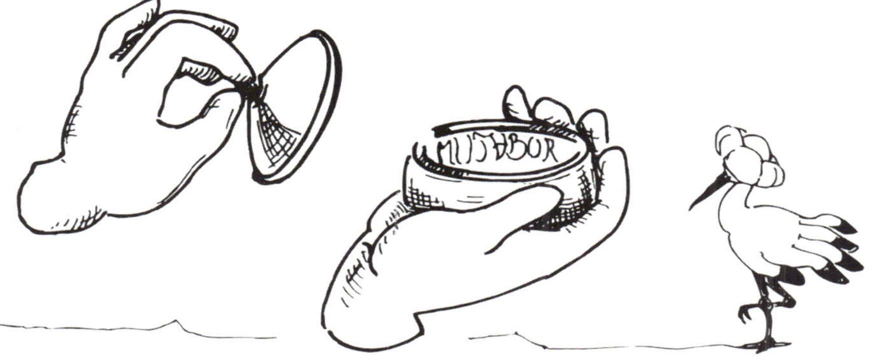

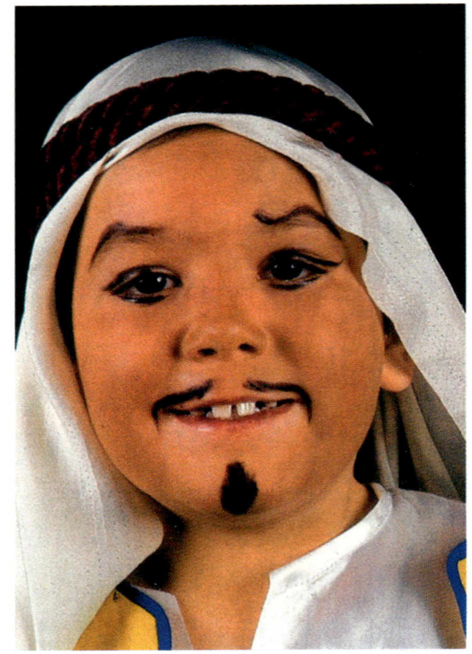

3 SCHMINKEN

Zu einer „richtigen“ Inszenierung gehört unter anderem das Schminken. Es rundet das Bild der einzelnen Personen und der gesamten Ausstattung ab. Demgemäß werden auch die Darsteller des „Kalif Storch“ geschminkt; schließlich ist unsere Inszenierung relativ aufwendig.

KALIF UND GROSSWESIR

Material und Hilfsmittel

Fettschminke mit braunem Ton; dunkelbrauner oder schwarzer Schminkstift bzw. fett- und wasserlösliche Schminkfarbe; schwarzer Kajalstift; Schwämmchen; evtl. Pinsel

Ausführung

Braune Teintschminke bzw. Fettschminke, die sich gut für „orientalische Typen“ eignet, gibt es in Drogerien und Geschäften mit Faschingsbedarf.

Diese Schminke als Grundierung mit einem Schwämmchen auftragen: In der Mitte des Gesichtes beginnen, mit gleichmäßigen kreisförmigen Bewegungen nach außen gehen. Wenn die Augenpartie an der Reihe ist, sollte das Kind die Lider geschlossen halten.

Die Lider dann mit einem schwarzen Kajalstift umranden.

Mit einem dunkelbraunen oder schwarzen Schminkstift (oder mit fett- und wasserlöslicher Schminkfarbe und einem Pinsel) die Augenbrauen dick aufmalen. Dabei muss man nicht der Linie der natürlichen Brauen folgen. Wichtig ist allein die Ausdruckskraft.

Mit der gleichen Farbe noch einen Bart auftragen. Die Fotos vom Kalif und vom Großwesir sowie die Skizzen links zeigen verschiedene Möglichkeiten, wie man Bärte, aber auch Augen gestalten kann.

Stattdessen kann man natürlich auch künstliche Bärte ankleben.

KRÄMER

Material

schwarze und braune Schminkfarbe (oder Kajalstift und Augenbrauenstift); dunkelviolette Farbe (oder Eyeshadow) als Lidschatten

Ausführung

Mit schwarzer Farbe und einem feinen Pinsel über und unter den Augen einen Lidstrich ziehen.

Die Augenbrauen mit brauner Farbe dicht und dunkel gestalten.

Dunklen Lidschatten auftragen, der die Augen tiefliegend erscheinen lässt und den Blick verdüstert.

PRINZESSIN

Material

schwarze Schminkfarbe (oder Kajalstift); hellblaue Farbe (oder Lidschatten); evtl. rote Farbe

Ausführung

Wegen des Schleiers lediglich die Augenpartie der indischen Prinzessin betonen.

Die Augen mit einem Lidstrich umranden, der aus den Augenwinkeln heraus ein wenig nach oben gezogen wird. Dafür schwarze Farbe und einen feinen Pinsel (oder Kajalstift) verwenden.

Mit der gleichen Farbe die Augenbrauen in einem schönen ebenmäßigen Bogen leicht nachziehen.

Mit einem Schwämmchen hellblaue Farbe als Lidschatten auf das Oberlid setzen.

Eventuell über der Nasenwurzel einen roten, schwarz umrandeten Punkt aufmalen.

TOI, TOI, TOI

1 ZWISCHEN PROBE UND PREMIERE

Nicht nur proben

Um den Kindern zu verdeutlichen, was Theater ist oder sein kann, aber auch um Ideen zu finden, bieten sich probenbegleitende Unternehmungen an:

❍ Vielleicht wird man gemeinsam ein Theater besuchen und ein kindgerechtes Stück anschauen.

❍ Oder man lädt eine Theatertruppe ein, die den Kindern in deren vertrauter Umgebung ein Stück vorführt und sie eventuell in das Spiel miteinbezieht. Fast alle guten Kindertheatertruppen sind bereit, in Kindergärten oder Schulen zu kommen.

In diesem Zusammenhang sind auch Vor- und Nachbesprechungen mit den Schauspielern von Interesse.

❍ In einer Art Workshop oder bei der gemeinsamen Arbeit an einer Probeneinheit kann je nach Thema auch ein Märchenerzähler, ein Tänzer, ein Maskenbildner Anregungen geben.

Aufzeichnungen

Es empfiehlt sich, die Probenarbeit schriftlich zu dokumentieren. Man macht sich dabei bewusst, was gut oder weniger gut ist; spontane Ideen, Wendungen und Reaktionen, die sich als reizvoll erweisen, werden vor dem Vergessen bewahrt. Und man schafft sich damit eine Fundgrube für weitere Projekte.

Wir nähern uns der Premiere

Im „großen Theater" finden vor der Premiere eine erste und zweite Hauptprobe und dann eine Generalprobe statt. Beim Theaterspielen mit Kindern geht man am besten ähnlich vor.

❍ Vor den Hauptproben braucht man keine richtige Technik und keine richtigen Kostüme. Wenn möglich, finden mehrere Durchläufe von vorne bis hinten statt; dabei wird immer seltener unterbrochen.

❍ Auch bei den Hauptproben sind Unterbrechungen noch erlaubt. Jetzt tragen die Darsteller bereits die endgültigen Kostüme.

❍ Bei der Generalprobe muss dann alles „stehen": nun wird die eigentliche Aufführung simuliert. Das Spiel der Kinder wird dabei nicht unterbrochen. Umstellungen wären jetzt nicht mehr möglich.

Und wenn's schiefgeht, ist dies auch kein Grund, in Panik zu geraten. Eine verpatzte Generalprobe ist keine schlechte Voraussetzung für eine gute Premiere.

Der große Tag

Am Tag der Aufführung gibt es keine Proben mehr, und Änderungen sind streng untersagt. Die Kinder treffen sich eine oder zwei Stunden, bevor es losgeht. Natürlich sind sie jetzt aufgeregt. Es tut ihnen gut, sich sinnvoll zu beschäftigen: zunächst mit praktischen Vorbereitungen, zum Beispiel dem Aufbau der Bühne und der Technik und dem Aufstellen der Stühle im Zuschauerraum. Später bringen vorbereitende Spiele Entspannung und Lockerung und stimmen die Kinder auf ihre Rolle ein. Dann dürfen sie sich kostümieren. Beim Schminken geht der Spielleiter noch einmal auf jedes Kind ein und gibt ermutigende Tipps.

Die letzten Momente vor der Aufführung verbringen die Akteure in einem ruhigen Raum – einer Art Künstlergarderobe –, wo keiner sie stört.

Theaterbräuche

Die kleinen Darsteller fühlen sich bestätigt und wichtig genommen, wenn man sie mit Bräuchen der großen Theaterwelt vertraut macht:

❍ So ist es unter Schauspielern üblich, sich vor der Premiere eine Kleinigkeit zu schenken. In Abwandlung dieser Sitte könnte der Spielleiter allen Beteiligten ein „Premierengeschenk" überreichen.

❍ Um einem Schauspieler vor dem Auftritt noch einmal Glück zu wünschen, spuckt man ihm dreimal leicht über die linke Schulter: „Toi, toi, toi!" Für diesen Wunsch darf man sich nicht bedanken - sonst geht womöglich doch noch etwas schief.

2 DIE PREMIERE UND DAS DRUMHERUM

Termine und Anlässe

Bei Kindern, die keine Theatererfahrung haben, ist es nicht ratsam, von vornherein auf einen festen Termin hinzuarbeiten. Das Spielen und Üben sollte zunächst völlig zwanglos erfolgen.

Wenn man glaubt, weit genug zu sein, kann man – ganz unspektakulär – eine andere Kindergruppe oder Klasse zu einer Aufführung einladen; mit einer gewissen Routine tritt man dann im Rahmen eines Festes, das vom Kindergarten, von der Schule, der Gemeinde oder einem Heim veranstaltet wird, auf. Plant man eine Aufführung zu einem bestimmten Anlass (Jahresabschluss, Projektwochen, Jubiläum, Elternabend), gilt es frühzeitig zu beginnen, um auch wirklich viel „Spielraum" zu haben.

Einladungen

Die Gäste bekommen eine schriftliche Einladung mit Angaben zu Anlass, Datum, Uhrzeit, Ort, Titel des Stücks ... Die Gestaltung stammt von den Kindern. Man kann Karten oder Blätter (DIN A5 oder A4 gefaltet) austeilen und Vorschläge machen lassen. Dann einigt man sich gemeinsam auf einen Entwurf. Die Einladungen werden auf farbiges Papier oder auf Karton kopiert und eventuell mit Kartoffeldruck o. ä. verziert.

Plakate, Transparente, Flugblätter

Auch bei geschlossenen Veranstaltungen weist man mit einigen Plakaten oder Transparenten im Kindergarten, in der Schule, im Jugendhaus auf die Auf-

führung hin: dies unterstreicht die Bedeutung des Unternehmens.
Die Kinder liefern Entwürfe. Der Spielleiter oder eine Gruppe von Kindern gestaltet dann die Plakate beziehungsweise Transparente. Werden mehrere benötigt, vervielfältigt man sie (DIN-A3-Kopien). Eine ähnliche Funktion haben Flugblätter.

Programmheft oder Theaterzettel

Vor dem Beginn der Vorstellung erhält das Publikum Programme oder Theaterzettel, die den Titel des Stückes nennen, den Autor und Regisseur, den Bühnenbildner, die Darsteller, die Techniker ... Eventuell wird kurz der Inhalt erwähnt. Man erfährt, wie lange die Aufführung dauert und ob es eine Pause gibt, ob ein Buffet vorbereitet, eine Fete oder ein gemütlicher Ausklang geplant ist. Bei Aufführungen mit größeren Kindern kann man ein Programmheft „herausgeben", das aus kopierten, gefalteten und eventuell gehefteten DIN-A4-Blättern besteht. Es wird, neben dem Genannten, Zitate oder Zeichnungen zum Thema des Stückes, Probenfotos oder anderes interessantes Material enthalten.

Die Bestuhlung des Zuschauerraums

Bei der Organisation darf nicht vergessen werden, den Zuschauerraum ausreichend mit Stühlen oder Bänken auszustatten. Für Kinder eignen sich auch Matten oder Polster als Sitzgelegenheit.

Die Organisation

Die Darsteller haben manchmal keinen Sinn und keine Nerven für Organisatorisches. Dann werden diese Aufgaben besser an eine spezielle Projektgruppe, in der jedes Kind seinen Part hat, verteilt. Ansonsten übernimmt der Spielleiter das gesamte „Management".

Gleich geht's los

Den Aufführungsraum hält man einige Zeit vor dem Beginn der Vorstellung frei, um alles in Ruhe vorzubereiten. Die Zuschauer warten in einer Art Foyer. Insbesondere im Winter ist es wichtig, hier auch eine Garderobe zu installieren.
Zehn Minuten bevor es losgeht, ist Einlass: Ein „Platzanweiser", der Kontakt zu den Akteuren hat, öffnet die Tür. (Später wird er das Licht im Zuschauerraum löschen und den Darstellern melden, ob sie mit ihrem Spiel beginnen können.)
Hat das Publikum Platz genommen, sagt der Spielleiter wohl einige Worte zur Begrüßung. Er geht ab – die Bühne ist frei für das Spiel.

Applaus

Nach der Vorstellung wird natürlich kräftig applaudiert. Die Zuschauer erwarten, dass sich die Akteure noch einmal zeigen.
Damit jetzt kein Durcheinander entsteht, einigt man sich vorher auf eine „Applausordnung": Die Kinder fassen sich an den Händen, kommen auf die Bühne, machen zwei Schritte vor und verneigen sich vor dem Publikum. Dann treten sie zurück und gehen ab ... und so weiter, solange der Applaus anhält.

Nach der Aufführung

Die Mitwirkenden und die Zuschauer lassen die Veranstaltung möglichst gemeinsam ausklingen. Die Schauspieler sind natürlich gespannt auf die Reaktionen; für sie ist es jetzt wichtig, nicht allein zu sein.
Wenn die Aufführung nicht im Rahmen eines größeren Festes stattfindet, bietet sich ein Buffet an. Eltern stellen sich gern als Köche oder Bäcker zur Verfügung.
Ein willkommener Nebeneffekt: das Budget für die Inszenierung lässt sich etwas aufstocken.

Zur Erinnerung

Zur Erinnerung für Kinder und Eltern, als Material für die Schulzeitung oder eine Pinnwand und auch als Dokumentation, die Kriterien für weitere Theaterspiele liefert, dienen Fotos der Aufführung.

Nachbesprechung

Ohne eigentliche Kritik zu üben, wird der Spielleiter nach der Aufführung ausführlich mit den Kindern über deren Eindrücke, Erfahrungen, Empfindungen reden.

Weiter so

Vor Publikum auf der Bühne stehen, Applaus und Anerkennung erhalten – dies bildet den Höhepunkt der gemeinsamen Arbeit an einem Stück. Doch damit ist das Theaterspiel nicht abgeschlossen. Der Wunsch oder die Sehnsucht der Kinder weiterzumachen wird sich auch in alltäglichen Situationen ausdrücken: wenn sich zum Beispiel beim Tischdecken das Besteck in Koch und Küchenjunge verwandelt und daraus eine spontane kleine Theaterszene entsteht ... oder wenn die Kinder in ihren Bildern ein Schloss oder eine schlafende Prinzessin malen ...
Wird das Bedürfnis, das sich in solchen Momenten äußert, einfühlsam gelenkt, kann es sich entwickeln und dann in zunehmend konzentrierter Theaterarbeit münden. Hier heißt es spielen, üben, trainieren. Jede Erfahrung, die man macht, jede Idee, die man hat, mag zu neuen, aufregenden Formen und Ausdrucksweisen führen. Theater ist ein endloses Spiel, es lässt sich immer weiter spinnen ...

Charmaine Liebertz

Das Schatzbuch des Lachens

Grundlagen, Methoden und Spiele für eine Erziehung mit Herz und Humor

kartoniert, 208 Seiten
2-fbg. illustriert
Format: 176 x 195 mm
19,95 € [D], 20,50 € [A]
ISBN 978-3-944548-27-2

Wenn Kinder von Herzen über etwas gelacht haben, dann bleibt es ihnen in bester Erinnerung. Es prägt sich ihnen ein und weckt auch rückblickend wieder das gute Gefühl.
Mit Lachen lernt es sich deshalb leichter, mit Fröhlichkeit lassen sich Aufgaben besser bewältigen und mit Humor lässt sich auch Schwieriges besser aushalten. Wenn in der Bildung und Erziehung junger Menschen Lachen und Lernen ein Traumpaar bilden, dann sollte der Humor ein ständiger Gast im Kindergarten und in der Schule sein.
Charmaine Liebertz stellt im Schatzbuch des Lachens eine kleine Kulturgeschichte des Lachens vor, fasst die Erkenntnisse der Hirnforschung über das Verhältnis von positiven Emotionen und Lernen zusammen und präsentiert dann jede Menge Ideen und Spiele, die den Lernalltag mit Kindern bereichern, zum Lachen bringen, fröhlich stimmen und dafür sorgen, dass Lernen in guter Erinnerung bleibt.

Armin Krentz

Der Situationsorientierte Ansatz – auf einen Blick

Konkrete Praxishinweise zur Umsetzung

Broschur, 96 Seiten
4-fbg., m. Fotos
Format: 176 x 195 mm
9,90 € [D], 10,20 € [A]
ISBN 978-3-944548-04-3

Ganzheitliches Leben und Lernen, das verspricht der Situationsorientierte Ansatz. Wie sieht das in der Praxis aus? Im Mittelpunkt des Situationsorientierten Ansatzes stehen die Lebensthemen und bedeutsamen Situationen der Kinder. Sie sind Ausgangspunkt für die Projektfindung und -durchführung. Doch erfolgreiche Projekte fallen nicht vom Himmel. Hier erhalten Sie sehr praktische Hinweise, wie Sie anhand von Spielformen, Erzählthemen, Kinderbildern oder Bewegungen die wichtigen Themen erkennen, situationsorientiert ausarbeiten und gewinnbringend auswerten. Dazu erhalten Sie einen Einblick in die Entstehungsgeschichte des Ansatzes.

Fotos: Herman Seidl, Salzburg, Seite 10, 11, 29-31, 34 unten, 36 links und rechts, 37-39, 60-155
Herbert Huber, Salzburg, Seite 34 oben, 43, 45, 47 rechts, 49-51, 55-59
Thomas J. Landa Seite 14-17, 32, 33, 35 unten, 36 Mitte, 41, 53
Benno Baldes, Freiburg, Seite 6
Zeichnungen: Thomas J. Landa
Umschlagentwurf: Thomas J. Landa
Umschlagfotos: Herman Seidl, Salzburg
Reproduktion: OKS Group
Satz: Erger Wernet, Breisach

Druck: Sagalara, Lodz, Polen

www.burckhardthaus-laetare.de

ISBN 978-3-944548-28-9